高等学校教材

主编 尹军

Shenti Yundong Gongneng
Zhenduan yu Xunlian

身体运动功能诊断与训练

高等教育出版社·北京

内容提要

　　本书将运动解剖学、运动生物力学和运动技能学等多个学科的知识融为一体，通过功能动作筛查，以及运用平衡能力和基础运动能力测试等方法，科学准确地确定个体的运动功能障碍，并以此为基础制定具有个性化特征的"动作模式"训练计划。本书由中国国家队身体运动功能训练团队专家组组长、首都体育学院尹军教授作为主编，邀请了国内学术水平较高的大学教授、博士及多位从事国家队身体运动功能训练的教练员担任作者。本书不仅详细介绍了 FMS 测试、SFMA 和 Y – BALANCE 测试等各种自我监控和评价的方法，还详细介绍了肌肉 – 神经系统激活、快速伸缩复合练习等丰富多彩的健身练习方法，是一部内容新颖、实用性很强的健身指导用书。

　　本书适用于普通高等学校社会体育专业、体育教育专业和运动训练专业的本科生，亦可作为广大健身爱好者和相关从业人员的参考书。

图书在版编目（C I P）数据

身体运动功能诊断与训练／尹军主编. – –北京：
高等教育出版社，2015.7（2025.1 重印）
ISBN 978 – 7 – 04 – 042974 – 9

Ⅰ．①身… Ⅱ．①尹… Ⅲ．①运动功能 – 研究 – 高等
学校 – 教材 Ⅳ．①G804.63

中国版本图书馆 CIP 数据核字（2015）第 134359 号

策划编辑	赵文良	责任编辑	赵文良	封面设计	王 鹏	版式设计 余 杨
责任校对	刁丽丽	责任印制	张益豪			

出版发行	高等教育出版社	咨询电话	400 – 810 – 0598
社　　址	北京市西城区德外大街 4 号	网　　址	http://www.hep.edu.cn
邮政编码	100120		http://www.hep.com.cn
印　　刷	唐山嘉德印刷有限公司	网上订购	http://www.landraco.com
开　　本	787 mm×960 mm　1/16		http://www.landraco.com.cn
印　　张	24.5	版　　次	2015 年 7 月第 1 版
字　　数	440 千字	印　　次	2025 年 1 月第 4 次印刷
购书热线	010 – 58581118	定　　价	45.60 元

本书编委会

主　编：尹　军

副主编：曹可强　王志强　刘英杰　彭金洲　金　涛

编委会成员（按姓氏笔画为序）：

序

社会体育专业 1995 年开始试办，1998 年被列为本科专业。目前，全国社会体育指导与管理专业（2012 年更名）的办学院校达到了 266 所，已经成为体育本科专业中第二大主干专业。多年来，办学院校的同仁们忠诚党的教育事业，以高度负责的精神，艰苦奋斗，努力钻研，开拓创新，为办好社会体育专业、为提高专业人才培养质量做了大量卓有成效的工作。本套教材的出版发行凝聚了广大社会体育专业仁人志士的辛勤劳动和智慧。

2001 年伊始，社会体育专业先后在首都体育学院、沈阳体育学院、西安体育学院、燕山大学、天津体育学院、湖北大学和华南师范大学举办了"全国社会体育专业建设研讨会"，对社会体育专业的定位、培养目标、课程设置等问题进行了认真研讨。2002—2007 年，华南师范大学连续主办了三届"社会体育国际论坛"，搭建起了一个国内外社会体育交流与合作的学术平台。2008 年，以研制《全国高等院校体育本科专业指导性规范》为契机，成立了我国高等教育第一个社会体育学术团体——中国高等教育学会体育专业委员会社会体育研究会。2010 年、2012 年、2014 年，社会体育研究会分别在上海师范大学、西安建筑科技大学和湖北大学成功地举办了第四届、第五届和第六届"社会体育国际论坛"，进一步加强了国内外学者之间的交流，扩大了我国社会体育专业的国际影响。这期间，研究会还在山东大学、湖北大学、山西师范大学、集美大学和河南大学召开了每年一度的社会体育研究会常务理事会，制定了社会体育研究会的规章制度和发展规划，研究了办学中的各种问题与解决对策，明确了提高人才培养质量的工作重心，肩负起了培养我国社会体育合格人才的重任。

教材建设是人才培养的关键环节。2004 年，华南师范大学牵头组织编写了国内第一套社会体育专业系列教材，为社会体育人才培养发挥了重要的作用。10 余年来，我国经济社会发生了巨大的变化。我国的综合国力不断增强，经济总量已跃居世界第二，体育产业作为朝阳产业正成为我国国民经济发展的新的经济增长点；国民生活水平不断提高，余暇时间不断增多，人民群众对体育文化、健身休闲的需求日益提高；北京奥运会和广州亚运会的成功举办，极大地促进了我国群众体育活动的蓬勃发展；由体育大国向体育强国迈进，已成为实现中华民族伟大复兴、实现"中国梦"的重要组成部分。社会的发展与变革必然会影响到社会体育的发展。当前，我国提出了促进我国体育产业进一步发展的战略决策，这为社会体育指导与管理专业人才培养提供了广阔的发展空间。社会和市场的需要，对社会体育指导与管理专业人才培养规格也提出了新的更高的要求，知识内容需要不断更新，课程体系需要调整，一些新情况、新问题需要不断探索，社会体育指导与管理专业迎来了机遇与挑战并存的发展新时期。为此，亟需编写一套与我国现行经济社会发展相适应的社会体育指导与管理专业系列教材，以满足我国经济社会发展对社会体育人才的需求。

2013年4月，社会体育研究会与高等教育出版社密切配合，着手准备编写新一轮的社会体育管理与指导专业系列教材。2014年1月，在华南师范大学召开了社会体育指导与管理系列教材编写启动会议，会上研究确定了23本系列教材书目（7本修订，16本编写）。2014年4月，编委会在山西师范大学召开编写会，对每本教材的目录和主要内容进行了审阅，提出了修改意见。本系列教材将于2015年7月陆续出版，供各高校使用。

本套教材突出地体现了以下特点：① 以社会需求为导向，紧紧围绕本专业的人才培养目标总体设计各教材内容，避免各教材之间的内容重复；② 系列教材全面涵盖了社会体育的各个领域，凸显了目前社会体育指导与管理专业成熟的职业方向，融入了国内外社会体育研究的最新成果；③ 注重知识体系与技能体系的相互融合，增加了案例分析的分量，突出了本专业的应用性特点。

真诚地希望本套教材在今后社会体育指导与管理专业教学过程中能发挥积极的作用，为提高人才培养质量作出重要贡献。

在本套系列教材的策划，编写和出版过程中，得到了高等教育出版社体育分社原社长尤超英女士、现任社长范峰先生的大力支持，在此表示衷心的感谢！

社会体育指导与管理系列教材编委会主任

周爱光

2015年4月6日

编写说明

身体运动功能诊断与训练在职业体育和竞技体育等领域已得到广泛运用，其先进的理念和训练方法赢得了教练员和运动员们的高度认可，一些世界著名的职业运动员把专门从事职业运动员身体运动功能训练的基地称为"非赛季之家"，这些机构的职业教练员在中国运动员备战 2012 年伦敦奥运会过程中发挥了积极作用，也为中国奥运军团取得境外参赛的最佳成绩作出了突出贡献。在备战 2016 年里约奥运会周期中，各支国家队已全面使用身体运动功能训练方法。值得一提的是，身体运动功能训练不仅能在职业体育和竞技体育中发挥作用，还在大众健身和青少年体育锻炼等方面有重要意义。

FMS 测试、SFMA 和 Y-BALANCE 测试等方法，为科学、准确地判断个体的运动功能障碍提供了条件，也为制定个性化健身计划提供了依据；新颖有趣的软组织唤醒、肌肉-神经系统激活、脊柱力量准备和动作整合等方法，把科学预防运动损伤落到了实处，提升了健身准备活动的科学性；快速伸缩复合练习、速度与多方向移动、力量与旋转爆发力练习及能量系统发展等方法，为科学有效地提高动力链传递效能和训练质量素质提供了崭新的方法，使得科学定量地监控锻炼过程和锻炼效果成为现实。

在设计练习方法时，本书筛选出一批简单易学、随时可练习的方法，并强调本书是指导大众进行"动作训练而不是肌肉训练"，即通过练习提高完成特定动作的质量和运动能力，而不是提高肌肉的力量。在动作环节上强调神经对肌肉的支配作用，强调动作的稳定性和关节的灵活性，强调通过大肌群率先发力带动小肌群的用力，即发挥大肌群的发动机作用。与此同时，本书还从运动力学角度强调躯干支柱对四肢运动的支配作用，即强调动力链的传递速度和功率。由此可见，身体运动功能训练在大众体育健身中的推广，实质上是代表了当今的身体锻炼已由重视低端要素（肌肉训练——不断提高肌肉力量）向高端要素（肌肉-神经系统协同训练——不断提高动作质量与控制）的转变，这是一个健身理念的转变。

本教材由尹军教授担任主编，并完成全书的统稿、定稿工作。编写人员大多都是拥有教授职称或博士学位的年轻学者及国家队教练员。教材共十三章，各章的章目及撰稿人分别是：第一章概论（尹军、罗晨）、第二章身体运动功能动作筛查（孙永生、宸铮）、第三章身体运动功能矫正策略与方法（张秀丽、汪黎明、李少新）、第四章运动损伤预防（金涛、刘丽婷、鲍春雨、路琳）、第五章快速伸缩复合力量（王志强、李丹阳）、第六章上肢力量动作模式（陈亚中、梁纯子）、第七章下肢力量动作模式（崔运坤、郝磊）、第八章躯干支柱力量（曹可强、李玉章、郝磊）、第九章旋转爆发力（刘军、徐春毅）、第十章最大速度与多方向加速（朱立新、赵洪波、施宁）、第十一章能量代谢系统发展（彭金洲、资薇、魏宏文、谭军）、第十二章恢复与再生（王隽、胡飞）、第十三章训练计划的制定（刘英杰、王晓、王乔治）

《身体运动功能诊断与训练》为了方便社会体育专业学生的学习，语言简洁、动作图片丰富，但不希望读者迷失在动作练习之中。我们希望本书能引导读者继续关注相关知识或感兴趣的领域，进一步理解不同身体运动功能训练方法对身体结构的影响，以适应运动项目的需要并提高身体运动功能。

在教材出版之际，真诚地感谢高等教育出版社范峰老师和赵文良老师给予的大力帮助和支持，感谢国家体育总局竞体司和训练局体能训练中心给予的帮助，同时也期待着广大师生和读者多提出宝贵意见。

尹　军

2015 年 4 月

目录

第一章
概　论

◢ 本章导语

　　由职业体育创造出来的身体运动功能训练是一种全新的身体训练理论与方法体系，它与传统的体能训练或医学领域的康复训练存在着本质差异。本章拟从身体运动功能训练起源与发展现状，身体运动功能训练的科学依据以及身体运动功能训练理念与训练原则三个方面，系统地介绍身体运动功能训练的理论与方法的发展脉络，使读者清晰地掌握身体运动功能训练的内容体系与方法体系，了解身体运动功能训练的理念与基本原则。

第一节　身体运动功能训练起源与发展

了解国内外身体运动功能训练的起源与发展现状，是我们进一步深入研究和发展新理论、新方法的基本条件。尤其是掌握国际上各种体能协会、医学会等机构的学术特长、获得相关培训认证资格等，是帮助我们开展国际交流的重要方式。

一、身体运动功能训练的起源

身体运动功能训练是为了适应职业体育需要而发展起来的一项新型训练理论与方法，它包括物理治疗（physical therapy）和运动功能训练（performance training）两个方面。其中，物理治疗主要是用于正式实施训练之前的运动功能障碍诊断，并根据诊断结果有针对性地进行运动功能障碍矫正，目的是通过系统的矫正训练来消除运动功能障碍，消除动作代偿，为下一步实施运动功能训练奠定物质基础。运动功能训练则是针对无运动障碍人群进行身体训练，也是身体运动功能训练的主要内容。

最早为职业运动员进行身体运动功能训练的是美国 Athletes Performance Institute 的创始人 Mark 先生，他现任 EXOS 公司的首席董事，该公司由 AP（Athletes Performance Institute）和 CP（Core Performance Institute）合并而成。Mark 先生作为国际上运动训练领域中的知名领头人和创新者，他将最新的体育科学知识应用于前沿训练中，EXOS 以其先进的理念和出色的服务被运动员称之为"非赛季之家（Off-season Home）"。

从训练内容体系来看，身体运动功能训练涵盖了 FMS 测试、SFMA、Y-BALANCE测试、软组织唤醒、肌肉-神经系统激活、脊柱力量准备、动作整合、快速伸缩复合练习、专项动作技能、速度与多方向加速、力量与旋转爆发力、能量系统发展、再生与恢复等。在训练目标设置方面，身体运动功能训练强调的是动作训练而不是训练肌肉，即通过训练提高的是完成专项技术所需要的专门动作质量和竞技表现能力，而不是提高肌肉的力量。在方法学支撑方面，身体运动功能训练将运动解剖学、运动生物力学、运动生理学、运动医学和运动技能学等学科融为一体，工作人员也由不同学科背景的专业人士组成。在动作规格要求方面，身体运动功能训练不仅从生理学角度，强调神经对肌肉的支配作用，强调动作的稳定性和关节运动的灵活性，而且从解剖学角度，强调通过大肌群率先发力带动小肌群用力，即发挥大肌群的"发动机"作用。更为重要的是，它从运动力学角度强调躯干支柱的作用，强调动力链的传递速度和功率。身体运动功能训练的核心思想是把身体训练由重视低端要素（肌肉训练——不断提高肌肉力量）向高端要素（肌肉-神经系统协同训练——不断提高动作质量与控制）进行转变。

二、身体运动功能训练的发展现状

（一）我国身体运动功能训练的发展现状

我国体能训练大多沿袭了苏联和民主德国的训练体系，研究成果也主要集中在从专项训练出发总结的一系列训练原则、训练原理和训练方法。在体能训练内容方面我国教练员特别重视身体素质训练，忽视身体的系统训练，常常把提高肌肉力量尤其是大肌肉群力量训练和局部力量训练作为提高专项能力的关键；没有重视神经对人体控制能力的训练，缺乏对维持平衡稳定的小肌肉群力量和神经-肌肉协调运动的功能训练。传统训练模式使得局部肌肉负荷量和强度过高，容易出现动作代偿，技术动作效益低，加之缺乏主动的和系统的再生恢复，因而导致运动损伤的出现。身体运动功能训练在汲取传统体能训练的基础上，突出强调动作模式训练，并把完成专项动作所需的肌肉力量更好地募集起来，从而提高技术动作的质量和效益。

为了提升我国体能训练水平，有些学者进行了研究和探索，刘爱杰博士于2007年与袁守龙博士、陈小平博士等人合作，对身体运动功能训练的理念、核心概念、内容体系、方法体系等方面进行了探索，并在2010年组织国内一批专家和学者翻译了《动作训练》《快速伸缩复合训练》《跑得更快》《划得更快》《运动生理学》等14部系列教材，这些译著为我国学者和教练员深入探索身体运动功能训练奠定了坚实的理论基础。

2013年尹军教授与国家乒乓球队体能教练张启凌、陈洋合作，系统总结了我国乒乓球队备战2012年伦敦奥运会身体运动功能训练的经验与成果，出版专著《乒乓球运动员身体运动功能训练》，标志着我国身体运动功能训练的实践与研究开始朝着专项化方向发展。

在为青少年体质服务方面，首都体育学院作出了突出贡献，自2011年以来，首都体育学院不仅派出十余名教师和研究生参加国家体育总局组建的国家队身体运动功能训练团队，还在本科生层次开设了身体运动功能训练专项班，在硕士层次设置了青少年身体运动功能训练研究方向，并招收全国唯一授予体育学博士学位的青少年身体运动功能训练研究方向的博士生，每年招收近10名硕士和博士生。另外，首都体育学院还每年面向国内外学者和专家举办身体运动功能训练国际论坛或身体运动功能训练培训班，为身体运动功能训练理论与方法在各级各类学校的普及与推广发挥了引领和示范

作用。

（二）国外体能的发展现状

对于体能的理解各国学者均有不同的解释。其中，苏联将体能解释为以结构性力量训练为主要特征的身体素质训练；德国则将体能解释为系统运动能力、精确的耐力训练和精准的技术训练；日本则把体能解释为体质。从训练实践来看，美国是世界上体能训练发展最好的国家，不仅建立了多种类型的协会组织，而且还建立了不同层次的体能教练员培训机构和认证体系，极大地保障了体能教练员的培养。

1. 美国体能协会（National Strength & Conditioning Association，NSCA）

美国体能协会是一家致力于体能方面的研发、教育和培训的非盈利、非政府组织机构，也是全球体能领域中最具权威的专业组织。体能协会成立于1978年，现有会员约30 000多名。其颁发的资格证书得到了全球54个国家的认可，其证书分为 Certified Personal Trainer（私人教练员认证证书）和 Certified Strength & Conditioning Specialist（体能教练员认证证书）。NSCA 的会员来自运动、医疗领域的专家，包括医生、大学教授、科研人员、运动学专家、康复治疗师、运动训练师等。NSCA 的宗旨是研发和运用最有效和适当的训练方法，不断完善和提高体能的专业水平，以长期保持在世界体能领域的领先地位。

2. 美国运动医学协会（American College of Sports Medicine，ACSM）

ACSM 是一家专业运动医学行业协会，也是世界公认的在运动医学、体适能训练、运动损伤与康复、特殊人群训练、健康关爱等领域中的行业权威。ACSM 传授的是最权威、最专业的运动科学知识，它是健康运动乃至体育产业中运动科学的方向标。ACSM 建立了所有其他健康培训机构用来做测试等使用的锻炼方法和运动处方依据，其职业认证分为以下四级：

第一级：ACSM—CPT（认证私人教练）。

第二级：ACSM—HFS（认证健康健身专家）。

第三级：ACSM—CCES（认证诊所和康复理疗师）。

第四级：ACSM—RCEP（注册诊所和康复理疗师）。

3. 美国运动训练师协会（National Athletic Trainer's Association，NATA）

美国运动训练师协会是一所专门为运动员训练进行资格认证和培训的老牌机构，成立于1950年。目前全球有35 000会员，世界上许多运动员和教练都选择来此协会进修和培训，协会会员有很多信息共享资源。NATA 授予的证书是 ATC（Athletic Trainer Certification）。

4. 美国国家运动医学学会（National Academy of Sports Medicine，NASM）

美国国家运动医学学会是专门的私教培训机构，为会员提供课程培训、学校教育和考试认证等服务，专注于医学和健康方面。NASM 授予的证书是 NACM-CPT（The NASM Certified Personal Trainer），即美国国家运动医学学会私人训练师。

第二节　身体运动功能训练的科学基础

身体运动功能训练理论的形成得益于相关学科的研究成果，其训练方法的应用与发展依赖于人体生物科学、动力学等多个学科的研究方法的推广与应用。要全面掌握身体运动功能训练的基本原理和练习方法，就需要对人体解剖学知识、生理学知识、运动生物力学知识、心理学知识和运动训练学知识等，有一个相对全面的认识与理解。

一、运动人体科学原理

身体运动功能训练强调的是以提高全身肌肉整体工作能力和效率为目的，强调躯干部位和各关节周围小肌肉群的稳定辅助作用的力量能力。身体运动功能训练是一种为提高专项运动能力，通过加强核心区力量并能使神经肌肉系统更加有效率的训练方法。它包括了动作衔接的加速度、稳定性及减速等练习在内的多关节、整体性、多维度的动作练习。人体运动功能的基本系统是神经系统、肌肉系统和骨骼系统，这三个系统是在心血管系统的支持下，在人体链中相互作用而产生的，形成了人体生物力学的动力链。身体运动功能训练是一种强调动作模式的训练，包括柔韧训练、平衡训练、稳定性训练、核心训练和动态的本体感觉训练。

（一）人体运动面

人体运动是通过关节运动和肌肉收缩来实现的，不同的关节具有不同的作用（表1-1）。运动时一旦伤害稳定性关节就会产生运动损伤，同样灵活性关节的活动度不足也会产生运动损伤。因此，要按照人体解剖特点有针对性地提高关节的稳定性和灵活性。

表1-1　各关节主要动作功能

关节	主要动作功能
踝关节	灵活性（矢状面）
膝关节	稳定性（额状面和水平面）
髋关节	灵活性（多平面）

续表

关节	主要动作功能
腰椎	稳定性
胸椎	灵活性
肩胛骨	稳定性
盂肱关节	灵活性（多平面）
肘关节	稳定性

　　身体运动功能训练应按照人体的基本位面来设计各种动作模式。其中，矢状面将身体分成左右两个部分且贯穿身体前后的垂直面；冠状面将身体或身体的其他部位分成前后两个部分且贯穿身体左右两侧的垂直面；水平面将身体分成上下两部分的水平面（图 1-1）。

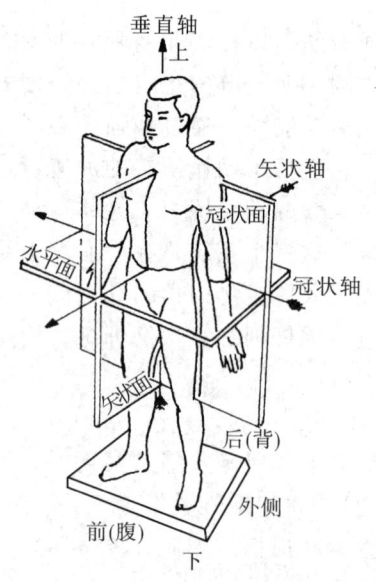

图 1-1　人体运动面

　　例如，我们可以按照人体运动面将上肢动作划分为不同的动作模式（表 1-2）。

表 1-2 上肢动作模式

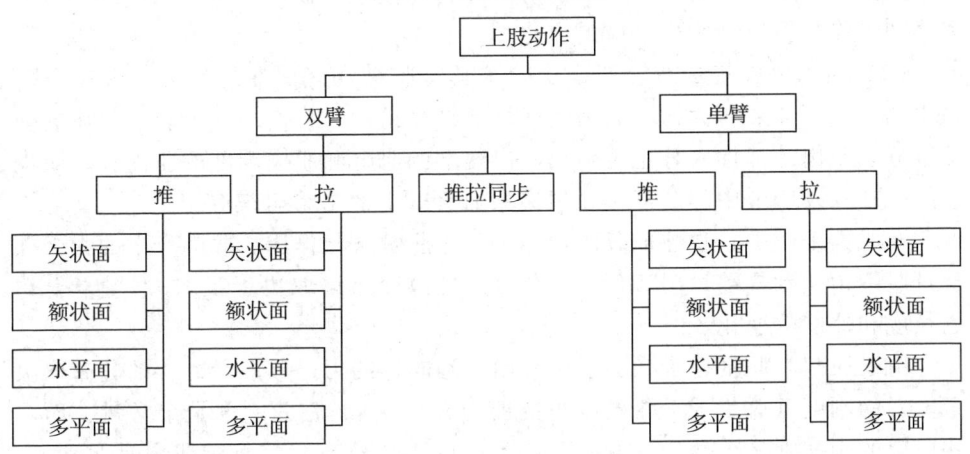

（二）神经与肌肉的控制

身体运动功能训练是集运动解剖学、运动生物力学、运动生理学、运动医学和运动技能学等学科融为一体的交叉学科，在生理学上强调神经对肌肉的支配作用，强调动作的稳定性和关节运动的灵活性；在解剖学上强调通过大肌群率先发力带动小肌群的用力，即发挥大肌群的"发动机"作用；在运动生物力学上强调躯干的支柱作用和动力链的传递速度和功率。

1. 肌肉工作原理

单块肌肉是由肌腹和肌腱两部分组成，肌腹收缩时通过肌腱牵动骨骼而产生各种运动。因此，对肌肉工作的观察和分析一般都将其视为"肌肉-肌腱复合体"这一完整的器官来看待。

（1）肌肉的神经控制。神经对肌肉的调节主要靠运动单位的募集。一个运动神经细胞的神经纤维可分出很多分支与肌纤维接触。一个神经细胞与其连接的所有肌纤维共同组成了肌肉活动的基本单位，称运动单位。运动单位所含肌纤维数在各肌肉之间差别很大。凡是进行精细动作肌肉的运动单位都较小；而产生较大力量肌肉的运动单位都较大。在同块肌肉中，一般由大运动神经细胞支配的快肌纤维称快运动单位，由小运动神经细胞支配的慢肌纤维称慢运动单位。慢（小）运动单位的兴奋阈低，很轻微的刺激就可引起其工作；快运动单位（大）的兴奋阈高，需要较大的刺激才能引起其工作。在肌肉随意收缩时，小的慢肌运动单位总是最先被动员，然后再逐渐动员有力的快运动单位，最高阈值的大运动单位总是最后被动员。

肌肉工作时不同类型肌纤维参与不同强度工作是相对的，在小强度长时间的运动中，当慢肌疲劳时，快肌也将参与工作，以维持肌肉的正常工作。而在一些大强度活动中，当快肌工作能力下降时，慢肌则被动员参与工作，但肌肉力量和工作特征也会发生相应的变化。

（2）肌肉的弹性成分。肌肉中除了具有收缩功能的肌组织外，还有可以在力的作用下伸展，力撤除后弹性回缩的结缔组织，它们构成了肌肉工作的弹性成分。肌肉的弹性成分主要包括肌肉两端的肌腱和肌肉内部的肌内膜、肌束膜、肌外膜及肌节中的 Z 线以及肌肉中血管壁上的结缔组织等。

在肌肉工作中，弹性成分的功能主要靠肌腱来起作用。肌肉产生的力必须通过肌腱传递到骨骼，关节角度和角速度的改变最终取决于肌肉-肌腱复合体的长度和速度的变化。

由于肌肉和肌腱呈串联关系，它们受到同样的力，其能量贮存的分布取决于两者的刚度（弹性成分抵抗变形的能力）。一根肌腱的刚度是个常量，而一块肌肉的刚度则是个变量，取决于其不同的工作状态，静息的肌肉是柔性的，它很容易被拉长；收缩的肌肉则具有了刚性，必须用力拉才能拉长。肌张力越大，其刚度越大，它抵抗拉长的强度越强。优秀运动员的肌张力可以动员到很大，其肌张力所产生的刚度往往会超过它们肌腱的刚度，容易使肌腱拉长。因此优秀运动员的弹性势能都贮存在肌腱，而不是肌肉中。因为肌腱的继续拉长，不仅为肌腱贮存弹性势能提供更大的空间，更重要的是由于肌腱经常被牵拉，可降低肌腱中腱梭的敏感度，当肌张力进一步增加时，原本兴奋的腱梭将推迟兴奋的时间，从而让肌张力的发展更加接近肌肉力量的极限。

（3）弹性成分对肌肉工作的影响。人体运动大多数不是通过单纯的肌肉缩短牵拉骨杠杆而产生的，而是以肌肉-肌腱复合体的形式，进行离心收缩和向心收缩相交选，形成一种牵拉-缩短式的运动。肌肉缩短前先将弹性成分拉长，使肌肉中的弹性成分贮存弹性势能（优秀运动员主要是贮存在肌腱），从而使其后的缩短收缩利用这一贮存起来的弹性能，以弹性回缩力的形式发挥出来，促使肌肉产生更大的力量和更快的运动速度。肌肉弹性成分这种作用实际上是实现收缩力的第二种机制，是提高有节奏的（如跑步）和弹性反冲性（如跳远）运动效率的依据。在跑步中发挥蹬地力量的肌群（如股四头肌、臀大肌等），在蹬地前所做的伸展，实际上是利用它来贮存能量，以便其后将它转化为向前的推进力来增加跑速。

在肌肉收缩产生的张力传递到骨骼之前，弹性成分首先被迫拉长。由于弹性成分的这种伸展特性可吸收一部分力，它的拉长使肌肉张力的传递出现延迟，从而使收缩成分产生的张力变化趋于缓和，在完成跳跃、跑步、投掷等激烈运动时起保护作用，防止肌肉损伤。所以跟腱细而长的人一般比较适合从事跑跳运动。

增加关节周围肌肉的伸展性不仅能提高关节周围的灵活性，而且还能增加肌肉力量。这是因为肌肉弹性和张力的改善，可使肌肉能更好地利用弹力能量。国外有专家对举重运动员进行了一项实验，实验组在完成力量训练课后用10~15分钟进行柔韧性练习，而对照组在进行正常力量训练时未进行任何柔韧性练习，8周后，实验组的柔韧性平均提高31.1%，最大推举（卧推）提高5.4%；对照组运动员柔韧性和卧推能力没有显著性提高。这一发现对那些运动前肌肉需预先伸展的项目特别重要，对那些需要增加肌肉力量而又不能增加体重的项目也很有意义。

（4）运动对弹性成分的影响。运动训练可提高肌腱抗张应力，特别是肌腱与骨结合区的结合能力和抗断力量，从而提高肌肉-肌腱复合体传递力的效益，预防运动创伤。肌肉超负荷训练后，在引起肌肉肥大的同时，肌肉中的结缔组织也相应增生，为弹性势能的贮存提供更大的空间。当然，结缔组织的增生也将影响柔韧素质的发展。因此，要合理安排肌肉抗阻练习和肌肉伸展练习。

（5）肌肉的弹性成分与力量练习的辩证关系。长期的力量练习会对肌肉弹性成分造成附加的紧张与牵拉，使之产生适应性粗大，具体表现为肌纤维膜变厚，肌腱和韧带组织增粗，从而使其抗拉力增大，也为肌肉弹性势能的贮存提供更大的空间。

结缔组织的增生也将影响柔韧素质的发展，因此力量练习要与肌肉的伸展练习结合起来。实践证实，力量练习之后及时进行运动肌肉的伸展练习，不仅能提高关节周围的灵活性，而且还能增加肌肉力量。这是因为肌肉弹性和张力的改善，可使肌肉能更好地利用弹力能量。

大量的研究证实，跑步机上的跑步者，其屈体前伸测试成绩与步频呈负相关，即步频最快的是那些柔韧性最差的运动员，那些柔韧性不佳的男性比女性步伐快。

国外有人对马拉松选手进行研究后发现，在所有定期拉伸肌肉的男性马拉松选手中，有47%的人在一年内会受伤，而在不进行拉伸肌肉的男性马拉松选手中，只有33%的人受伤，拉伸肌肉的人群并不比不拉伸肌肉的运动员跑得更多、更快。另外，研究还发现在训练之前热身时，拉伸肌肉的马拉松选手的受伤概率更高，而训练之后拉伸的运动员受伤概率会降低。据推测，过分的拉伸肌肉，容易使被拉伸肌肉激发牵张反射的阈值调高（肌梭的敏感性下降），使跑步时每一次"落地缓冲再蹬地"的超等长式收缩利用牵张反射的增力因素减弱。尤其是静力拉伸后，让肌肉很难兴奋起来以达到跑步过程中的状态，绝大多数的静力拉伸都不足以让肌肉为跑步做好准备。以上两点都证实，在跑步前的准备活动中，如果过多地进行专门的柔韧性练习，对接下来的正式运动可能是不利的。

需要注意的是，单纯的抗阻训练也会降低柔韧性，因为过度抗阻对关节的破坏会导致其保护性的变厚变硬，它很像过度使用我们的手会结茧，过度使用关节会僵硬一样，僵硬是肌肉疲劳和拉伤的祸根；而单纯的柔韧性训练又会影响关节的稳固性。因此，两种训练要有机地结合起来，操作起来应该是抗阻练习在前，柔韧练习在后。研究表明，抗阻后的静力性牵拉肌肉的练习不仅可以消除因抗阻练习而引发的延迟性疼痛，还可避免因抗阻练习而引发的结缔组织增厚对关节柔韧性的影响。更重要的是，通过抗阻后的柔韧练习改善了关节周围肌肉组织的弹性回缩力，提高了肌肉的收缩效果。这种抗阻后的柔韧练习不仅能提高关节周围的灵活性，还能使肌肉更好地利用自身弹性成分的弹性回缩力来增加肌肉收缩力量。

2. 运动技能的形成

在身体运动功能训练中必然会涉及学习新的运动技能，只有了解运动技能的发生、发展及其变化规律，才能够正确处理身体运动功能训练控制的实际问题。所以，"运动技能形成的生物学规律"也是身体运动功能教练员必修的课题之一。

（1）运动技能的条件反射本质。巴甫洛夫认为运动技能是在脑和神经系统参与下实现的随意运动。其本质是建立在条件反射的基础上，学习和训练运动技能，即建立运动条件反射的过程。

例如，跑跳的动作都是由一系列单个动作组成的。学习这些动作时首先要做模仿练习。在练习时，许多感官的传入冲动参与运动技能的形成，如视觉判断助跑道上的标记、位觉感知用力过程中髋轴和肩轴相互变化的空间方位、触觉感觉地面硬度的情况、本体感觉感知肌肉用力大小和空间的姿势等。这些传入冲动按一定的时间、顺序传到大脑皮质的相应代表区，并经过反复强化，使各有关感觉中枢与运动区的神经细胞发生暂时联系，即形成了运动技能。

（2）运动动力定型。脑和神经系统对外界的一系列固定形式的刺激，形成一整套固定形式的反应。也就是说，脑和神经系统内支配与运动技能相关肌肉活动的神经元在机能上进行了排列组合，兴奋和抑制在运动中枢内有序地、有规律地、有严格时间间隔地交替发生，形成了一个系统，成为一定的形式和格局，使条件反射系统化。神经网络的这种自主重构系统化就称之为运动动力定型。

运动动力定型达到非常稳定的状态后，大脑皮质为了减少不必要刺激的干扰，节省自身的空间，就退居了"二线"，很少参与对该动作的具体控制。尤其是那些速度较快、动作较复杂的动作更是如此，如跳水、体操、武术等动作的肢体感觉信息来不及传递到大脑皮质，千百次的快速复杂的动作练习，使这些协调有序肌肉工作的神经活动程序在大脑皮质以下的运动系统内建立并储存起来，形成"运动技巧的记忆痕迹"。

一旦运动技巧的记忆痕迹形成，这些记忆是很难遗忘的，当动作的某一环节出现了问题，想纠正错误动作也是很困难的；如果将这些已经掌握的动作放慢速度、减缓用力来做，结果可能也会出现动作变形或遗忘。

（3）运动技能形成过程。运动技能形成过程是一个连续的、渐进的过程，在这一过程的不同阶段有着不同的特点。通常将运动技能形成过程分为泛化、分化、巩固和自动化4个阶段。

① 泛化阶段。在学习一个新动作的起始阶段，通常会表现出动作僵硬、不协调、有多余动作、动作不连贯、能量消耗多等。这是由于大脑皮质内有关中枢的神经元强烈兴奋，同时大脑皮质内抑制尚未建立起来，导致泛化现象出现。在此阶段，教练应通过正确的示范和形象的讲解使运动员建立正确的动作概念，要注意突出重点，强调掌握动作的主要环节，不宜过多要求动作的细节。

② 分化阶段。分化是指经过不断练习，能比较顺利、连贯地完成完整动作的阶段。但这时易受新异或强烈刺激的干扰，如旁人的议论或在观摩训练课上做动作时，动作不协调、多余动作等现象又会重现。所以，进入分化阶段时要特别注意错误动作的纠正，强调对动作细节的要求，加强对动作的分析和思考，以促进分化抑制的进一步完善。

③ 巩固阶段。在这一阶段，当环境条件改变和其他干扰刺激出现时，动作也不易受到破坏。此时脑和神经系统的兴奋和抑制过程在时间和空间上更加集中和精确，所学运动技能的突触功能矩阵排列轨迹已非常稳定，形成运动动力定型。运动技能进入巩固时相后，如停止或减少练习，巩固了的运动技能会消退，技术越复杂、难度越大的运动技能消退速度越快。因此，一定要强调练习的经常化和精细化。

④ 自动化阶段。随着运动技能的巩固和发展，动作会更加熟练自如，可在"低意识控制"下完成运动技能，即出现自动化。当达到动作自动化后，如果环境变化使自动化过程受到阻碍，动作将重新在意识的指导下进行，工作效率提高，出现"能量节省化"。因此，在动作自动化后仍应坚持练习，不断检查动作质量，以使动作精益求精。

二、身体运动功能训练的内容体系

身体运动功能训练的内容体系包括：心理诱导、软组织激活、肌肉与神经系统动员、动态拉伸、动作整合、快速伸缩复合力量、速度多方向加速、力量与旋转爆发力、能量系统发展（发展无氧耐力功率）、再生与恢复。

1. 身体运动功能训练的逻辑性

从其内容的逻辑性来看，它是按照提出问题→分析问题→制定对策→实施解决方案→评价训练效果进行的。例如，专业人员对练习者进行 FMS 测试后，对测试数据进行统计与分析，针对练习者的具体问题制定出专门的身体运动功能训练方案，最后是定量评估。在练习顺序方面，身体运动功能训练基本上是按照如下主线进行的：激发训练动机（心理诱导）→肌肉与神经结合点的唤醒（软组织激活）→肌肉动员→动作模式→支撑动作质量所需的素质（快速伸缩复合力量、速度力量、无氧耐力功率等素质）→能量补充与恢复。

2. 身体运动功能训练的设计思路

从训练内容的分层、分类设计来看，身体运动功能训练按照解剖学的关节运动面，将训练内容划分为不同种类。其基本思路是按照如下步骤设计的：

（1）根据主要运动关节进行动作模式的分类和设计。

（2）将各类动作模式进行优化组合，分别形成上肢、躯干及下肢动作模式。

（3）将上肢、躯干、下肢动作进行高层次、高难度的组合，设计上肢躯干组合动作、下肢躯干组合动作及上肢下肢组合动作。

（4）将上肢、躯干、下肢进行更高层次的整合，设计全身动作模式。

在训练计划安排方面，力量训练基本上是按照上肢推与下肢拉（或上肢拉与下肢推）组合在同一天进行训练，避免力量训练造成局部肌肉的过度刺激（表 1-3）。

表 1-3　小周期力量训练安排

星期一	星期二	星期四	星期五
下肢：推 内容：双腿下蹲 练习 3 组、每组 8 次	上肢：拉 内容：单臂、单腿哑铃直腿硬拉 练习 3 组、每组 8 次	下体：推 内容：单腿下蹲 练习 3 组、每组 8 次	上肢：拉 内容：双臂杠铃拉 练习 3 组、每组 8 次

注：周三和周六进行调整训练

身体运动功能训练是在严密的科学逻辑基础上提出的动作模式训练体系，通过运动功能测试和评估，然后设计出各类动作模式。例如，力量训练动作模式分为拉和推两类；按照关节解剖的矢状面、额状面、水平面分为前后的推或拉、垂直的推或拉、水平的推或拉；按照练习部位又划分为上肢的推或拉、下肢的推或拉、全身的力量练习（前后运动、上下运动或对角线运动）；按照运动方向分为线性速度、多方向加速动作练习训练；按照动作结构和速度的差异，速度训练划分为起动速度、加速度、最大速度训练等。

动作模式训练就是按照上下肢和不同的方向、不同的难度设计组合成复杂的动作训练体系，这些动作训练不断地提高神经系统对身体运动功能的控制和协调能力，促进专项技术水平的持续提高或保持在较高的应激水平，有效地保持运动能力和竞技状态。

第三节　身体运动功能训练理念与基本原则

身体运动功能训练需要对多个学科的知识、理论和方法进行整合，紧密围绕运动员的基本情况采用多角度、多维度的方式对身体运动功能训练方法进行设计。

一、身体运动功能训练的理念

传统体能训练的理念是进行单方向、单关节、实效性较低的训练。身体运动功能训练的宗旨是为运动员提供最优质的服务，整合各种资源，预防运动损伤，提高运动成绩。在提高运动成绩的同时，帮助运动员尽可能地延长运动寿命，并制定实现目标的成功策略（表1-4）。

表1-4　传统体能训练与身体运动功能训练的差异

序号	传统体能训练	身体运动功能训练
1	多即好	强调动作质量，训练的效果好才是真的好
2	大运动量、大强度：过度训练、运动损伤（70%）	系统解决方案：较小运动量、高质量，减少运动损伤70%
3	缩短了运动寿命	更长的运动生涯
4	一般化、非针对性训练：方法来自举重、田径等	个性化：方法来自专项"动作模式"

续表

序号	传统体能训练	身体运动功能训练
5	通过比赛进行检测	定期进行测试和评价
6	自我恢复	能量再生与恢复
7	大—中—小周期训练计划	每天都完美——一日计划

　　身体运动功能训练的理念是围绕多维度、多关节、无轨迹、无序的场上所需动作设计动作模式的，它强调动作质量而不是肌肉力量，目的是为了在比赛时能够有效地展现运动技能。在训练系统的设计方面，身体运动功能训练将哲学、方法学、战术训练等融合在一起，从而形成了一个整体，在各训练系统内实现了整合与协调。其训练方法包括训练的程序、技能以及训练思路。在解剖位置上，身体运动功能训练更强调躯干部位和各关节周围肌肉的训练；在生理功能上，更强调稳定和平衡，更强调辅助肌群的固定作用和拮抗肌的适宜对抗作用，更强调神经对肌肉的支配能力；在作用上，身体运动功能训练强调的力量属于"柔性力量"，它并不直接提高单块肌肉的收缩速度或力值，而是通过肢体稳定性的加强，主动肌与辅助肌、拮抗肌之间协作能力的提高，以及神经-肌肉支配能力的改善，提高一个动作不同环节之间的衔接，动作与动作之间的配合，以及整套技术动作的节奏感和流畅程度，最终达到提高多块肌肉参与完成的整体力量的目标（表1-5）。

表1-5　传统力量训练与身体运动功能力量训练的动作比较

传统力量训练方式与特点	功能性力量训练方式与特点
大重量训练	重量减轻（关节减速）
单关节单轨迹的练习动作	多关节多维化的练习动作
经常用稳定的外部支撑	募集身体更多的控制稳定和平衡的肌肉参与运动

二、训练基本原则

（一）最优化原则

　　身体运动功能训练方法的设计是从人的生长发育阶段的规律出发，按照人体功能解剖的结构理论和运动生物力学原理，通过一系列的动作模式训练，提高神经系统对身体稳定性、灵活性的控制能力（图1-2）。

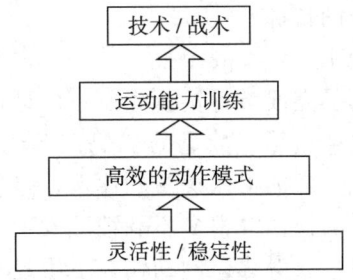

图 1-2   运动技能形成的最优化模型

身体运动功能训练强调运动功能的动作筛查、动作准备、动力链训练、核心柱力量和恢复再生训练等，目的是更好地提高专项能力、降低伤病概率，提高赛场竞技表现力。实践证明，力量是提高动作速度的基础，神经肌肉节点的训练是关键，必须要高度重视功能性力量训练。

（二）循序渐进原则

循序渐进训练原则是指训练时动作的结构要从易到难，数量由少到多，负荷强度由小到大，训练时间由短到长。循序渐进的训练不仅体现在多年的训练计划中，还要体现在每个年度的训练中和每一个训练周期中，每次训练都要考虑当天的训练必须与前一天的训练相对应，同时还要考虑与明天的内容相衔接。适应性规律告诉人们，有机体对一个恒定不变的刺激就会产生反应下降的表现，即运动员在长时间内始终使用相同的练习方法和训练负荷，训练效率就会降低。

因此，运动员的机体在训练负荷等因素的长期刺激下，各器官和系统所产生的结构与机能变化逐步达到比赛所需的运动能力，并按照刺激—反应—适应—提高—再刺激—再反应的顺序，不断地提高运动能力和适应性。影响运动员进行循序渐进训练的关键要素是系统性，即训练方法、手段和训练负荷的变化系统性，适应高强度训练的系统性以及训练水平逐步提高的系统性。

（三）无疼痛训练原则

身体运动功能训练强调无疼痛训练，因为带着伤痛锻炼很容易使练习者出现代偿动作，进而破坏原有的动力定型，导致动作变形。因此，身体运动功能训练强调以运动功能动作筛查作为训练的切入点，以动作模式训练为核心，以提高动力链传递效能为目标。其中，运动功能动作筛查主要是为了确定运动功能障碍，找到需要消除的疼痛部位或损伤点，以此为基础，再制定消除运动功能障碍的方法和手段，这也是身体运动功能训练的逻辑起点。而动作模式训练则是以增强神经对肌肉的控制，通过一系列单一的或组合的动作训练，逐步提高关节的稳定性和灵活性，进而提升单个动作的稳定性和消除代偿动作，最终达到提高动力链传递效能的目标。

（四）动作规范性原则

练习者如果仅仅是为了完成教练员预先制订的锻炼计划，而不关注练习动作的规范性和正确性，只注重练习数量的堆积，不注重练习动作质量的训练，将会出现一些代偿性动作，增加无效练习的比例，降低肌肉完成动作的经济性和实效性，甚至会导致运动损伤等很多不利情况发生。如果在平时的锻炼过程中注重练习动作的正确性，或者错误的动作在练习过程中得到控制或解决，练习者才有可能向更高水平发展。因此，身体运动功能训练关注的是完成动作的质量和动作实效性，而不是关注肌肉力量的训练。

（五）创新性原则

现代各个领域的科研成果都在不断涌现，各种新的方法也是层出不穷，身体运动功能训练方法也随着训练理念、训练器材、设备、仪器等方面的变化而不断地更新方法。美国 EXOS 负责科研开发的 Denis 先生指出，他们的大部分研究都是在特定环境里做的，那些研究所需的环境与真实的练习环境完全不一样，但是在真正更新方法之前，要在实验室对科研人员、实习生运动员进行反复实验，再逐步地在练习者身上进行实验，看其是否有效果。当三部分实验结果都取得明显效果后，他们才会将这些新方法应用到高水平运动员身上。例如，EXOS 进行的与神经科学有关的实验训练（在训练馆的黑色房间），研究动作模式对神经反应快慢的实验，这不仅是开发新型动作模式的研究，也是实验方法更新的研究。另外，EXOS 十分重视实验的连续性。例如，他们在开展激素与训练之间关系的研究时，他们根据研究成果报道这类实验需要 16 周的激素反应期，但是文献报道中并没有进一步的详细信息，如运动对激素分泌的影响。为此，EXOS 根据实习生的实习时间为 16 周这一特定时间段，开展了16 周的实验训练。最后，再根据实验结果为需要实施激素治疗的练习者制定一个 8 周的锻炼计划（因为大部分练习者只能在体能训练中心训练 8 周），从而保证了新方法应用的可靠性和实用性。

 **复习思考题**

1. 结合实际，就身体运动功能训练如何发展给出自己的建议与思考。
2. 身体运动功能训练与传统体能训练有何异同点？
3. 通过阅读身体运动功能训练的相关学科知识，谈谈你自己的看法。
4. 结合身体运动功能训练原则，谈谈自己的观点。

 **推荐阅读文献**

1. 尹军. 乒乓球运动员身体运动功能训练理论与方法［M］. 北京：北京体育大学出版社，2013.

2. 尹军，审译，张英波、梁林，主译. 动作-功能动作训练体系（中国教练员培训教材）［M］. 北京：北京体育大学出版社，2011.

3. 尹军，主译. 跑得更快（中国教练员培训教材）［M］. 北京：北京体育大学出版社，2011.

4. 尹军，主译. 快速伸缩复合训练（中国教练员培训教材）［M］. 北京：北京体育大学出版社，2011.

5. Craig Liebenson［美］，关骅，主审，洪毅、海涌、李建军，主译. 脊柱康复医学——理论与临床实践［M］. 北京：人民军医出版社，2012.

6. 尹军. 躯干支柱力量与动力链的能量传递［J］. 中国体育教练员，2012，3：16~18.

（尹　军　首都体育学院）

（罗　晨　国家体育总局训练局）

▲ 本章导语

身体运动功能动作测试目前常用的方法有功能性动作筛查、选择性功能评估和 Y-balance 测试三种。本章主要对身体运动功能训练的诊断意义及三种诊断方法的应用进行介绍。因功能性动作筛查的操作性较强，因此作为本章重点内容加以介绍。

第一节　身体运动功能测试的意义

身体运动功能测试具有非常重要的意义，其作用主要表现在以下三个方面：一是能够通过科学的测试发现身体运动功能存在的薄弱环节，二是能够测试出潜在的运动损伤风险，三是根据测试的结果能够有针对性地设计增强身体运动功能的路径。

一、发现身体运动功能存在的薄弱环节

身体运动功能测试是一个复杂的系统，在这个系统中，任何健康个体在准备进行运动训练或锻炼前，首先要进行功能性动作筛查（functional movement screen，FMS），先从动作模式的角度对身体基础动作情况进行一个筛查，"疼痛"是整个评价系统的分水岭，在动作中是否存在疼痛将指引我们下一步的方向。如果受试者出现疼痛就要对其进行选择性功能动作评估（selective functional movement screen，SFMA），从整体的动作模式分析，根据结果再对具体部位进行排查，最终找出问题所在。通过筛查可以识别出使运动员处于较高受伤风险的危险信号和代偿动作，确认运动员最薄弱的环节，并对薄弱环节进行矫正训练或康复治疗。

二、找出潜在的运动损伤风险

一般情况下，运动过程中出现的损伤可以分为急性接触损伤、急性非接触损伤和慢性劳损。所谓急性接触损伤是指运动过程中因和他人发生冲撞所造成的损伤；急性非接触损伤则是指运动过程中因自身基本动作功能受限所造成的损伤；慢性劳损则是指人体某一部位因长时间的代偿性工作，导致肌肉、筋膜韧带、骨质与关节等组织的损伤。

我们虽无法预测和阻止急性接触损伤，但却可以预防急性非接触损伤和慢性劳损。功能动作筛查的作用便体现于此，即通过对人体基本动作的测试，进而预测运动员身体的薄弱环节，功能动作筛查具有很强的普适性，不仅适用于运动员群体，也适用于大众健身群体。从现代运动训练视角来看，运动员的体能训练和专项动作技能均应建立在基本动作模式之上，或许是因为我们在训练中缺乏耐心和责任心，很多运动员不仅没有科学系统地完成这一步，反而通过挤占本应发展基本动作模式的空间来发展体能和专项动作技能，其结果就是急性非接触损伤和慢性劳损的高频率发生。为了改变这种思维方式，我们应该考虑把功能动作筛查作为现代运动训练和普通人群健身锻

炼的底线。

三、设计增强身体运动功能的路径

通过身体运动功能诊断，可以识别出使运动员和普通健身人群处于较高受伤风险的危险信号和代偿动作，确认运动员或健身人群最薄弱的环节，并据此为运动员或健身人群设计个性化动作练习方案，进而提高运动员潜在的运动能力，改善健身人群的健身效果。

第二节　身体运动功能测试方法概述

身体运动功能的测试与评价主要包含两个部分的内容：功能动作筛查和选择性功能动作评估。二者之间构成了一个完整的功能动作评价体系。而经常为体能教练们所提起的Y-balance测试实际上并不属于功能动作评价体系里面的内容，但属于身体运动功能诊断的常用方法，Y-balance测试和以上两种评价方法可以相互验证彼此的测试结果。FMS的测试操作简单易学，因此，本节将FMS作为重要内容进行介绍，其他两种方法作简单介绍。

一、三种测试方法的简介

（一）FMS测试

FMS是由Gray Cook等设计的一种功能动作评价方法，是一种崭新的动作模式质量评价系统，它简便易行，仅由7个动作构成。

Mincik.K等人运用Kappa检验对39个运动项目进行FMS测试研究后发现，7个测试动作的统计量区间位在0.75~1.0。FMS测试结果被普遍认为是有效和可靠的。FMS评分标准分为4个层级，按照动作表现符合动作模式（3分）、完成动作但出现代偿（2分）、无法完成动作（1分）以及出现疼痛症状（0分）来分别判定。通常认为，当运动员或普通人群在某项动作测试中出现1分（功能不良）或0分（疼痛）的情况，其锻炼、训练或比赛的损伤风险会增加。

（二）SFMA测试

SFMA是由Gray Cook等设计的一个基于动作模式的诊断系统，它是一系列7个全身动作测试，用来对那些已知肌肉骨骼疼痛的人群进行基本动作模式评价（如在做弯腰摸脚尖和深蹲动作中出现的疼痛）。当临床医生从动作模式的观点出发对病人的损伤进行评价时，他就能够准确地发现那些表面上与疼痛无关的部位恰恰是问题的症结所在。我们把这个概念称之为"区域性相互联系",这一概念是选择性功能动作评估的典型标志。选择性功能动作评估可以帮助医生找到那些虽然不疼痛但是有严重功能障碍的动作,进而从中发现更详细的信息。选择性功能动作评估弥补了现有医学测试的不足,并有效地把身体姿势、肌肉的平衡性和基本动作模式等概念整合到人体的运动系统中。只有了解了这些信息,治疗过程中所采用的手法练习和矫正练习才不会再次引发病人的疼痛。我们现在的标准化医疗流程更多是从"头疼医头,脚疼医脚"的观点来看待病人的疼痛,这样的诊断结果并不能使病人得到最有效的治疗。选择性功能动作评估的整体观给康复医师们提供了一种新的思路来治疗疼痛和功能障碍。

(三) Y-balance 测试

在身体运动功能训练领域,很多人认为 Y-balance、FMS 和 SFMA 三者之间构成了一个有机整体。事实上,这种认识是错误的。Y-balance 是一个比 FMS 和 SFMA 更为高级的测试,或者说是要求更高的测试;FMS 和 SFMA 二者之间则互为补充,构成了一个有机整体。Y-balance 和 "FMS+SFMA" 二者之间是互为验证的关系。具体来讲,Y-balance 是一个高度综合的 "上肢+下肢" 测试,该测试能够对受试者上下肢的运动范围、力量、本体感受和核心区力量等进行综合测试,但它只能从整体上告诉测试人员,受试者是否存在潜在损伤风险,而无法像 FMS 和 SFMA 那样通过细化的测试步骤发现受试者的风险所在,更无法有针对性地制定纠正方法。

二、功能动作筛查的概念

不管是在大众健身领域、竞技运动训练领域,还是其他对体能有着较高要求的行业,如消防员、军人等(下文仅以大众健身领域为代表),人们通常会经历三种测试,即健康测试、身体素质测试和专项技能测试。

所谓健康测试就是通过医学的检测方法对运动员的心血管等系统进行检查以确定其身体机能能够满足大众健身的需要。很难想象一个患有严重心脏疾病的人能够经受住高强度的训练,因此,通过健康测试是人们进行大众健身的最低要求。所谓身体素质测试是指对人们在力量、速度、灵敏、柔韧、耐力和协调等方面的能力进行测试;所谓专项技能测试主要指的是对人们所从事的某一具体运动项目的技术水平进行测试。

上述三种测试之间呈递进关系,但是在进行身体和专项技能测试的过程中,我们往往是基于这样一个假设进行的,即受试者在身体素质和专项技能测试过程中所呈现出的动作都是正确的。所以我们只关注测试结果,而没有关注测试过程中受试者所表现出的动作。然而事实并非如此,例如,对一名受试者进行纵跳摸高测试，尽管受试者的测试成绩很高，但是受试者每次跳起落地后总是出现双膝关节内扣的现象。从身体素质测试的视角出发，只要受试者的摸高成绩好，那就说明受试者的下肢爆发力很好，私人教练和受试者本人都皆大欢喜，没有人会去关注受试者膝关节出现内扣的问题。然而，双膝关节内扣实际上传递出了一个非常重要的信息，即受试者的臀肌力量薄弱，未来可能会成为出现运动损伤的导火索。所以，健康测试、身体素质测试和专项机能测试不足以对人们做出全面而又客观的评估。因此，在整个测试过程中应加入"动作筛查"的测试环节，其目的是对人们完成基本动作的能力进行测试。所以，对于任何一个进行体育锻炼的人来讲，正确的测试流程应该是：健康测试→动作筛查→身体素质测试→专项技能测试。

　　FMS是实现"动作筛查"的理想工具。FMS是20世纪90年代，美国矫形专家Gray Cook和训练专家Lee Burton等人设计的一个基于基本动作模式来预测运动风险的筛查系统。2001年Gray Cook在《高水平运动训练》一书中首次提出了"FMS"的概念，所谓FMS就是通过7个功能动作和3个排除性测试，对人体基本动作模式的完成情况进行确认、分级和排序，进而对人们的运动风险进行评估。FMS中使用的7个测试动作和3个排除性动作可以称之为人的基本动作模式。通过对这些基本动作模式的筛查可以决定人们接下来的3个去向：第一，动作筛查过程中出现疼痛的受试者应该寻求医生或者是物理治疗师的帮助；第二，动作筛查过程中没有疼痛，但出现功能动作障碍的受试者则需要进行纠正性练习；第三，动作筛查过程中没有疼痛，也没有动作障碍的受试者可以参加后续的身体素质测试，也可直接进行运动功能和专项技能方面的训练。

三、FMS筛查原理及其使用范围

　　人体是由许多关节组成的，每一个关节都需要稳定性和灵活性，针对不同关节，它的稳定性和灵活性比例是不一样的，有些需要更灵活，有些需要更稳定，一旦失去其本质特征，关节就会引起疼痛，也会引起相关部位疼痛。FMS对教练员来说是一个很好的工具，可以鉴别出运动员或健身人群身体最薄弱的地方，针对存在的问题去解决。FMS是一种动作筛查，这些动作是根据婴儿出生后到能够行走所经历的动作过程演变而来的，对于其他行走的灵长类动物来说也是必备的。FMS是运动员应该具备的7个最基础的功能动作模式（图2-1~图2-7）。

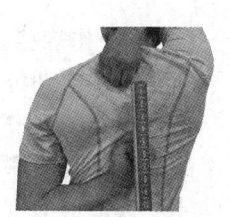

图 2-1　深蹲　　　图 2-2　跨栏步　　　图 2-3　弓步蹲　　　图 2-4　肩部灵活性测试

图 2-5　仰卧直膝抬腿　　　图 2-6　躯干稳定性俯卧撑　　　图 2-7　旋转稳定性

　　通过功能性运动，筛查、鉴别出需要警示的动作模式，因为这些模式让运动员或健身人群处于高风险中。通过功能性动作筛查，使教练员能快速对运动员或健身人群基础动作模式的质量进行分级，并区分出最薄弱的环节。通过功能性动作筛查，使教练员能够着重处理那些薄弱环节，更加有效率地纠正运动员或健身人群的代偿性动作，制定个性化训练计划，提高动作效率，帮助运动员开发他们的运动潜能，帮助健身人群更科学地进行健身。通过有针对性地解决筛查中出现的问题，再次进行筛查，根据筛查的结果再次优化和调整方案，最终达到消除运动员或健身人群因动作模式的原因而导致受伤的风险。FMS使我们真正建立了一套功能训练体系，FMS 筛查可以广泛用于各种人群的基础运动能力（灵活性和稳定性）评价。

第三节　FMS 等三种方法在身体运动功能中的应用

　　本节将从实践应用的角度介绍 FMS、SFMA 和 Y-balance 三种方法各自所包含的内容，即从动作规格、评分标准和诊断记录表三个方面进行介绍。

一、FMS 的应用

（一）动作规格

FMS 的 7 个功能动作和 3 个排除性测试动作规格如下：

1. "深蹲"动作规格

受试者双脚内侧放在与双肩外侧垂直的位置上，脚尖指向正前方；双手持测试杆于头顶正上方，肘关节充分伸展，此为开始姿势。受试者缓慢下蹲至最低位，脚跟紧贴地面，抬头挺胸，双眼正视前方。

2. "跨栏步"动作规格

双脚自然并拢站立，以受试者胫骨粗隆上缘的位置确定栏杆的高度。双脚脚尖触及栏架底部，测试杆置于受试者颈后肩部。要求受试者抬腿跨过栏杆，跨步腿脚后跟接触地面，足背屈，重心在支撑腿上，做动作过程中保持脊柱处于正常位。然后，收腿恢复至起始姿势，动作过程要缓慢，随后换另一侧腿进行测试。

3. "前后分腿蹲"动作规格

测量地面至受试者胫骨粗隆上缘的距离；受试者前后分腿站立在测试板上，左脚踇指放在测试板的后标识线上，使用胫骨长度确定受试者右脚脚跟所处的前标识线位置；双手在颈曲和腰曲位持测试杆，测试杆应和头、胸和骶骨部位相接触。此为该动作的起始姿势。受试者慢慢下蹲，左膝应触及测试板，然后站起恢复至起始姿势；换另一侧腿进行测试。

4. "肩关节灵活性"动作规格

测量远端腕折痕至食指指尖的距离，确定受试者手的长度。受试者双脚并拢站立，双手握拳（拇指置于拳心），右手经右肩上，左手经下腰背和右手在背部相向靠拢，该动作应为一次性连贯动作，然后测量受试者两拳之间的距离；换另一侧肩关节进行测试。

肩部灵活性排除测试：受试者将右侧手放在对侧肩上，保持手掌和肩的接触，然后尽可能地抬高肘关节。观察该动作过程是否出现疼痛，然后测试另一侧。该排除性测试在肩关节灵活性动作筛查后进行。

5. "仰卧主动直膝抬腿"动作规格

受试者仰卧，双臂放在体侧，掌心向上，头部平放在地面上，双膝放在测试板上方；两腿伸直并拢，两脚背屈；确定髂前上棘和膝关节关节线之间的中点，将测试杆垂直放在该位置。受试者抬起一侧腿，动作过程中，保持踝关节和膝关节的起始姿势；另一侧腿膝关节应始终接触测试板，脚不能出现旋转等代偿动作。

6. "躯干稳定性俯撑" 动作规格

受试者俯卧位，双手拇指和其余四个手指呈垂直位；在该测试中，男女生的开始姿势略有不同。男子起始动作为掌心向下，双手拇指对准前额顶部（即发际线），女子双手拇指则对准下颌，受试者双手虎口分别和肩锁关节处于同一矢状面。脚背屈，膝关节充分伸展，全身发力撑起整个身体。

躯干稳定性俯撑排除性测试：从俯撑动作开始姿势撑起上体，使脊柱充分后伸。

7. "旋转稳定性" 动作规格

将测试板置于受试者双手、双膝和双脚之间，测试板应与脊柱平行，双肩和双膝应和躯干呈 90 度角，双脚背屈；在动作开始前，受试者的双手、双膝和双脚都应接触测试板，然后同侧手和腿分别在肩关节和髋关节处做屈和伸的动作，直到同侧手臂、腿和地面平行。随后，同侧肘关节和膝关节接触，最后回到起始动作。

旋转稳定性排除性测试：跪姿，双脚趾屈，臀部后坐，尽可能接触到脚后跟，胸部尽可能接触大腿；双手尽可能地向远端伸出。

（二）评分标准

1. "深蹲" 动作评分标准（图 2-8，图 2-9，表 2-1）

1　　　　　2　　　　　3

图 2-8　深蹲正面动作

1　　　　　2　　　　　3

图 2-9　深蹲侧面动作

表 2-1　深蹲评分标准表

评分	3	2	1	0
标准	1. 双手持木杆于头顶上方，手臂和地面接近垂直 2. 大腿低于水平线 3. 左（右）膝关节与左（右）脚尖上下处于同一垂直线 4. 木杆不能超过脚尖	脚跟下垫测试板，受试对象能完成 3 分动作	1. 手臂和地面形成夹角 2. 大腿高于水平线 3. 左（右）膝关节与左（右）脚尖上下处于同一垂直线 4. 躯干过度前倾	出现疼痛

2. "跨栏步"评分标准（图 2-10，图 2-11，表 2-2）

图 2-10　跨栏步正面动作

图 2-11　跨栏步侧面动作

表 2-2　跨栏步评分标准表

评分	3	2	1	0
标准	1. 髋、膝、踝关节上下呈一条直线 2. 腰部没有明显的移动 3. 跨步腿膝关节指向正前方，大腿没有在髋关节出现内旋（内收）或外旋（外展）现象 4. 测试杆与栏架保持平行 5. 跨步腿足背屈	1. 髋、膝、踝关节上下不能保持在一条直线上 2. 腰部出现移动 3. 膝关节没有指向正前方，大腿在髋关节出现内旋（内收）或外旋（外展）现象 4. 测试杆与栏架不平行	1. 脚碰到栏杆 2. 身体失去平衡	出现疼痛

3. "前后分腿蹲"评分标准（图 2-12，图 2-13，表 2-3）

图 2-12　前后分腿蹲正面动作

图 2-13　前后分腿蹲侧面动作

表 2-3　前后分腿蹲评分标准表

评分	3	2	1	0
标准	1. 测试杆与头、胸椎和骶骨部位接触 2. 躯干没有前倾动作 3. 测试杆和双脚处于同一矢状面 4. 后腿膝关节部位触及测试板	1. 测试杆不能完全与头、胸椎和骶骨部位接触 2. 躯干出现前倾动作 3. 测试杆和双脚没有处于同一矢状面 4. 后腿膝关节部位不能触及测试板	1. 双手不能放在脊柱的颈曲和腰曲位 2. 身体失去平衡	出现疼痛

4. "肩关节灵活性"评分标准（图 2-14，表 2-4）

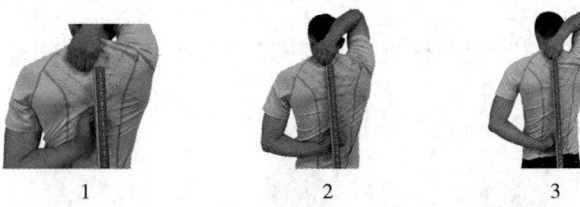

图 2-14　肩关节灵活性测试示意图

表 2-4　肩关节灵活性评分标准表

评分	3（A₁）	2（A₂）	1（A₃）	0
标准	两手间距在一个手长以内	两手间距在一到一个半手长之间	两手间距超出一个半手长	出现疼痛

图 2-15　排除性测试

肩关节灵活性的排除性测试不进行评分，但需要观察动作过程中是否出现疼痛反应（图 2-15）。如果产生疼痛，就在记录表上记录为疼痛（P），之前的肩关节灵活性动作筛查测试得分记为 0 分（即使运动员在肩关节灵活性动作筛查中得了 3 分，只要在排除性测试中出现疼痛，该受试者的肩关节灵活性动作最终得分为 0 分）。

5. "仰卧主动直膝抬腿"评分标准（图 2-16，表 2-5）

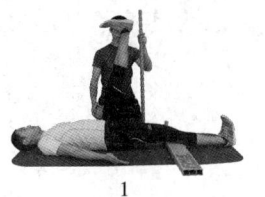

1   2   3

图 2-16 仰卧主动直膝抬腿示意图

表 2-5 仰卧主动直膝抬腿评分表

评分	3（A₁）	2（A₂）	1（A₃）	0
标准	1. 一侧腿抬起时，测试杆应位于另一侧腿髂前上棘和膝关节线中间位置 2. 非测试腿应保持自然动作，膝关节贴于测试板上，不能出现代偿动作，保持足背屈 3. 踝关节超过测试杆	一侧腿抬起时，测试杆置于另一侧腿髂前上棘和膝关节线中间位置 踝关节没有超过测试杆	一侧腿抬起时，测试杆位于另一侧腿髂前上棘和膝关节线中间位置 踝关节没有超过测试杆	出现疼痛

6. "躯干稳定性俯撑" 动作规格（图 2-17，图 2-18，表 2-6）

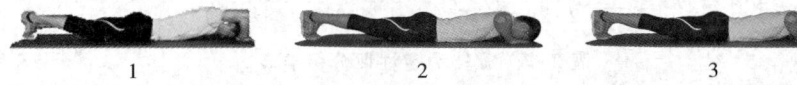

1   2   3

图 2-17 躯干稳定性俯撑开始姿势

1   2   3

图 2-18 躯干稳定性俯撑结束姿势

表 2-6 躯干稳定性评分标准表

评分	3	2	1	0
标准	1. 男性受试者的拇指与额头发际线在同一水平线上，完成一次俯撑 2. 女性受试者的拇指与下颌在同一水平线上，完成一次俯撑	1. 男性受试者的拇指与下颌在同一水平线上，完成一次俯撑 2. 女性受试者的拇指与锁骨在同一水平线上，完成一次俯撑	1. 男性受试者的拇指与下颌在同一水平线上，不能完成一次俯撑 2. 女性受试者的拇指与锁骨在同一水平线上，不能完成一次俯撑	出现疼痛

在排除性测试中：如产生疼痛，就在记录表上记录为疼痛（P），之前的躯干稳定性俯撑动作筛查得分记为 0 分（图 2-19）。

图 2-19　排除性测试

7. "旋转稳定性"动作规格（图 2-20，图 2-21，表 2-7）

1　　　　　　　　　2　　　　　　　　　3

图 2-20　旋转稳定性测试开始姿势

1　　　　　　　　　2　　　　　　　　　3

图 2-21　旋转稳定性测试结束姿势

表 2-7　旋转稳定性评分标准表

评分	3	2	1	0
标准	受试者同侧上、下肢完成动作过程中，脊柱与测试板应保持平行	换对侧上下肢完成测试：受试者异侧上、下肢完成动作过程中，脊柱与测试板应保持平行	受试者异侧上、下肢不能完成 2 分动作脊柱不能和测试板平行	出现疼痛

该排除性测试在转动稳定性动作筛查结束后进行。排除性动作不评分，但需要观察动作过程中是否出现疼痛反应。如果产生疼痛，就在记录表上记录为疼痛（P），之前的转动稳定性动作测试得分记为 0 分（图 2-22）。

图 2-22　排除性测试

（三）FMS 诊断记录表的使用

FMS 诊断记录表形式各异，本书提供一个较为简单的表格形式（表 2-8）。在使用记录表的时候，应注意以下两种情况：第一，对于那些双侧筛查动作而言，如果两侧得分不一致，那在"最终分数"栏应填写最低分；第二，在动作筛查中，如果出现疼痛，可以在"原始分数"栏填写相应的分数，但在"最终分数"栏应填写 0 分。

表 2-8　FMS 诊断记录表

测试		原始分数	最终分数	备注
深蹲				
跨栏步	左			
	右			
前后分腿蹲	左			
	右			
肩关节灵活性	左			
	右			
排除性测试	左			
	右			
仰卧主动直膝抬腿	左			
	右			
躯干稳定性俯撑				
排除性测试				
旋转稳定性测试	左			
	右			
排除性测试				
总分				

二、SFMA 的应用

在 FMS 动作筛查过程中，如果受试者出现疼痛，而且这种疼痛不是手术、外伤等原因造成的，那么该患者（因为疼痛，所以后文将称其为"患者"）随后就要进行选择性功能动作评估，以确定导致疼痛的最终原因。因为 SFMA 对测试人员的专业素养要求很高，需要通过相应资质的考试才能使用。本书在此仅对 SFMA 进行简要的介绍，以拓宽社会体育专业学生的视野。

（一）动作规格

SFMA 评估的第一阶段共有 10 个测试动作，如果患者在某一个测试动作中出现问题（参阅下文"SFMA 的评分标准"），那么患者将进入 SFMA 的第二阶段评估，该阶段一共有 60 个测试动作。通过 SFMA 两个阶段的评估，测试人员最终将发现导致患者出现疼痛的原因所在。此处仅对 SFMA 第一阶段的 10 个测试动作进行简单介绍。

1. 颈部动作测试一

患者直立，双脚并拢，形成开始姿势；患者用下颌接触胸骨，动作过程中躯干应处于正常位，嘴闭合。

2. 颈部动作测试二

患者直立，双脚并拢，形成起始姿势；患者抬头向上看，面部和天花板平行，嘴闭合。

3. 颈部动作测试三

患者直立，双脚并拢，形成开始姿势；患者尽可能的向右（左）侧转动头部，同时下颌接触锁骨中部。

4. 上肢动作测试一

患者直立，双脚并拢，形成开始姿势；患者用右手触摸左侧肩胛骨下角。测试人员将手放在患者实际触摸的地方，比较这个点和左手触摸点是否一致，如果某一侧不能触摸到肩胛骨下角，记录该点与肩胛骨下角之间的距离。

5. 上肢动作测试二

患者直立，双脚并拢，形成开始姿势；患者右手过头上举，触摸左侧肩胛骨上角。测试人员将手放在患者实际触摸的地方，比较这个点和右手触摸点是否一致，如果某一侧不能触摸到肩胛骨上角，记录该点与肩胛骨上角之间的距离。

6. 多环节屈曲

患者直立，双脚并拢，形成起始姿势；患者体前屈，双手指尖触摸脚尖，在动作过程中，膝关节不能弯曲。

7. 多环节伸展

患者直立，双脚并拢，形成起始姿势；患者双手直臂举过头顶，掌心向前，双肘与双耳在同一冠状面；患者尽可能做体后屈，双髋前移，同时双臂后移；肩胛骨上角应超过双脚脚后跟，髂前上棘超过双脚脚尖。

8. 多环节转动

患者直立，双脚并拢，形成起始姿势；双手置于体侧，掌心向前；患者向右侧尽可能地转动双髋、双肩和头部，但双脚姿势应保持不动。测试人员站在患者正后方能够看到其左肩。完成后，测试另一侧。

9. 单腿站立

患者直立，双脚并拢，形成起始姿势；双手置于体侧，掌心向前；患者抬起右腿，使髋关节和膝关节呈 90 度。保持该姿势 10 秒钟，然后闭眼重复该动作 10 秒钟。完成后，测试另一侧腿。

10. 双臂上举下蹲

患者双脚内侧与双肩的外侧分别在同一垂线上，形成起始姿势。双脚脚尖指向正前方；双臂上举过头，然后尽可能深蹲；深蹲姿势应该为双脚脚跟着地，头部和胸部朝前。

（二）评分标准

SFMA 的评分标准不同于 FMS，根据患者能否完成上述动作并达到相应的标准，SFMA 有四种诊断结果：功能正常——无疼痛（FN）、功能正常——疼痛（FP）、功能障碍——无疼痛（DN）、功能障碍——疼痛（DP）。所谓"功能正常——疼痛"是指患者能够顺利完成 SFMA 中的测试动作，但动作过程中出现疼痛。其他三个概念以此类推。

三、Y-balance 的应用

（一）动作规格

Y-balance 测试可以分为上肢 Y-balance 测试和下肢 Y-balance 测试，为了便于描述，下文将上肢测试简称为"YBT-UQ"，将下肢测试简称为"YBT-LQ"。

YBT-UQ 主要用来测试上肢躯干的力量、灵活性、本体感觉和动态稳定性。图 2-23 为该测试的起始姿势，受试者双手置于 Y-balance 测试平台上，手指并拢；拇指和平台红色标志线平行，保持俯卧撑姿势，双脚与肩同宽；然后受试者用另一只手分别触碰外侧方向、下侧方向和上外侧方向的测试滑块，分别记录滑块在上述三个方向上（图 2-24~图 2-26）的移动距离；每个方向测试三次，记录最高值。

图 2-23　YBT-UQ 起始姿势

图 2-24　YBT-UQ 外侧方向测试

图 2-25　YBT-UQ 下外侧方向测试

图 2-26　YBT-UQ 上外侧方向测试

YBT-LQ 主要用来测试下肢和躯干的力量、灵活性、本体感觉和动态稳定性。受试者单腿站立在测试平台，脚踇指垂直对准红色标志线；另一侧腿分别向前、斜后方和后中部方向触碰测试滑块，分别记录滑块在三个方向上的移动距离（图 2-27~图 2-29）；每个方向测试三次，记录最高值。

图 2-27　YBT-LQ
侧前方向测试

图 2-28　YBT-LQ
斜后方向测试

图 2-29　YBT-LQ
后中部方向测试

（二）评分标准

Y-balance 的评分标准根据受试者的年龄、性别和所从事运动情况的不同而变化，但有一点是明确的，不管是 YBT-UQ，还是 YBT-LQ 测试，左右两侧的数据不应该有很大的差异。

上肢的测试中，在中外侧、下外侧、上外侧三个测试方向上，左侧手和右侧手的测试结果相比，差距不应该超过 4 厘米。综合评分计算的方法是，三个测量方向最远距离的总和除以 3 倍的臂长再乘以 100。综合评分的结果不能低于临界值，临界值的是通过个人的年龄、性别和运动专项来划分的。

下肢的测试中，在向前侧方向伸出时，将左右腿伸出的距离对比，最大差距不应超过 4 厘米。在向后中侧与后外侧方向伸出时，左右腿伸出距离的最大差距不应超过 6 厘米。而且，综合得分（通过三个方向的最大距离总和除以 3 倍的下肢长度，然后乘以 100）不应该小于被试者年龄、性别、体育或体力活动的界值。

（三）Y-balance 诊断记录表的使用

Y-balance 的测试数据可以采用各种形式进行记录，本书推荐如下记录方式（表2-9，表2-10）。

表2-9　YBT-UQ 记录表

	右侧			左侧			右侧最大值	左侧最大值
	1	2	3	1	2	3		
外侧								
下侧								
上外侧								

表2-10　YBT-LQ 记录表

	右侧			左侧			右侧最大值	左侧最大值
	1	2	3	1	2	3		
前方								
斜后方								
后中部								

复习思考题

1. 结合实际，谈谈你对身体运动功能诊断意义的认识。
2. FMS测试的操作方法有哪些注意事项？

推荐阅读文献

1. MINICK KI, KIESEL KB, BURTON L, et al. Interrater reliability of the functional movement screen ［J］. Strength Conditinning Res, 2010, 24：479～486.

2. DEYDRE S TEYHEN, SCOTT W SHAFFER, CHELSEA LLORENSON, et al. The Functional Movement Screen：A Reliability Study ［J］. Orthopaedic Sports Physical Therapy, 2012, 42（6）：530～540.

3. GRAY COOK，LEE BURTON，KYLE KIESEL，et al. Movement：Functional Movement Systems－Screening，Assessment，Corrective Stratgies［M］．Champaign：Human Kinetics Publishers Inc，2011.

4. 孙莉莉. 美国功能动作测试 FMS 概述［J］．体育科研，2011，32（5）：29～32.

（孙永生　首都体育学院）
（宸　铮　北京体育大学）

第三章
身体功能动作矫正策略与方法

◢ 本章导语

在了解了如何利用身体功能动作诊断，发现身体运动链中的薄弱环节和潜在运动损伤风险后，本章着重阐述了如何通过身体功能动作的矫正训练加强薄弱环节，改善功能不良动作，从而达到预防或减少运动损伤，提高动作表现力，最终达到提高生活质量的目的。

第一节　身体功能动作矫正训练的意义

　　人体运动功能系统是一个完整的系统，主要由 3 个子系统构成：肌肉系统（功能解剖学）、骨骼系统（功能生物力学）和神经系统（动作行为学）。人体运动遵循生物力学规律，有既定的动力链，3 个子系统中任何一个功能异常都会导致其他部分发生代偿性的适应反应、姿态或动作，从而引发不同形式、不同程度的姿态、动作模式及伤病，有针对性的身体功能动作训练可避免或减少此类问题的发生。

一、运动功能异常的主要类型

　　运动功能异常分为三大类：发育性运动功能异常、创伤性运动功能异常及习得性运动功能异常。

（一）发育性运动功能异常

　　人的身体动作发展遵循一定的规律，从出生到老年，人经历婴幼儿—儿童—青少年—成人—老年几个阶段，每个阶段都有不同的规律和特点，Grey Payne 在《人类动作发展概论》一书中有比较详细的描述。

　　发育性运动功能异常是指从婴幼儿到成年的生长过程中，由于各种因素导致身体某个环节或关节不能完成某些特定的动作或动作受限。青春期身体的发育速度惊人，青少年运动员的比赛成绩和表现可能会因此受影响。例如，一名 14 岁的高尔夫球运动员，他可能在两个月内身体长高了 5 厘米，但他的双臂却没有同等程度的变化。当然，事实上也可能相反，但不论是哪种情况，其在此阶段的比赛中，挥杆动作会由于身高、臂长比例的变化而受到影响。

　　当基本动作能力受到妨碍，或者身体还没有完全发育的儿童青少年练习更高水平的专项技能时，也会造成类似问题。在基本动作发展不良的情况下，重复练习投掷、抛掷、踢和摆动活动，会延缓或改变整体和平衡功能的发展，随着儿童进入青春期或成年期，也把不完整的功能动作模式和不良的身体能力带到成年期，从而导致更大的运动损伤概率和危险性。因此，对于发育性动作功能异常，除了需要尊重人体动作发展的客观规律（如不在青春期进行强度较大的专项技能练习）以外，还可以利用身体功能动作矫正练习促进人体基本功能动作全面、协调发展，以免形成不良动作模式定型。

（二）创伤性运动功能异常

　　创伤性运动功能异常是由于急性或慢性损伤导致的人体关节或环节无法完成某些动作、动作受限或在完成某些动作时有代偿现象。动作代偿是一种原始的生存行为，是一种本能的保护机制，这种机制能够使某些关节在受伤情况下仍然可以运动和发挥功能，然而，这些代偿动作模式不是长期的最佳选择，如果得不到纠正和矫正，长此以往，会引起更多、更严重的损伤。

疼痛是各种级别、不同性质的创伤导致的共同的、最直接的结果。一方面，人体任何一部位的疼痛，都会导致相关关节和环节基本动作形式的改变和动作代偿，此时吃止痛药掩盖伤痛，或者以坚强的毅力进行常规训练都是不可取的；另一方面，人们经常因为疼痛减轻或消失，就认为自己完全恢复或康复，但事实上，在疼痛消失一定时间内，动作模式仍然处于被改变的状态，不能恢复到初始水平。因此，即使创伤疼痛消失，也需要不失时机地运用身体功能动作筛查和评估手段，识别出功能异常的动作模式，进而采取有效的矫正训练手段进行合理动作模式的重建。

（三）习得性运动功能异常

习得性运动功能异常一般以两种方式出现：一种是在合理动作基础上重复的不对称活动，一种是在不良动作基础上重复出现的自然活动。

第一种是指由专项技能、训练或违反自然动作模式的活动引起的。很多休闲运动项目都是单侧运动，如高尔夫、乒乓球、羽毛球、保龄球和自由泳等，如果在长时间内大量重复这种单侧动作，身体就会出现各种灵活性或稳定性不平衡，这是因为身体非技能性动作一侧不具备同等程度的不平衡技能。强度和持续时间经常被用来测量这些活动和方式的累积效果，这些动作即使是在一个良好的动作基础上，也会使一种动作模式发生显著的偏离或向着特定的动作转化。如果视此现象引起的姿态改变、动作代偿、疼痛劳损和肌肉骨骼失衡为专项特点而任其存在，必然妨碍运动能力的提高，缩短运动寿命。正确的方法是采用相应的练习手段，加强非技能动作侧的能力，尽量减小双侧的不对称和不平衡。如高尔夫球运动员可采用反向动作练习，乒乓球运动员可试用非优势手进行相同的练习等，对于单侧换气的自由泳，可以考虑两侧交替换气。

第二种是指在不良动作基础上的自然活动。基本动作受限、身体灵活性或稳定性不对称、不平衡是造成代偿动作、姿态变化、劳损和肌肉骨骼失衡现象的主要原因，在所有的动作功能异常的类别中，这个类别是最多的，也是最少被人理解的。多数人认为只要进行运动，运动水平和能力就会提高，体重就能得到控制，健康水平就会相应提升，殊不知基于身体灵活性、稳定性缺乏以及不合理动作模式的锻炼，会导致在旧的问题刚刚解决或尚未解决的同时，新的问题接踵而至。如有人在跑步之后开始出现膝关节疼痛，一般情况下很自然的归因于年龄、跑鞋质量或跑步的公里数，但很少有人意识到身体各环节的灵活性不足（如髋关节的灵活性）和身体核心部位力量薄弱，此时不应该归罪于所进行的运动形式,而应该归因于运动所基于的不良基础。

二、常见运动功能异常

1. 上交叉综合征

上交叉综合征是肩部运动功能异常的静态姿态,表现为肩部圆滑和头前伸(图3-1),是最普遍的一种不良姿态,在专业运动员和普通大众中都很常见,主要与人日常生活和职业工作惯用动作有关。此现象会改变肩带的关节动力链,增加肩部压力和潜在损伤。主要存在胸部肌肉过度激活(紧张)和上背部肌肉力量薄弱(抑制、激活不足)等问题。

2. 下交叉综合征

下交叉综合征是判断腰-骨盆-臀复合结构运动功能异常的静态姿势,表现为骨盆前倾,腰椎过度伸展(图3-2)。在动态姿势中,骨盆和腰椎的姿势会对与骨盆相关的肌肉和结缔组织造成过大的压力。

3. 耸肩

耸肩是指在做俯卧撑或上肢推拉动作过程中,出现双肩向上耸起的现象(图3-3)。耸肩的原因包括背部和肩部问题,主要包括斜方肌上部和肩胛提肌紧张,而斜方肌中、下束抑制以及肩部神经肌肉的控制问题。

图3-1　上交叉　　　图3-2　下交叉　　　图3-3　耸肩　　　图3-4　重心偏移
　　综合征　　　　　　　综合征

4. 重心偏移

重心偏移是指在举臂下蹲的过程中,从后面看,髋-骨盆-腰复合关节出现明显的左右偏移现象(图3-4)。主要原因可能是倾斜侧的内收肌群、髂胫束,以及对侧的比目鱼肌、腓肠肌、梨状肌、股二头肌、臀中肌过度激活,而倾斜侧臀中肌及对侧胫骨前肌、内收肌群抑制。重心偏移可能会导致下背痛和骶髂关节痛。

三、动作功能金字塔

有些现象我们并不陌生，例如，某些人力量大，身体强壮，被认为田径场上和球类比赛中的最佳人选，但实际上这个人跑不快、跳不高、停不住、转不动，即比赛场上所需的专项动作做不出来。这一现象表明，有些锻炼方法只重视肌肉训练，而没有重视动作训练，导致较好的身体素质无法体现到运动表现或成绩上。再如，一个负重蹲起能力很强的人，不能完成仅需要克服自身体重的举棒深蹲动作，这种现象表明个体发展的最大力量超过了核心和躯干肌肉组织的稳定能力。这类人群，其专项运动水平较高，自认为健身或锻炼很有成效，因而在健身或专项训练过程中无视不良动作的存在，最终导致不同程度的关节疼痛及伤病，运动能力表现下降，运动寿命缩短。

图 3-5　最佳运动能力金字塔

自 1975 年，Yamamoto 和他的同事将功能训练运用于西点军校伤病士兵的康复训练中，经过几十年各界专家学者的凝练、提升，身体功能动作训练成为融运动解剖学、运动生物力学、运动生理学、运动医学及运动技能学为一体的交叉学科。2003 年，Gray Cook 进一步提出了"最佳运动能力金字塔"的概念（图 3-5）。金字塔的第一层是基本动作，代表完成基本动作模式的情况，主要体现在身体各关节的灵活性、稳定性水平及左右两侧对称程度，是所有高水平、高难度动作的基础；第二层是身体运动表现力，代表身体完成动作的效率，主要体现在爆发力、力量、速度及灵敏性上。第三层是专项技能，即某一运动项目、特定姿态下的专项技术，如高尔夫球的挥杆技术、羽毛球的高远球技术和篮球的三分球技术等。

最优化金字塔结构的含义是强调专项运动训练要以人体基本的灵活性和稳定性为基础，在关节灵活性和身体稳定性充分发展的基础上，逐级递增进行第二层次和第三层次的训练，这种基于经济高效的动作模式训练，可以预防不必要的运动损伤，达到增强身体运动能力，提高生活质量的目的。如果出现图3-6 和图 3-7 型的金字塔，则需要调整健身或体育锻炼方案，使身体运动能力趋于最优化金字塔。

动作功能金字塔解释了为什么有些人在训练中效仿别人的训练计划，却得不到预期的结果。身体功能动作训练强调以肌肉、神经系统协同训练提高动作质量与控制的动作模式，改变了以肌肉训练提高肌肉力量的理念，这种理念的转变不仅是基于几十年运动生理学、运动生物力学、运动解剖学等学科丰富研究成果及医学康复实践的积累，而且也是哲学辩证思维的体现，改变了传统的

"头痛医头，脚痛医脚"的体育健身、健美现实及理念。

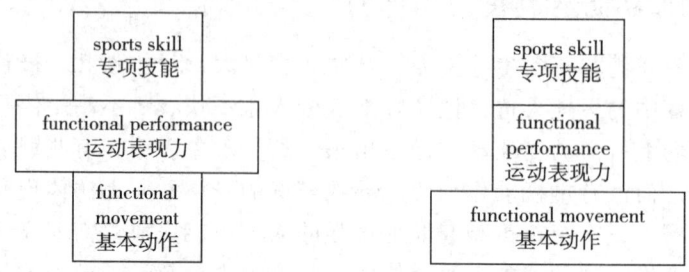

图 3-6　运动表现力过高型　　　图 3-7　运动表现力过低型

四、功能动作矫正训练的作用

（一）功能动作矫正训练可以预防伤病

外国的文献中没有明确得到"亚健康"的研究报道，虽然有关"慢性疲劳综合征"（chronic fatigue syndrome，CFS）和亚健康的研究在诊断标准、概念描述上并不完全一致，但二者研究内容基本相同。

驼背、头前伸的不良姿态，会导致多种不适和慢性损伤，如颈椎疼痛加剧，颈源性头晕、头疼，呼吸功能减弱等。颈椎病、慢性腰痛、鼠标手、网球肘、高尔夫球肘和肥胖等是常见的亚健康症状，也是慢性疲劳综合征的主要研究内容，导致以上不适症状的主要原因之一就是日常生活、工作的动作模式不合理。

腰痛和肩颈不适综合征更是成年人最常见的问题，无论是欧美发达国家还是亚洲的发展中国家，每个人周围都不乏腰痛及颈椎抱怨者。腰痛和肩颈不适确实是无法治愈和改善的流行病？还是多年来对腰痛和肩颈不适的治疗出了问题？

现象 1：一个人可能抱怨在身体前屈时腰部疼痛，但不存在体前屈动作功能异常的情况，即触摸脚趾和回复站立姿态都正常。进一步的功能动作评估会发现：顾客虽然在脊柱伸展时不引起疼痛，但由于年龄和身体素质水平的原因，脊柱伸展可能被限制在正常活动幅度的 50% 以下，这说明在一个基本的动作模式中存在功能不良，进而导致全身其他部位做出代偿；另一名顾客同样具有体前屈疼痛，没有体前屈功能异常，在所有的动作中也有很高的灵活性，但在单腿站立测试时出现明显的困难。这种情况是单腿平衡、身体意识、肌肉控制和稳定性不良的一个征兆。相同的腰痛症状，不同的动作模式功能异常，一种表现出灵活性下降或动作限制，而另一种则表现出稳定性或动作控制水平的下降。多年来内科医生、身体治疗师、脊柱按摩师给予这两种情况相同的治疗、练习建议和生活方式指导，结果可想而知。

现象2：一个人髋部疼痛，或者抱怨肩背部僵硬，不同专业的人都根据自己的专业背景找到相应的办法：外科医生会给出理疗、手法矫正或手术等的外科办法，内科医生可能会考虑用药物来控制疼痛和炎症，而物理治疗师也许会寻求力学康复的手段……不同的人从不同的角度看待同一问题并进行干预，结果是患者病痛的区域可能越来越大，可能疼痛暂时缓解，但无法完全恢复原样及正常的功能动作。

现象3：目前康复训练效果显著的评判标准多数是没有疼痛、能走、能跑等基本活动恢复正常，但走的姿态是否正常，跑的动作是否合理，医疗人员不会关注，患者自己也不在意。在运动损伤的术后康复过程中，不同专业的人以各自专业的治愈标准为参考，都明确表示康复效果显著，但实际上患者需要承受第二次、第三次甚至更多次反复损伤和治疗的痛苦，造成这种结果的主要原因是没有基于动作质量评估的综合诊断标准。

目前的健康体质检测目的是预防疾病，但很难预防伤病。研究表明，功能动作筛查、评估及矫正可以预防约 89.5% 的伤病出现，因此，实时的运用功能动作筛查、评估与矫正策略可以提高民众的健康水平。

（二）功能性动作矫正训练可以延缓老化

有研究表明，肌肉质量下降、脂肪率增加、骨质疏松、肺活量降低是衰老的四大标志，这几个因素的综合表现体现在日常生活和工作姿态的动作上。

年轻的象征是肌肉丰满、姿态挺拔、行动敏捷，能长时间保持良好的姿态。美国老年医学会研究表明：严重的驼背不仅影响老年人的健康，包括损坏肺部功能、降低身体功能和增加骨折几率，而且与社区老年人的寿命或死亡率密切相关。

有关"躯干灵活性不良与动脉僵硬的关系"的研究发现：对 40 岁以上的人进行坐位体前屈测试，其成绩可以被用来评价动脉血管的弹性功能。动脉的僵化常常会引起心血管疾病。简单的动作测试是否可能成为一种降低过早死于心脏病突发或中风风险的措施？从本质上来说肌肉、关节和动作模式的僵硬会导致功能异常，而身体其他结构的功能能力也会降低，显示某些功能已破坏，能否利用动作模式对心血管疾病进行预测成为一个需要进一步探讨的重要课题。

第二节　身体功能动作矫正训练的基本原则

功能动作筛查和选择性功能动作评估的目的是指导不同专业背景的人应用

矫正练习，达到提高动作经济效率、运动表现力及预防、减少运动损伤的目的。若要达到目的，需要遵循一定的原则，否则会事倍功半。

一、消除最大异常原则

根据功能动作筛查及选择性功能动作评估的结果，应遵循以下原则进行矫正训练方案的设计。

（一）筛查过程中有疼痛现象需进行医学检查

当完成筛查动作时感到疼痛（任何得 0 分的测试），则需要求助于运动保健医生对上肢、躯干、下肢进行医学检查，在确定安全的情况下，采取相应措施，并在 2 周后重新筛查测试。

（二）按得分从低到高顺序依次进行矫正

首先考虑筛查分数最低的动作，分数相同时，失衡程度较重的动作优先矫正，具体顺序如下：

（1）不对称的 1 分动作（1 分、3 分）。

（2）不对称 1 分动作（1 分、2 分）。

（3）双侧得分相同的 1 分动作（1 分、1 分）。

（4）不对称的 2 分动作（2 分、3 分）。

（5）双侧得分相同的 2 分动作（2 分、2 分）。

二、动作层级递进原则

功能性动作筛查的纠正练习，除了参考每个动作具体的得分外，还需要考虑动作的性质，即从基本灵活性到基本稳定性，再到对动作模式的重新训练。

（一）功能动作筛查分数相同且对称性一致时的矫正原则

FMS 中的 7 个功能动作是基于人体基本动作形成过程而设计出来的，存在着一定的先后顺序。动作等级顺序原则的理论是基于婴儿生长发育过程中身体基本动作的形成顺序，它既说明了这些功能动作的来源，也说明了这些功能动作形成的先后顺序，愈早形成的动作排序愈靠前。

肩部灵活性和主动直膝抬腿中任何一个筛查动作得 1 分或显示了非对称性，应作为筛查中的危险信号，应首先被考虑；躯干旋转稳定性先于俯卧撑考虑，基于它执行的是从左到右的评价，它代表的是"软核心"稳定性，要先于"硬核心"稳定性的俯卧撑；俯卧撑是最后一个基本动作测试，代表了"高标准"和"硬核心"稳定性，显示了高负荷情况下反射支撑的整体性；前后分腿蹲是非对称站立姿势时两点支撑的稳定性检测，它先于过栏步是因为它提供了更大的支撑面；过跨栏步在任意一个功能动作筛查中都具有最小范围支持基础，只能后于前后分腿动作；下蹲动作是功能动作筛查中最后一个要纠正的动作模式。尽管在其他的动作模式中没有得3分，但可以在下蹲动作中得3分，但是，不建议在其他动作模式获得3分之前对下蹲动作进行纠正，对它进行纠正之前，应确保解决了其他所有的问题。

综上所述，在功能动作筛查过程中，分数相同且一致时的矫正顺序如下：如有两个或多个1、3分不对称，2、3分不对称等情况，则按仰卧主动直腿上抬→肩关节灵活性→旋转稳定性→躯干稳定性俯卧撑→前后分腿蹲→肩扛棒过栏→举棒深蹲的顺序进行矫正。

（二）选择性功能动作评价矫正训练的动作层级原则

（1）功能动作不良、无疼痛的颈椎动作模式。

（2）功能异常、无疼痛的肩部动作模式。

（3）前屈和后仰的动作模式。

（4）旋转功能异常、无疼痛动作模式。

（5）单腿站立动作模式。

（6）深蹲动作模式。

即如果两个或多个动作的功能异常程度相同，按照动作层级顺序进行矫正，可以在多重水平上减少功能异常。如颈椎功能异常的解除可能对前屈和后倾动作模式产生影响，而肩部功能异常的解除更可能对旋转产生影响，即次序中每一种动作模式的改善都会促进动作质量水平的提高，同时也为进入下一个水平奠定了基础。

三、先易后难原则

矫正练习难度的增加并不意味着忍耐力的增加和痛苦的坚持，在个人能控制的情况下，动作模式复杂程度的递增，支撑面的逐渐减小、姿态与器械不同方式的叠加，都表示矫正练习难度的增加。如支撑面大小可考虑四点支撑、三点支撑、两点支撑的逐级过渡；从减轻身体承重角度，可考虑卧姿、跪姿、站姿的顺序；综合考虑动作模式和支撑面，就从滚动动作模式、四点支撑、半跪、双腿支撑和单腿支撑逐级递增的练习。

第三节　身体功能动作异常的矫正训练方法

一、FMS功能动作异常的矫正方法

常见功能动作异常的矫正训练方法按性质可分为三种，即灵活性、稳定性

和动作模式的重建。

（一）灵活性矫正练习方法

灵活性练习集中于关节的活动范围、组织长度和肌肉灵活性，表明动作模式的每个部分对灵活性的基本需求。灵活性练习手段很多，此处以介绍操作简单的新手段为主。

1. 肩关节灵活性矫正方法

肩关节灵活性受限是肩关节功能异常的主要表现，FMS肩部灵活性筛查，是肩部关节屈伸、内外旋、内收、外展等综合灵活性的体现，如低于3分，则需要使用矫正性练习。侧卧转肩是改善肩关节灵活性的方法之一（图3-8）。

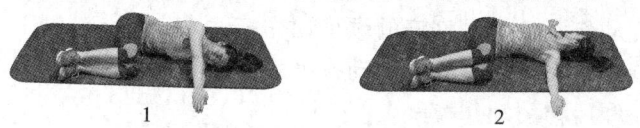

图3-8 侧卧转肩

准备姿态：侧卧于垫上，两臂伸直，与躯干垂直贴放于地面，手掌相对，两腿微屈并拢。

动作要求：下侧手臂不动，上侧手臂以肩关节为轴自体侧向头上慢慢转动，手心向下，手掌尽量贴地面，转至头上后方不能继续直臂转动时翻掌，手心向上，直至手臂转到对侧，过极限位置感觉轻松为止，稍做停顿，再按原路线慢慢转回至初始位置。5~10次为一组，两侧交替进行，每侧1~3组。

原则：双腿尽量保持初始姿态，手掌或手背尽量贴地面，视具体情况可以采取双腿之间夹软垫等物，或让同伴用力向外拉，以增加难度和效果。

2. 髋关节灵活性矫正方法

髋关节灵活性异常是髋关节功能动作异常的表现之一，FMS的直腿主动上抬动作是主要评测手段之一，如果评分低于3分，应采取措施进行相应的矫正。单侧控腿下落是常用方法之一（图3-9）。

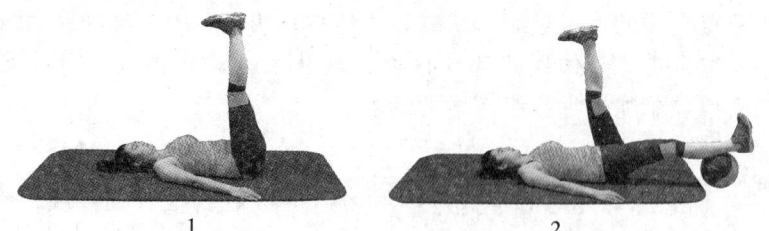

图3-9 单侧控腿下落

准备姿态：足尖向上，平卧于地面，双腿直腿抬起至最大幅度，保持腰椎平直，不离开地面。

动作要求：一侧腿保持不动，另一侧腿缓慢下落，直至水平面，如果下落到水平面有困难，可在小腿处放一支撑物。另一侧腿让同伴协助固定保持不动，或用其他物体（如门、墙等）固定，效果会更好。"放下—抬起"为一次，5~10次为一组，交替进行1~3组。

原则：膝关节伸直，腿下落和上抬要慢，腰椎保持平直，不能离开地面。

（二）稳定性矫正练习方法

稳定性练习集中于动作的基本次序。稳定性是精细协调的控制能力而不是力量，这些练习应该在没有语言指导和视觉线索的情况下表现出最佳的姿势控制能力。

1. 躯干稳定性俯卧撑矫正练习

FMS功能动作稳定性俯卧撑是对躯干在水平面稳定性的筛查，得分低于3分时可采用手足并用走的动作进行矫正（图3-10）。

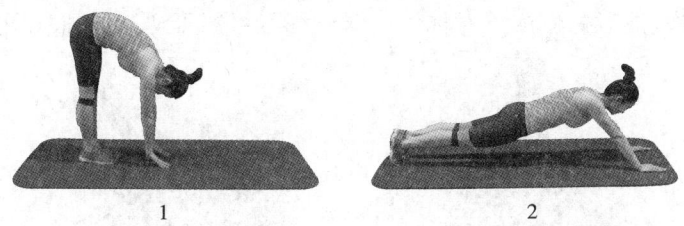

图3-10　手足并用走

准备姿态：双脚并拢，双手体侧自然下垂。

动作要求：体前屈，膝关节稍屈，双手触地，保持躯干平直，呈自然中立位。双手交替前移至尽可能远处，然后在保持躯干自然中立位的情况下，双手交替向后移动至初始位置，然后直立。从直立位手足并用走，再回到直立位为1次，5~15次为一组，反复练习3~5组。

2. 躯干旋转稳定性矫正练习

FMS的躯干旋转性是对躯干在垂直面和矢状面上稳定性的筛查，评分低于3分要进行矫正。相对来说，多数人不熟悉此类矫正方法，为便于学习和实践，此处提供3个练习供需要者选用。

（1）屈髋直腿外展。

准备姿态：仰卧，双臂直臂外展约90度角，手心向上，双足并拢，足踝关节处于中立位，直膝抬双腿至最大幅度，腰背部平直贴于地面。

动作要求：一侧腿保持初始状态，另一侧腿在保持骨盆平贴于地面的情况下，在髋关节处慢慢外展至最大幅度，然后还原。5~15次为一组，反复练习3~5组，注意两侧的不对称性，弱侧练习的组数可适当增加（图3-11）。

图 3-11　屈髋直腿外展

（2）屈髋直腿双摆。

准备姿态：同练习（1）。

动作要求：双足并拢，保持肩平贴于地面，在保持躯干不动的情况下，两腿逆时针或顺时针绕髋关节左（右）摆动至最大幅度。5~15 次为一组，反复练习 3~5 组，注意两侧的不对称性，弱侧练习组数可适当增加（图 3-12）。

图 3-12　屈髋直腿双摆

（3）滚动。

准备姿态：仰卧于地面，双侧手臂直臂上举，双侧腿膝关节伸、足背屈，足尖向上。

动作要求：一侧手臂紧贴躯干，肩伸、肘屈，同时对侧下肢屈膝上抬，异侧肘膝尽量靠近，另侧手臂和下肢姿态保持不变。头随躯干用力向屈髋一侧滚动，直至耳朵贴于伸直的手臂后，再慢慢还原。5~15 次为一组，反复练习 3~5 组。注意两侧的不对称性，弱侧练习组数可适当增加（图 3-13）。

图 3-13　滚动

（三）　动作模式重建方法

动作模式重建是指在具体动作模式中应用基本灵活性和稳定性来加强动作模式的协调性。

下蹲动作、过栏架步和前后分腿蹲是功能性筛查中最显著的代表，是功能动作筛查中最重要的动作模式，低于 3 分的现象是多方面因素引起的，其中存在某些关节灵活性受限的问题，也可能因某些关节稳定性不足而导致，或者两者兼而有之。在解决了所有关节灵活性和稳定性问题的基础上，如果功能性动作还是出现低于 3 分的情况，则需要进行动作模式重建。

一种比较高效的方式是反应性神经肌肉训练（RNT），这项练习的原则是放大动作过程中的缺陷，以引起本体感受性的反应。如最常见的膝关节内扣，常常伴随着双脚相对地面的向外扭转。可以用手或其他手段，施加恰当的力使其加重内扣程度，引起膝关节反射性的抵抗，从而激活髋关节外旋的稳定肌群；对于下蹲过程中肩胛骨的转动和手臂向前伸的动作现象，也可以采用同样的方法。

还有一种逆向动作模式，也可以帮助进行动作模式重建，如改善深蹲的逆向动作模式，要求身体前倾、手触脚尖，然后屈膝、屈髋、屈踝，慢慢降低重心，直至完成深蹲的姿势，大腿应处于水平位以下，同时尽量保持手和脚的接触，脚跟着地，然后再要求将双臂向前抬起。如果身体条件允许，将手臂高举过头，慢慢站起。

二、常见运动功能异常的矫正方法

（一）　肩部运动功能异常的评估

肩部常用静态姿势和动作评估两种方法，静态评估主要是看是否存在上交叉综合征；动作评估方法包括举臂下蹲、俯卧撑、上肢推拉动作，要求在做以上三个动作时观察肩部是否存在动作代偿，进而了解肩部的肌肉平衡与神经肌肉控制问题，为肩部的矫正练习提供直接的依据。

1. 静态姿势

上交叉综合征是肩部功能异常的常见姿态，一般表现为肩部圆滑和头前伸。这种不良姿态会改变肩带的关节动力链，增加肩部压力，有潜在的损伤风险，经常伴随颈椎酸痛，肩部麻木，腰部不适，主要原因是胸部肌肉紧张和上背部肌肉薄弱等问题。

2. 举臂下蹲

动作要求：双脚站立，与肩同宽，脚尖向前，足、踝位于中立位，双手直臂上举过头，掌心向前，慢慢下蹲至大腿与地面水平，然后还原。做 5 次，仔细观察。

观察方法：从前方观察，足尖是否朝向正前方，膝关节和足尖的连线是否与地面垂直，双臂与头颈部夹角是否对称，双手高度是否一致；从侧面观察上肢与躯干是否在一条直线上（图3-14）。

3. 俯卧撑动作

动作要求：测试者俯卧位，双手略宽于肩，膝关节伸直，女性也可用膝关节支撑的俯卧撑。指导测试者用力推地，用"2—0—2"（2秒撑起、0秒坚持、2秒下落）的速度缓慢重复动作10次左右或至疲劳不能继续完成动作（图3-15）。

图3-14 举臂下蹲肩部评估　　　图3-15 俯卧撑肩部评估

观察方法：从侧面观察肩关节是否出现耸肩和肩胛骨上翘，颈椎是否与身体在一条直线上。

4. 双臂负重推拉动作

动作要求：测试者站立，根据个人的能力双手持重物，连续完成推拉动作，要求肩胛骨有前后移动，配合手臂的屈伸，缓慢重复动作5次。

观察方法：从一侧观察肩关节是否出现耸肩和肩胛骨上翘，手臂与颈椎和躯干是否在一条直线上，即是否有夹角（图3-16）。

1　　　　　　2

图3-16 双臂负重推拉肩部评估

（二）肩部运动功能异常的矫正训练

根据肩部姿势与动作评估结果，本书提供了三种常见肩部运动功能异常的矫正练习，异常动作分别是双臂上举过程中手臂前落、俯卧撑过程中翼状肩胛和做推拉动作时耸肩。

1. 手臂前落

手臂前落的原因包括背阔肌和肩部前旋肌群的紧张，肩部后旋肌群、菱形肌、斜方肌中、下束的无力，以及肩部神经肌肉控制的相关问题。针对这些原因逐一进行有针对性的处理，最终矫正手臂前落问题。

（1）松解。使用泡沫轴松解背阔肌和其他限制肩部上举的肌肉，松解胸椎以增加胸椎伸展活动度，每个动作在紧张部位保持30秒。开始时会有明显疼痛，反复松解肌肉3~5天后疼痛减轻，随之肩关节的活动范围也逐渐改善（图3-17，图3-18）。

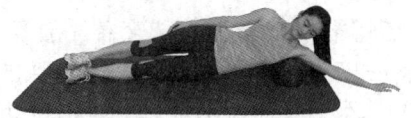

图3-17　背阔肌松解　　　　　　图3-18　胸椎松解

（2）拉伸。做如图3-19中的动作，进行背阔肌和胸肌的拉伸，每个动作保持30秒，帮助恢复肌肉长度和工作效率（图3-19）。

（3）激活。激活可以采用姿势性静力练习，以同伴施加助力，实现目标肌肉的静力性收缩，做10~15次，每次等长收缩2秒，离心收缩4秒（图3-20）。

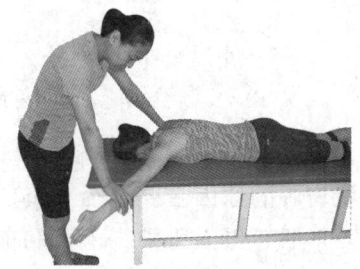

图3-19　背阔肌与胸肌的拉伸练习　　图3-20　斜方肌中下束、菱形肌
　　　　　　　　　　　　　　　　　　　和肩袖肌群静力性拉伸练习

有条件的可以考虑单独强化练习斜方肌中下束、菱形肌和肩袖肌群，用球和木杆组合，做10~15次，保持等长收缩2秒和离心收缩4秒（图3-21）。

图 3-21　球和棒的组合拉伸练习

（4）整合。利用器械或弹力带做半蹲推拉等动作，从交替手臂练习到单手转体等练习，然后单脚进行同样变化（图 3-22）。也可以根据需要自行设计下肢、躯干与上肢协调发力的推举动作，在全身动作中练习上肢提拉功能。练习中要保证动作质量，在没有动作代偿的情况下完成 10~15 次。

图 3-22　肩部的整合动力性练习

2. 翼状肩胛

翼状肩胛的原因主要包括前胸、背阔肌的紧张，菱形肌、斜方肌中、下束和前锯肌的无力，以及肩部神经肌肉控制问题。第一步松解和第二步拉伸，与手臂前落的方法相同；第三步除激活胸肌、背阔肌、斜方肌中、下束外，还要激活前锯肌（图 3-23）。第四步整合过程中，应进行站姿单手臂绳索前推练习（图 3-24），或两个人配合的弹力带练习。也可以根

图 3-23　前锯肌的静力性练习

据需要自行设计下肢、躯干与上肢协调发力的推举动作，在全身动作中练习上肢推举功能。在保证动作质量的情况下，重复 10~15 次。

图 3-24　站位单手臂绳索前推开始（左）和结束（右）

3. 耸肩

耸肩的原因主要包括斜方肌上部和肩胛提肌过度激活，而斜方肌中、下束无力，以及肩部神经肌肉控制等问题。

（1）松解。使用泡沫轴或其他辅助设备松解斜方肌上部和肩胛提肌（图3-25），松解胸椎以增加胸椎伸展活动度，每个动作在紧张部位保持 30 秒。

图 3-25　肩胛提肌和斜方肌上部松解

（2）拉伸。胸肌静态拉伸如前所示，斜方肌上束和肩胛提肌拉伸如图 3-26 所示，每个动作保持 30 秒。

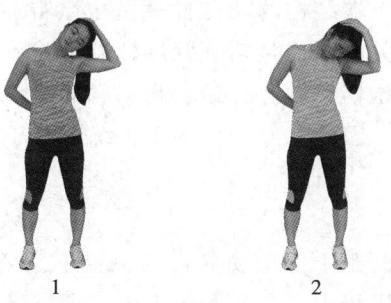

图 3-26　斜方肌上束（左）和肩胛提肌（右）牵拉

（3）激活。激活练习有斜方肌中、下束的单独力量训练，如球和哑铃组合（图 3-27）或静力训练，从肌肉最大力量的 25% 逐渐增至 100%，或做10~15 次静力训练，每次等长收缩 2 秒，离心收缩 4 秒。

图 3-27　斜方肌中、下束单独力量训练

（4）整合。可采用单足罗马尼亚硬拉练习，如图 3-28 所示。在保证动作质量的情况下，重复 10~15 次。此外，也可以根据需要自行设计下肢、躯干与上肢协调发力的推举动作，在全身动作中练习上肢提拉功能。

图 3-28　单足罗马尼亚硬拉

（三）躯干部运动功能异常的评估

躯干部也称腰-骨盆-髋复合结构，是综合的功能性单元，使整条运动链能够在动态稳定的同时协同工作，以抵抗外界不规则的力。由于许多肌肉与躯干部相连，所以这个部位的功能性紊乱可以潜在的导致其上、下端的结构功能紊乱；反之亦然，其上下端结构的功能性紊乱也会导致躯干部的功能性紊乱。许多常见的与躯干部相关的损伤包括下背疼、骶髂关节功能紊乱，以及臀部肌肉、股四头肌和腹股沟拉伤，此外，颈、胸、肩部损伤和膝、踝关节损伤也与此部位的功能异常有关。因此，躯干部的矫正练习对于全身的损伤预防和提升动作效率都非常重要。

1. 静态姿势

下交叉综合征是判断躯干部运动异常的主要不良姿态，表现为骨盆倾斜，腰椎过度伸展。在动态姿势中，骨盆和腰椎的这个姿势会对与骨盆相关的肌肉和结缔组织造成过大的压力。下交叉综合征的主要肌肉问题包括下腹部与臀部肌肉无力和下腰部与屈髋肌群的紧张。矫正练习主要包括相应紧张肌肉的放松和薄弱肌肉的强化激活及神经肌肉的控制。另外，改正相关的日常生活姿势也非常重要。

2. 动作评估——举臂下蹲

举臂下蹲动作要求参见肩部动作评估部分，此处应重点从侧面观察上肢与躯干是否在一条直线上，是否出现塌腰或弓腰；从后面观察躯干，特别是臀部是否出现左右偏移（图 3-29）。

躯干前倾　　　　　塌腰　　　　　弓腰　　　　　重心偏移

图 3-29　举臂下蹲躯干动作代偿

举臂下蹲动作评估过程中有几种躯干部代偿现象：身体前倾、腰椎过度前弓（塌腰）、腰椎反弓和重心偏移。下表 3-1 概述了每种代偿动作中潜在的过度活动或活动不足的肌肉，以及潜在的损伤风险。

表 3-1　举臂下蹲躯干动作代偿表现

代偿动作	过度激活的肌肉（紧张）	激活不足肌肉（抑制）	潜在损伤风险
躯干前倾	比目鱼肌、腓肠肌、屈髋肌群	胫骨前肌、臀大肌	
腰椎前弓（塌腰）	屈髋肌群、竖脊肌、背阔肌	竖脊肌、深层核心稳定肌群	
腰椎前弓（弓腰）	腘绳肌群、大收肌、腹直肌、腹外斜肌	臀大肌、腘绳肌、深层核心稳定肌群	腘绳肌群、股四头肌和腹股沟拉伤、下背痛、骶髂关节痛
重心偏移	内收肌群、髂胫束（倾斜侧）、比目鱼肌/腓肠肌、梨状肌、股二头肌、臀中肌（倾斜对侧）	臀大肌、竖脊肌、深层核心稳定肌群、屈髋肌群、背阔肌、臀中肌（倾斜侧）、胫骨前肌、内收肌群（倾斜对侧）	

（四）躯干部的矫正练习

下面将举例介绍重心偏移的矫正练习流程和方法，塌腰与弓腰等代偿动作的矫正训练，可以根据表 3-1 中的原因分析，按照相同的步骤来设计动作和流程。

1. 腰椎前弓（塌腰）

腰椎前弓的原因是屈髋肌群、竖脊肌、背阔肌过度激活，而臀大肌、腘绳肌、深层核心稳定肌群抑制，激活不足。如果不及时纠正，有导致腘绳肌群、股四头肌和腹股沟拉伤和出现下背痛的潜在风险。

（1）松解。通过滚泡沫轴的关键区域是屈髋肌群（股直肌）和背阔肌。

（2）拉伸。运用静态或神经肌肉牵拉法，拉伸部位包括屈髋肌群、竖脊肌（图3-30，图3-31）和背阔肌。

图3-30　屈髋肌群的静态拉伸　　　　图3-31　竖脊肌的静态拉伸

（3）激活。通过单独力量训练和静态抗阻训练激活臀大肌和腹部肌群，如球上背桥和仰卧起坐（图3-32）。练习10~15次，每次2秒的等动练习和4秒的离心练习。

1　　　　　　　　　　　2

图3-32　臀大肌（左）腹部肌群（右）单独力量训练

（4）整合训练。采用蹲起上举哑铃的练习可对核心部位进行有效刺激，练习时身体后背抵住瑞士球，髋关节在相对稳定的情况下进行屈伸运动。

2. 腰椎反弓（弓腰）

弓腰的主要原因是腘绳肌群、大收肌、腹直肌和腹外斜肌过度激活，而臀大肌、竖脊肌、深层核心稳定肌群、屈髋肌群和背阔肌抑制。

（1）松解。用滚泡沫轴进行自我松解的关键区域是腘绳肌群和大收肌，如图3-33和图3-34所示。

图 3-33　腘绳肌群自我松解　　　　　图 3-34　大收肌自我松解

（2）牵拉。通过静态拉伸（持续 30 秒）和神经肌肉拉伸（7~10 秒的等长收缩，静态拉伸 30 秒）腘绳肌群和大收肌，如图 3~35~图 3-38 所示。

图 3-35　腘绳肌群静态拉伸　　　　　图 3-36　大收肌静态拉伸

 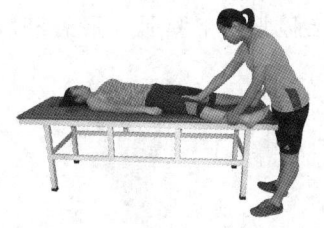

图 3-37　腘绳肌群神经肌肉牵拉　　　图 3-38　大收肌神经肌肉牵拉

（3）激活。通过单独力量训练法（10~15 组，2 秒等长收缩和 4 秒离心收缩）和等动训练法（4 组递增负荷，分别为最大力量的 25%、50%、75% 和 100%）重点激活臀大肌、屈髋肌群（图 3-39）和竖脊肌。

图 3-39　屈髋肌群静力抗阻训练

（4）整合训练。同上躯干塌腰的训练。

（五）下肢运动功能异常的评估

膝关节在下肢关节链的中间，踝关节、髋关节对膝关节的损伤有很大的影响，因为其上下游关节的改变会增加膝关节的压力，导致损伤风险的增加。因此，本章以膝关节为例，介绍下肢运动功能异常的评估及矫正训练方法。

1. 静态测试

膝关节静态姿势评估最为常见的问题是膝外翻（膝内扣），即站立姿态时，足内翻外旋，同时伴随膝的外翻（胫骨和股骨内收和内旋），如图3-40所示。膝关节的这种位置会造成相关肌肉与关节软组织的压力异常。

图3-40　下肢静态姿势评估——膝外翻（膝内扣）

2. 动态评估——举臂深蹲

举臂深蹲过程中膝关节功能异常、有代偿的关节动作包括膝外翻或者膝内翻（图3-41）。在举臂深蹲过程中出现膝关节向内移动（过多的髋关节内收、内旋）代偿动作，可能暗示腓肠肌、髂胫束、内收肌群的紧张，也可能存在胫骨前肌、胫骨后肌、臀中肌和臀大肌激活不足。如果抬高足跟可以改善膝关节的代偿，说明主要限制性因素可能在踝和足的位置；如果足跟抬高不能改善膝关节的代偿（腓肠肌和比目鱼肌变松），主要限制性因素则集中在髋的位置。如果在举臂深蹲时膝关节向外移动，表明腓肠肌、比目鱼肌、梨状肌、股二头肌（胫骨和股骨外旋肌群）紧张，髋内收肌群和半腱肌、半膜肌（胫骨和股骨的内收肌和内旋肌）激活不足。

1　　　　　　　　　　　　　　　　2

图3-41　举臂深蹲膝外翻（左）和膝内翻（右）

3. 动态评估——单腿下蹲

单腿下蹲是重要的动态评价指标，能很好地评价膝关节的损伤风险。当双腿下蹲没有显示功能异常时，并不代表就没有，单腿下蹲可以作为举臂深蹲的补充测试，在举臂深蹲没有代偿动作时进行，因为单腿下蹲需要髋-膝-踝具备更好的稳定性，可以进一步了解下肢的功能状态（图3-42）。

图3-42　单腿下蹲的膝外翻

（六）下肢矫正练习

下肢的矫正练习，以膝关节内扣的动作模式异常为例，介绍常规流程。这些练习可依照评估的结果和个人的身体能力来完成（表3-2）。

表3-2　膝关节损伤预防的矫正性练习

阶段	形式	涉及肌肉或练习方法	负荷
松解	泡沫轴松解	腓肠肌/比目鱼肌、内收肌、髂胫束、股二头肌短头、梨状肌	压痛点持续30秒
牵拉	静态牵拉	同上	静态牵拉30秒
激活	单独肌肉练习	胫骨前肌/胫骨后肌、臀中肌、臀大肌、内收肌、腘绳肌内侧	练习10~15次，等长收缩2秒和离心收缩4秒，负荷逐渐增加
整合	整合功能练习	跳跃练习、功能练习：球的下蹲、上步、弓步、单腿下蹲	练习10~15次/组，重复3~4组

1. 准备练习

（1）松解。使用泡沫桶对于腓肠肌/比目鱼肌、内收肌、髂胫束、股二头肌短头和梨状肌等进行松解。

（2）牵拉。通过主动牵拉和被动牵拉来放松腓肠肌/比目鱼肌、内收肌、髂胫束、梨状肌和股二头肌短头等。

（3）激活。通过单独的肌肉力量练习来激活和强化、胫骨后肌（图3-43）、臀中肌（图3-44）、臀大肌（图3-32）和内收肌（图3-45）肌群。

图3-43　胫骨后肌
单独力量训练　　　图3-44　臀中肌单独力量训练　　　图3-45　内收肌
单独力量训练

（4）整合。整合过程从纵跳开始，然后过渡到单腿跳。如果个人能力不够，无法进行这些练习，可以从整合的功能练习开始，逐步完成下肢的矫正练习。

2. 跳跃练习

各种跳的练习需要按照规范、合理的动作进行，否则无法达到矫正效果。功能性稳定位置为：膝关节稍屈，肩下沉并后展，目视前方，双脚左右分开同肩宽，身体重心位于双脚之间，膝关节在双脚的水平面上方（膝关节在垂直面不超过足尖），下颌也在膝关节水平面上方，即下颌、膝关节、足尖近似形成一条垂直于地面的直线。该动作既是准备的开始姿势，也是大多数练习的结束姿态（图3-46）。

图3-46　跳跃练习的
准备和结束姿态

（1）纵跳。这种中低负荷的跳跃运动可以帮助专业人员观察练习者是否存在膝关节外翻或者内翻的情况。在纵跳期间，注意观察练习者是否有良好的落地缓冲动作，即同时以屈髋和屈膝的动作模式柔和的落地，而不是过多地依赖屈膝落地缓冲。

（2）下肢的整合功能练习。如果运动员的身体能力不足以完成上面的跳跃练习，包含多平面的整体功能练习也可以达到很好的效果。整个过程可以从基本的抵球下蹲起动作开始，到上步、弓步和单脚下蹲等练习（图3-47~图3-49）。每一个练习，都要求练习者保持膝关节和脚尖在一条线上，不允许膝关节内、外翻，确保关节和神经肌肉是可控的。

图3-47　上步练习

图3-48　弓步练习

图3-49　单腿下蹲练习

（七）纠正练习中的常见错误

纠正练习经常用于一些体能和康复训练计划中，但如果不对训练过程进行整体的逻辑思考，可能会与预期效果背道而驰。

1. 干预方法

干预方法不包括对个人动作功能异常的评价，仅根据一种基本分类来制定训练计划，如一般性的减肥计划，腰背痛的医疗协议及其他具有普适性的计划。两个肥胖者在执行步态动作时有可能产生不同水平的运动风险，而两个腰背痛患者可能会有不同的灵活性和稳定性需求，如果对动作模式没有细致地了解，一般性的腰背痛干预可能会使他们处于更大的风险中。动作的功能性异常应该由一位专业人士来确定，而不是根据局部的疼痛来推断。

2. 基本运动方法

这是一种针对大多数原动肌和小部分稳定肌构建的简单模式。腿部的力量很薄弱，那就进行臀部肌肉、跟腱、股四头肌和小腿肌的力量训练；核心部分很薄弱，就采取侧卧、仰卧起坐、俯卧伸展和抬腿动作补救。这种方法能提高一般性的力量基础，但是不包括动作时间、动作控制和动作稳定性一套完整的动作模式。

3. 功能表现方法

功能表现方法可以说是诸多功能性练习的模式之一，该方法着眼于运动，但只利用弹力带和其他形式的阻力，对动作形式提出了挑战，只希望施加轻微的负荷就会有利于训练强度和训练量的提高。

4. 预防性方法

预防性方法是康复训练的再加工，将康复训练引入到体能训练计划中可以作为预防性措施，从而减少损伤风险的发生。这些训练不是以实际的动作风险因素来制定，而是以特殊活动中常见的损伤为依据。以投掷运动中减小康复手段的使用为例，投掷运动中肩部损伤是由于不良力学因素，以及灵活性和稳定性问题引起的，它们是由不合理的技术导致的。同侧肩袖是易受伤部位，但对肩袖部位进行额外的练习不足以改变不良的投掷习惯和训练习惯。肩袖部位肌肉的力量训练不应被认为是矫正和预防性训练，除非证明有薄弱环节存在。

 **复习思考题**

1. 试述身体功能性动作训练的意义。

2. 根据前一章 FMS 评判标准，对自己或同学进行 FMS 评分，并说明具体矫正训练的原则。

3. 结合 FMS 评分结果，设计具体的矫正练习方案。

4. 试述常见运动功能异常的判断标准及表现形式。

5. 根据相关判断标准，观察周围同学、朋友有哪些运动功能异常。

6. 除教材列出的矫正练习手段外，你还能列举或设计哪些相关矫正练习手段？

 **推荐阅读文献**

1. 王安利. 运动医学［M］. 北京：人民体育出版社，2012.

2. 张英波，梁林. 动作——功能动作训练体系. 北京：北京体育大学出版社，2011.

3. 耿培新，梁国立. 人类动作发展概论. 北京：人民教育出版社，2008.

（张秀丽　华南师范大学）

（汪黎明　北京体育大学）

（李少新　首都体育学院）

第四章
运动损伤预防

▲ 本章导语

　　随着现代职业体育的发展，多赛制、高强度的竞技体育对职业运动员提出了更高的要求。随着人们生活质量的大幅度提高，大众健身对身体锻炼效果的质量要求也越来越高。与此同时，竞技体育和大众体育活动中出现的运动损伤也越来越多。本章重点阐述了运动损伤预防的意义、肌肉拉伸和激活的方法，以及神经激活的方法等，从而达到预防运动损伤的目的。

第一节　运动损伤预防的意义

在运动过程中及运动之后因机械性和物理性因素而产生的,造成人体组织或器官在解剖上出现的破坏或生理上的紊乱,称为运动损伤。

从运动训练学角度分析,运动前应做好充分的准备活动,进行有效的热身,准备活动能提高身体核心部位的温度、提高软组织(肌肉和结缔组织)的温度、柔韧度、弹性,增加关节液分泌、扩大关节的活动范围。特定部位的伸展,还能减少锻炼前的紧张感和压力感,这在很大程度上可以预防损伤的发生。运动后应注意放松和恢复训练,放松活动是指在运动后通过肌肉韧带拉伸、呼吸调节等放松方法使体温、心率、呼吸、肌肉和韧带的应激反应恢复到锻炼前的正常水平,有助于机体再运动能力的恢复。

一、提高肌肉系统的活性

准备活动或热身是指在比赛、训练和体育课的基本部分之前,为克服内脏器官生理惰性,缩短进入工作状态时程和预防运动创伤而有目的进行的身体练习,为即将来临的剧烈运动或比赛做好准备。

(1) 准备活动可以使体温及肌肉温度升高。体温升高使肌肉的伸展性、柔韧性和弹性增加,骨骼肌代谢、血流量和氧的运输增加,使骨骼肌的收缩反应及反应速度增强,有利于防止肌肉痉挛。特别是冬季锻炼和夏季游泳锻炼之前,应进行充分的准备活动。

(2) 准备活动可提高内脏器官的机能水平。内脏器官的机能特点之一为生理惰性较大,即当活动开始,肌肉发挥最大功能水平时,内脏器官并不能立即进入“最佳”活动状态。在正式开始体育锻炼前进行适当的准备活动,可以在一定程度上预先动员内脏器官的机能,使内脏器官的活动一开始就达到较高水平。

二、提高关节的活动度

肌肉温度的增高,一方面可使肌肉的黏滞性下降,提高肌肉的收缩和舒张速度,增强肌力;另一方面还可以增加肌肉、韧带的弹性和伸展性,从而提高关节的活动度,减少由于肌肉剧烈收缩而造成的运动损伤。

准备活动可使韧带、关节得到充分伸展和润滑。在运动中受伤的人中,有相当一部分人是由于没有做充分的准备活动而造成的。准备活动中的伸展运动可明显提高韧带的弹性,有助于防止运动外伤。

科学、系统的体育锻炼，既可以提高关节的稳定性，又可以增加关节的灵活性和运动幅度。体育锻炼可以使关节的稳固性加强，在增加关节稳固性的同时，由于关节囊、韧带和关节周围肌肉的弹性和伸展性提高，关节的运动幅度和灵活性也大大增加。

三、提高神经系统的兴奋性

在中枢神经系统内，对某一特定生理机能具有调节作用的细胞群或感受某一种刺激的细胞群，分别分布在中枢神经系统的各个部位，在反射活动中起重要作用。每种反射的中枢结构，称为该反射的中枢。神经系统兴奋性提高，即情绪高度兴奋时，会导致肾上腺素、乙酰胆碱等其他一些生理活性物质大量释放，使肌肉的应激性大大提高，同时使中枢发出强而集中的神经冲动，迅速动员"储备力量"，从而使运动单位成倍地投入工作。

神经系统的兴奋性提高，表现为神经系统传导速度加快，反射时间缩短；肌肉的黏滞性减少，加快了肌肉的收缩速度；肌肉组织中血流速度和血流量提高，同时加快了氧和二氧化碳的交换速度；提高了酶的活性，新陈代谢进程和化学反应速度等得到加强。

四、提高呼吸和心血管系统的适应性

在呼吸方面，准备活动能增加线粒体参与运动的数量和氧化能力，在一定程度上增加外周肌肉的氧利用能力，在心脏方面，能够引起以心腔扩大和心壁增厚为主的运动性心脏增大，这种增大同时伴有最大射血能力的提高，是心脏泵血功能适应机体活动需要而增强的结果。在血管方面，有助于保持血管的弹性、维持动脉血压的稳定、增大冠状动脉直径、促进侧枝的形成、改善心肌的血液循环等。

肌肉运动时血液循环功能会发生一定的变化，骨骼肌收缩时，耗氧量明显增加。循环系统的适应性变化就是提高心输出量以增加血流供应，从而满足肌肉组织的氧耗，并及时运走过多的代谢产物，否则肌肉运动就不可能持久。

五、对心血管系统的影响

经常进行体育锻炼或运动训练，可促使人体心血管系统的形态、机能和调节能力产生良好的适应，从而提高人体工作能力。运动训练对心血管的长期性影响概括起来有以下几个方面：

（一）窦性心动徐缓

某些优秀的耐力运动员安静时心率可低至 $40\sim60$ 次/分，这种现象称为窦

性心动徐缓。这是由于控制心脏活动的迷走神经作用加强，而交感神经的作用减弱的结果。窦性心动徐缓是可逆的，即使安静心率已降至 40 次/分的优秀运动员，停止训练多年后，有些人的心率也可恢复至正常值。一般认为运动员的窦性心动徐缓是经过长期训练，心功能改善的良好反应，故可将窦性心动徐缓作为判断训练程度的参考指标。

（二）运动性心脏增大

病理性增大的心脏扩张、松弛，收缩时射血能力弱，心力贮备低，心肌纤维内 ATP 酶活性下降，不能承受轻微的体力负荷；而运动性增大的心脏，外形丰实，收缩力强，心力贮备高，其重量一般不超过 500 克。因此，运动性心脏增大是对长时间运动负荷的良好适应。近年来运动员超声心动图的研究结果表明，运动性心脏增大对不同性质的运动训练具有专一性反应。例如，以静力及力量性运动为主的投掷、摔跤、举重等项目中运动员心脏的运动性增大是以心肌增厚为主；而游泳、长跑等耐力性运动员的心脏增大却以心室腔增大为主，也有报道心肌厚度也增加，但心腔内半径与心壁厚之比维持在正常范围。

（三）心血管机能改善

从事最大运动时，运动员的每搏输出量可从安静时的 100 毫升增加到 179 毫升，每分输出量可高达 35 升。无训练者的每搏输出量只能从安静时的 71 毫升增加到 113 毫升，每分输出量只能提高到 22 升，运动员每搏输出量的增加是心脏对运动训练的适应。此外，经过训练，心肌微细结构会发生改变，心肌纤维内 ATP 酶活性提高，心肌肌浆网对 Ca^{2+} 的贮存、释放和摄取能力提高，线粒体与细胞膜功能改善，ATP 再合成速度增加，冠脉供血良好，使心肌收缩力增加。

第二节　肌肉激活

一、肌肉激活原理

肌肉激活是指为训练或比赛提供一种高效的、系统的、有针对性的热身方法，以满足专项练习的特殊需要。现代职业体育运动员做准备活动的练习内容和方法与传统的准备活动相比已发生了革命性的变化，其训练理念也不在同一层面，尤其是动作模式的提出已使准备活动从重视肌肉活动和柔韧性练习转变为重视肌肉与神经系统的结合，重视不同专项技术训练特有的动作模式练习，重视动作模式与专项技术动作的衔接，重视神经对肌肉的支配和动作的质量与稳定性。因此，学习肌肉与神经系统激活方法是做好热身准备活动的前提条件，也是做好运动损伤预防的有效途径。

　　肌肉激活的目的在于提高肩部、腰部和骨盆周围肌肉的稳定性，并提高臀大肌发力的意识，其练习内容包括臀肌激活和脊柱激活等。通过肌肉激活可以使参与运动的肌肉得到有效激活，使核心部位的肌肉温度升高，加快血液流动速度，增强身体的控制力，提高自我纠正动作的能力，减小运动损伤发生的几率。通过一系列加强动作稳定性的肌肉激活练习，为多关节运动提供躯干核心的稳定性支撑，减少能量泄漏。例如，通过臀部肌群的激活可以达到维持脊柱功能的目的（做动作时躯干要保持挺直姿势），提高上肢运动链和下肢运动链之间的传递效能，纠正不正确的身体姿态。

二、臀部肌肉的激活方法

（一）卧姿臀肌激活

1. 卧姿-无器械-臀肌激活

（1）侧卧-无器械-屈髋、屈膝，旋外90度。

场地与器材：空地一块、训练垫一块。

目的和任务：激活臀肌。

动作方法：以右侧臀肌激活为例，侧卧于垫上，屈髋屈膝，一手置于腰间，一手臂屈肘置于耳侧，双脚脚掌与背部在同一垂直面上，旋外90度（图4-1，图4-2）。

训练建议：膝关节旋外90度时，两脚跟不分离，练习2~3组、每组3~6次，每次保持2秒。

图4-1　侧卧-无器械　　　　　　图4-2　侧卧-无器械屈髋、
屈髋、屈膝　　　　　　　　　　屈膝旋外90度

（2）侧卧—无器械—直膝外展。

场地与器材：空地一块、训练垫一块。

目的和任务：激活臀肌，运动神经可募集更多的肌纤维参与运动。

动作方法：以右侧臀肌激活为例，侧卧于垫上，身体成一条直线，一手置于腰间，一手臂屈肘置于耳侧，直膝外展（图4-3，图4-4）。

训练建议：臀肌发力，外展时整个身体在同一个垂直面上，避免屈髋，练习2~3组、每组3~6次，每次保持2秒。

图 4-3 侧卧-无器械直膝　　　　图 4-4 侧卧-无器械直膝外展

（3）侧卧-无器械-直膝后伸。

场地与器材：空地一块、训练垫一块。

目的和任务：激活臀肌。

动作方法：以右侧臀肌激活为例，侧卧于垫上，身体成一条直线，一手置于腰间，一手臂屈肘置于耳侧，右腿直膝后伸（图 4-5，图 4-6）。

训练建议：臀肌发力，右腿后伸时，注意要控制躯干在同一直线上，练习 2~3 组、每组 3~6 次，每次保持 2 秒。

图 4-5 侧卧-无器械直膝　　　　图 4-6 侧卧-无器械直膝后伸

（4）侧卧-无器械-直膝绕环。

场地与器材：空地一块、训练垫一块。

目的和任务：激活臀肌。

动作方法：以右侧臀肌激活为例，侧卧于垫上，身体成一条直线，一手置于腰间，一手臂屈肘置于耳侧，右腿直膝抬起 30 度角，做顺时针或逆时针绕环动作（图 4-7~图 4-9）。

训练建议：臀肌发力，右腿绕环时注意控制身体平衡，每绕 3 周休息一次，重复练习 3~5 组。

图 4-7 侧卧-无器械　　　图 4-8 侧卧-无器械　　　图 4-9 侧卧-无器械
　　直膝前伸　　　　　　　　直膝外展　　　　　　　　直膝后伸

2. 卧姿-迷你带-臀肌激活

（1）侧卧-迷你带-屈髋、屈膝旋外 90 度。

场地与器材：空地一块、训练垫一块、迷你带一条。

目的和任务：激活臀肌。

动作方法：以右侧臀肌激活为例，侧卧于垫上，将迷你带套于双膝上部，屈髋屈膝，一手置于腰间，一手臂屈肘置于耳侧，双脚脚掌与背部在同一平面上（图4-10，图4-11）。

训练建议：膝关节旋外90度时，两脚跟不分离，练习2~3组、每组3~6次，每次保持2秒。

图4-10　侧卧-迷你带-　　　　　图4-11　侧卧-迷你带-
　　　屈髋、屈膝　　　　　　　　　屈髋、屈膝旋外90度

（2）侧卧-迷你带-直膝外展。

场地与器材：空地一块、训练垫一块、迷你带一条。

目的和任务：激活臀肌。

动作方法：以右侧臀肌激活为例，侧卧于垫上，迷你带套于双脚脚踝，整个身体成一条直线，一手置于腰间，一手臂屈肘置于耳侧（图4-12，图4-13）。

训练建议：臀肌发力，外展时整个身体在同一垂直面上，避免屈髋，练习2~3组、每组3~6次，每次保持2秒。

图4-12　侧卧-迷你带-直膝　　　　图4-13　侧卧-迷你带-直膝外展

（3）侧卧-迷你带-直膝后伸。

场地与器材：空地一块、训练垫一块、迷你带一条。

目的和任务：激活臀肌。

动作方法：以右侧臀肌激活为例，侧卧于垫上，迷你带套于双脚脚踝处，身体成一条直线，一手置于腰间，一手臂屈肘置于耳侧，右腿直膝后伸（图4-14，图4-15）。

训练建议：臀肌发力，右腿后伸时，注意要控制躯干在同一垂直面上，练习2~3组、每组3~6次，每次保持2秒。

图4-14　侧卧-迷你带-直膝　　　　图4-15　侧卧-迷你带-直膝后伸

（4）侧卧-迷你带-直膝绕环。

场地与器材：空地一块、训练垫一块、迷你带一条。

目的和任务：激活臀肌。

动作方法：以右侧臀肌激活为例，侧卧于垫上，迷你带套于双脚脚踝处，身体成一条直线，一手置于腰间，一手臂屈肘置于耳侧，右腿直膝抬起 30 度角，做顺时针或逆时针绕环动作（图 4-16～图 4-18）。

训练建议：臀肌发力，右腿绕环时注意控制身体平衡，每绕 3 周休息一次，重复练习 3~5 组。

图 4-16　侧卧-迷你带-　　　图 4-17　侧卧-迷你带-　　　图 4-18　侧卧-迷你带-
　　直膝前伸　　　　　　　　直膝外展　　　　　　　　直膝后伸

（二）站姿-无器械臀肌激活

（1）站姿-无器械-双膝微屈单膝外展。

场地与器材：空地一块。

目的和任务：激活臀肌。

动作方法：站姿，双脚与肩同宽或略宽与肩，双膝微屈，双手置于腰间，左膝外展保持 2 秒，还原，然后右膝外展（图 4-19～图 4-21）。

训练建议：屈膝时膝盖不超过脚尖，两脚尖向前，练习 2~3 组、每组 3~6 次，每个动作保持 2 秒。

图 4-19　站姿-　　　　　图 4-20　站姿-无器械-　　　图 4-21　站姿-无器械-
无器械-双膝微屈　　　双膝微屈右膝外展　　　双膝微屈左膝外展

（2）站姿-无器械-双膝微屈双膝外展。

场地与器材：空地一块。

目的和任务：激活臀肌。

动作方法：站姿，双脚与肩同宽或略宽与肩，双膝微屈，双手置于腰间，双膝同时外展保持2秒，还原（图4-22，图4-23）。

训练建议：屈膝时膝盖不超过脚尖，两脚尖向前，练习2~3组、每组3~6次，每次保持2秒。

图4-22　站姿-无器械-　　　　　图4-23　站姿-无器械-
双膝微屈　　　　　　　　　　双膝微屈双膝外展

（3）站姿-无器械-臀肌激活前、后移动。

场地与器材：空地一块。

目的和任务：激活臀肌。

动作方法：以左侧脚在前为例，站姿，双脚之间的距离与肩同宽，左脚在前右脚在后，双膝微屈，右腿发力蹬地，左腿向前跟进，双臂自然摆动。当向后移动时，前脚脚掌用力蹬地，后面的腿随之后退，双臂自然摆动（图4-24~图4-26）。

训练建议：在移动的过程中，重心始终保持在同一水平面上，膝盖不超过脚尖，跟进的距离保持在半脚的长度，移动距离为10米，练习2~3组。

图4-24　站姿-无器械-臀肌　　图4-25　站姿-无器械-　　图4-26　站姿-无器械-臀肌
激活向前移动准备姿势　　　臀肌激活向前移动　　　激活向前移动结束动作

（4）站姿-无器械-臀肌激活左右移动。

场地与器材：空地一块。

目的和任务：激活臀肌。

动作方法：以左侧移动为例，站姿，两脚之间的距离与肩同宽，双脚全脚掌着地，右腿充分蹬伸，左腿快速跨出，右脚跟进，保持起始姿势，双臂自然摆动（图4-27~图4-29）。

训练建议：在移动的过程中，重心始终保持在同一水平面上，膝盖不超过脚尖，移动距离为 10 米，练习 2~3 组。

图 4-27　站姿-无器械-　　图 4-28　站姿-无器械-　　图 4-29　站姿-无器械-
臀肌激活左移动起始动作　　臀肌激活左移动　　　臀肌激活左移动结束动作

（5）站姿-无器械-臀肌激活左前方、右前方移动。

场地与器材：空地一块。

目的和任务：激活臀肌。

动作方法：以左前方移动为例，站姿，两脚之间的距离与肩同宽，左脚在前，右脚在后，右腿向右后方充分蹬伸，左腿向左前方跨出，右脚跟进，保持原来的距离，双臂自然摆动（图 4-30~图 4-32）。

训练建议：在移动的过程中，重心始终保持在同一水平面上，膝盖不超过脚尖，移动距离为 10 米，练习 2~3 组。

图 4-30　站姿-无器械-臀肌　　图 4-31　站姿-无器械-　　图 4-32　站姿-无器械-臀肌
激活左前方移动起始动作　　臀肌激活左前方移动　　激活左前方移动结束动作

（6）站姿-无器械-臀肌激活左后方、右后方移动。

场地与器材：空地一块。

目的和任务：激活臀肌。

动作方法：以右后方移动为例，站姿，两脚之间的距离与肩同宽，左脚在前，右脚在后；左腿向左前方充分蹬伸，右腿向右后方退，左脚随之后退，保持原来的距离，双臂自然摆动（图 4-33~图 4-38）。

训练建议：在移动的过程中，重心始终保持在同一水平面上，膝盖不超过脚尖，移动距离为 10 米，练习 2~3 组。

图 4-33　站姿-无器械-　　　图 4-34　站姿-无器械-　　　图 4-35　站姿-无器械-
臀肌激活右后方移动　　　　臀肌激活右后方移动　　　　臀肌激活右后方
起始动作（一）　　　　　　起始动作（二）　　　　　　移动（一）

图 4-36　站姿-无器械-　　　图 4-37　站姿-无器械-臀肌　　图 4-38　站姿-无器械-臀肌
臀肌激活右后方移动（二）　激活右后方移动结束动作（一）激活右后方移动结束动作（二）

（三）站姿-迷你带-臀肌激活

（1）站姿-迷你带-双膝微屈单膝外展。

场地与器材：空地一块、迷你带一条。

目的和任务：激活臀肌。

动作方法：站姿，迷你带套于双膝，双脚之间的距离与肩同宽或略宽于肩，双膝微屈，双手置于腰间，左膝外展保持 2 秒，还原，右膝外展保持 2 秒（图 4-39~图 4-41）。

图 4-39　站姿-迷你带-　　　图 4-40　站姿-迷你带-　　　图 4-41　站姿-迷你带-
双膝微屈单膝外展起始动作　双膝微屈左侧膝外展　　　　双膝微屈右侧膝外展

训练建议：屈膝时膝盖不超过脚尖，两脚尖向前，练习2~3组、每组3~6次，每个动作保持2秒。

（2）站姿-迷你带-双膝微屈双膝外展。

场地与器材：空地一块、迷你带一条。

目的和任务：激活臀肌。

动作方法：站姿，迷你带套于双膝，双脚之间的距离与肩同宽或略宽于肩，双膝微屈，双手置于腰间，双膝同时外展保持2秒，还原（图4-42，图4-43）。

训练建议：屈膝时膝盖不超过脚尖，两脚尖向前，练习2~3组、每组3~6次，每个动作保持2秒。

图4-42　站姿-迷你带-
双膝微屈双膝外展起始动作

图4-43　站姿-迷你带-
双膝微屈双膝外展

（3）站姿-迷你带-臀肌激活前、后移动。

场地与器材：空地一块、迷你带一条。

目的和任务：激活臀肌。

动作方法：以左侧脚在前为例，站姿，迷你带套于双膝，为增加难度可在双脚脚踝上同时套上迷你带。双脚之间的距离与肩同宽、左脚在前右脚在后，双膝微屈，右腿发力蹬地，左腿向前跟进，双臂自然摆动。当向后移动时，前脚脚掌用力蹬地，后面的腿随之退后，双臂自然摆动（图4-44~图4-46）。

图4-44　站姿-迷你带-臀肌
激活向前移动起始动作

图4-45　站姿-迷你带-
臀肌激活向前移动

图4-46　站姿-迷你带-臀肌
激活向前移动结束动作

训练建议：在移动的过程中，重心始终保持在同一水平面上，膝盖不超过脚尖，跟进的距离保持在半脚的长度，移动距离为 10 米，练习 2~3 组。

（4）站姿-迷你带-臀肌激活左、右移动。

场地与器材：空地一块、迷你带一条。

目的和任务：激活臀肌。

动作方法：以左侧移动为例，站姿，迷你带套于双膝，为增加难度可在双脚脚踝处再增加一条迷你带。两脚之间的距离与肩同宽，双脚全脚掌着地，右腿充分蹬伸，左腿快速跨出，右脚跟进保持起始姿势的距离，双臂自然摆动（图 4-47~图 4-49）。

训练建议：在移动的过程中，重心始终保持在同一水平面上，膝盖不超过脚尖，移动距离为 10 米，练习 2~3 组。

图 4-47　站姿-迷你带-臀肌　　图 4-48　站姿-迷你带-　　图 4-49　站姿-迷你带-臀肌
激活向左移动起始动作　　　　臀肌激活向左移动　　　　激活向左移动结束动作

（5）站姿-迷你带-臀肌激活左前方、右前方移动。

场地与器材：空地一块、迷你带一条。

目的和任务：激活臀肌。

动作方法：以左前方移动为例，站姿，将迷你带套于双膝，为增加难度可在双脚脚踝处再增加一条迷你带。两脚之间的距离与肩同宽，左脚在前，右脚在后，右腿向右后方充分蹬伸，左腿向左前方跟进，右脚跟进保持原来的距离，双臂自然摆动（图 4-50~图 4-52）。

图 4-50　站姿-迷你带-臀肌　　图 4-51　站姿-迷你带-　　图 4-52　站姿-迷你带-臀肌
激活左前方移动起始动作　　　臀肌激活左前方移动　　　激活左前方移动结束动作

训练建议：在移动的过程中，重心始终保持在同一水平面上，膝盖不超过脚尖，移动距离为 10 米，练习 2~3 组。

（6）站姿-迷你带-臀肌激活左后方、右后方移动。

场地与器材：空地一块、迷你带一条。

目的和任务：激活臀肌。

动作方法：以右后方移动为例，站姿，将迷你带套于双膝，为增加难度可在双脚脚踝处再增加一条迷你带。两脚之间的距离与肩同宽，左脚在前，右脚在后，左腿向左前方充分蹬伸，右腿向右后方随之后退，左脚跟退，保持原来的距离，双臂自然摆动（图 4-53~图 4-55）。

训练建议：在移动的过程中，重心始终保持在同一水平面上，膝盖不超过脚尖，移动距离为 10 米，练习 2~3 组。

图 4-53　站姿-迷你带-臀肌激活右后方移动起始动作　图 4-54　站姿-迷你带-臀肌激活右后方移　图 4-55　站姿-迷你带-臀肌激活右后方移结束动作

三、躯干支柱的激活方法

（一）无器械-俯桥

（1）俯桥-四点支撑。

场地与器材：场地一块、训练垫一块。

目的和任务：激活肩背部、臀部、腹部表层和深层肌群。

动作方法：俯卧于垫上，双脚、双肘支撑身体，整个身体从头到脚在一条直线上（图 4-56）。

训练建议：腹部收紧，夹臀，控制身体平衡，每组练习 30~60 秒，重复3~4 组。

（2）俯桥-三点支撑（单脚、单手）。

场地与器材：场地一块、训练垫一块。

目的和任务：激活肩背部、臀部、腹部表层和深层肌群。

动作方法：俯卧于垫上，双脚和单肘支撑/单脚和双肘支撑，整个身体从头到脚在一条直线上（图 4-57）。

训练建议：腹部收紧，夹臀，控制身体平衡，每组练习 30～60 秒，重复 3～4 组。

（3）俯桥-两点支撑。

场地与器材：场地一块、训练垫一块。

目的和任务：激活肩背部、臀部、腹部表层和深层肌群。

动作方法：俯卧于垫上，对侧手脚支撑，另一只手和脚抬起，整个身体从头到脚在一条直线上（图 4-58）。

图 4-56　四点支撑俯桥　　　图 4-57　三点支撑俯桥　　　图 4-58　两点支撑俯桥

训练建议：腹部收紧，夹臀，控制身体平衡，每组练习 30～60 秒，重复 3～4 组。

（二）负重-俯桥

（1）负重-俯桥-四点支撑。

场地与器材：场地一块、训练垫一块、杠铃片一个（重量因人而异）。

目的和任务：激活肩背部、臀部、腹部表层和深层肌群。

动作方法：将杠铃片置于背部，俯卧于垫上，双脚、双肘支撑身体，整个身体从头到脚在一条直线上。

训练建议：腹部收紧，夹臀，控制身体平衡，每组练习 30～60 秒，重复 3～4 组。

（2）负重-俯桥-三点支撑（单脚、单手）。

场地与器材：场地一块、训练垫一块、杠铃片一个（重量因人而异）。

目的和任务：激活肩背部、臀部、腹部表层和深层肌群。

动作方法：将杠铃片置于背部，俯卧于垫上，双脚和单肘支撑/单脚和双肘支撑，整个身体从头到脚在一条直线上（图 4-59，图 4-60）。

 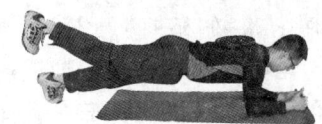

图 4-59　负重-四点支撑　　　　　图 4-60　负重-俯桥-三点支撑

训练建议：腹部收紧，夹臀，控制身体平衡，每组练习 30～60 秒，重复 3～4 组。

（3）负重-俯桥-两点支撑。

场地与器材：场地一块、训练垫一块、杠铃片一个（重量因人而异）。

目的和任务：激活肩背部、臀部、腹部表层和深层肌群。

动作方法：将杠铃片置于背部，俯卧于垫上，对侧手脚支撑，另一只手和脚抬起，整个身体从头到脚在一条直线上（图4-61）。

图4-61 负重-俯桥-两点支撑

训练建议：腹部收紧，夹臀，控制身体平衡，每组练习30~60秒，重复3~4组。

（三）非稳定状态下的俯桥

（1）瑞士球-俯桥-四点支撑。

场地与器材：场地一块、训练垫一块、瑞士球一个。

目的和任务：激活肩背部、臀部、腹部表层和深层肌群。

动作方法：俯卧于瑞士球上，双脚置于瑞士球上（或双肘置于瑞士球上），将身体撑起，整个身体从头到脚在一条直线上（图4-62）。

训练建议：腹部收紧，夹臀，控制身体平衡，每组练习30~60秒，重复3~4组。

（2）瑞士球-俯桥-三点支撑。

场地与器材：场地一块、训练垫一块、瑞士球一个。

目的和任务：激活肩背部、臀部、腹部表层和深层肌群。

动作方法：俯卧于瑞士球上，双肘置于瑞士球上，与一只脚将身体支撑起来（另一只脚抬起），整个身体从头到脚在一条直线上（图4-63）。

训练建议：腹部收紧，夹臀，控制身体平衡，每组练习30~60秒，重复3~4组。

图4-62 瑞士球-俯桥-四点支撑

图4-63 瑞士球-俯桥-三点支撑

（3）瑞士球-俯桥-两点支撑。

场地与器材：场地一块、训练垫一块、瑞士球一个。

目的和任务：激活肩背部、臀部、腹部表层和深层肌群。

动作方法：俯卧于瑞士球上，单肘置于瑞士球上，连同对侧脚，一并将身体支撑起来（另一只手和脚抬起），整个身体从头到脚在一条直线上（图4-64）。

图4-64 瑞士球-俯桥-两点支撑

训练建议：腹部收紧，夹臀，控制身体平衡，每组练习 30~60 秒，重复 3~4 组。

（四） 负重–非稳定状态下的俯桥

（1） 负重–瑞士球–四点支撑–俯桥。

场地与器材：场地一块、训练垫一块、瑞士球一个、杠铃片一个（重量因人而异）。

目的和任务：激活肩背部、臀部、腹部表层和深层肌群。

动作方法：将杠铃片置于背部，双肘置于瑞士球上，呈俯卧姿势，将身体撑起，整个身体从头到脚在一条直线上（图 4-65）。

训练建议：腹部收紧，夹臀，控制身体平衡，每组练习 30~60 秒，重复 3~4 组。

（2） 负重–瑞士球–俯桥–三点支撑。

场地与器材：场地一块、训练垫一块、瑞士球一个、杠铃片一个（重量因人而异）。

目的和任务：激活肩背部、臀部、腹部表层和深层肌群。

动作方法：将杠铃片置于背部，俯卧于瑞士球上，单脚触地，与双肘一同将身体支撑起来（另一只脚抬起），整个身体从头到脚在一条直线上（图 4-66）。

图 4-65　负重–瑞士球–俯桥–四点支撑　　　图 4-66　负重–瑞士球–俯桥–三点支撑

训练建议：腹部收紧，夹臀，控制身体平衡，每组练习 30~60 秒，重复 3~4 组。

（3） 负重–瑞士球–俯桥–两点支撑。

场地与器材：场地一块、训练垫一块、瑞士球一个、杠铃片一个（重量因人而异）。

目的和任务：激活肩背部、臀部、腹部表层和深层肌群。

动作方法：将杠铃片置于背部，单肘置于瑞士球上，呈俯卧姿势，对侧脚置于地上，一同将身体支撑起来（另一只手和其对侧的脚抬起），整个身体从头到脚在一条直线上（图 4-67）。

图 4-67　负重–瑞士球–
俯桥–两点支撑

训练建议：腹部收紧，夹臀，控制身体平衡，每组练习30~60秒，重复3~4组。

（五）无器械-侧桥

（1）无器械-侧桥。

场地与器材：场地一块、训练垫一块。

目的和任务：激活支撑侧的肩背部、臀部、腹部表层和深层肌群。

动作方法：以右侧支撑为例，侧卧于垫上，右肘和右脚将身体撑起，右腿与左腿并拢，左手置于腰间，整个身体从头到脚在一条直线上（图4-68，图4-69）。

训练建议：髋关节伸展，腹部收紧，夹臀，控制身体平衡，身体所在的平面与地面垂直，每组练习30~60秒，重复3~4组。

图4-68　无器械-侧桥起始动作　　　　图4-69　无器械-侧桥

（2）无器械-侧桥-单腿直膝外展。

场地与器材：场地一块、训练垫一块。

目的和任务：激活支撑侧的肩背部、臀部、腹部表层和深层肌群。

动作方法：以右侧支撑为例，侧卧于垫上，右肘和右脚将身体撑起，左腿直膝外展，左手置于腰间，整个躯干在一条直线上（图4-70，图4-71）。

训练建议：髋关节伸展，腹部收紧，夹臀，控制身体平衡，身体所在的平面与地面垂直，每组练习30~60秒，重复3~4组。

图4-70　无器械-侧桥-　　　　　图4-71　无器械-侧桥-
单腿直膝外展起始动作　　　　　单腿直膝外展

（3）无器械-侧桥-单腿屈膝90度上抬。

场地与器材：场地一块、训练垫一块。

目的和任务：激活支撑侧的肩背部、臀部、腹部表层和深层肌群。

动作方法：以右侧支撑为例，侧卧于垫上，右肘和右脚将身体撑起，左腿屈膝 90 度上抬，左手置于腰间，整个躯干在一条直线上（图 4-72，图 4-73）。

训练建议：髋关节伸展，腹部收紧，夹臀，控制身体平衡，身体所在的平面与地面垂直，每组练习 30~60 秒，重复 3~4 组。

图 4-72　无器械-侧桥-
单腿屈膝 90 度上抬起始动作

图 4-73　无器械-侧桥-
单腿屈膝 90 度上抬

（六）迷你带-侧桥

（1）迷你带-侧桥-单腿直膝外展。

场地与器材：场地一块、训练垫一块、迷你带一条。

目的和任务：激活支撑侧的肩背部、臀部、腹部表层和深层肌群。

动作方法：以右侧支撑为例，侧卧于垫上，右肘和右脚将身体撑起，将迷你带套于两脚脚踝处。左腿直膝外展，左手置于腰间，整个躯干在一条直线上（图 4-74，4-75）。

训练建议：髋关节伸展，腹部收紧，夹臀，控制身体平衡，身体所在的平面与地面垂直，每组练习 30~60 秒，重复 3~4 组。

图 4-74　迷你带-侧桥-
单腿直膝外展起始动作

图 4-75　迷你带-侧桥-
单腿直膝外展

（2）迷你带-侧桥-单腿屈膝 90 度上抬。

场地与器材：场地一块、训练垫一块、迷你带一条。

目的和任务：激活支撑侧的肩背部、臀部、腹部表层和深层肌群。

动作方法：以右侧支撑为例，侧卧于垫上，右肘和右脚将身体撑起，将迷你带套于两脚脚掌处。左腿屈膝 90 度上抬，左手置于腰间，整个躯干在一条直线上（图 4-76，图 4-77）。

图 4-76　迷你带-侧桥- 　　　图 4-77　迷你带-侧桥-
单腿屈膝 90 度上抬起始动作　　　单腿屈膝 90 度上抬

训练建议：髋关节伸展，腹部收紧，夹臀，控制身体平衡，身体所在的平面与地面垂直，每组练习 30~60 秒，重复 3~4 组。

（七）非稳定状态下的侧桥

（1）瑞士球-侧桥。

场地与器材：场地一块、训练垫一块、瑞士球一个。

目的和任务：激活支撑侧的肩背部、臀部、腹部表层和深层肌群。

动作方法：以右侧支撑为例，右脚置于地面上，右肘和右脚将身体撑起，左腿与右腿并拢，左手置于腰间，整个身体从头到脚在一条直线上（图 4-78）。

训练建议：髋关节伸展，腹部收紧，夹臀，控制身体平衡，身体所在的平面与地面垂直，每组练习 30~60 秒，重复 3~4 组。

（2）瑞士球-单腿直膝外展。

场地与器材：场地一块、训练垫一块、瑞士球一个。

目的和任务：激活支撑侧的肩背部、臀部、腹部表层和深层肌群。

动作方法：以右侧支撑为例，侧卧于垫上，右脚触地，右肘和右脚将身体撑起，左腿直膝外展，左手置于腰间，整个躯干在一条直线上（图 4-79）。

图 4-78　瑞士球-侧桥　　　　图 4-79　瑞士球-单腿直膝外展

训练建议：髋关节伸展，腹部收紧，夹臀，控制身体平衡，身体所在的平面与地面垂直，每组练习 30~60 秒，重复 3~4 组。

（3）瑞士球-单腿屈膝 90 度上抬。

场地与器材：场地一块、训练垫一块、瑞士球一个。

目的和任务：激活支撑侧的肩背部、臀部、腹部表层和深层肌群。

动作方法：以右侧支撑为例，侧卧于垫上，右脚置于地上，右肘和右脚将身体撑起。左腿屈膝 90 度上抬，左手置于腰间，整个躯干在一条直线上（图4-80）。

训练建议：髋关节伸展，腹部收紧，夹臀，控制身体平衡，身体所在的平面与地面垂直，每组练习 30~60 秒，重复 3~4 组。

图 4-80　瑞士球-单腿
屈膝 90 度上抬

（八）非稳定状态下迷你带侧桥

（1）瑞士球-迷你带-侧桥。

场地与器材：场地一块、训练垫一块、瑞士球一个、迷你带一条。

目的和任务：激活支撑侧的肩背部、臀部、腹部表层和深层肌群。

动作方法：以右侧支撑为例，将迷你带套于两脚脚踝处，右脚置于地上，右肘撑于瑞士球上，右脚将身体撑起。左腿抬起，左手置于腰间，整个身体从头到脚在一条直线上（图4-81）。

训练建议：髋关节伸展，腹部收紧，夹臀，控制身体平衡，身体所在的平面与地面垂直，每组练习 30~60 秒，重复 3~4 组。

（2）瑞士球-迷你带-单腿直膝外展。

场地与器材：场地一块、训练垫一块、瑞士球一个、迷你带一条。

目的和任务：激活支撑侧的肩背部、臀部、腹部表层和深层肌群。

动作方法：以右侧支撑为例，将迷你带套于两脚脚踝处，右脚置于地上，右肘撑于瑞士球上，右脚将身体撑起。左腿直膝外展，左手置于腰间，整个身体从头到脚在一条直线上（图4-82）。

图 4-81　瑞士球-迷你带-侧桥

图 4-82　瑞士球-迷你带-单腿直膝外展

训练建议：髋关节伸展，腹部收紧，夹臀，控制身体平衡，身体所在的平面与地面垂直，每组练习 30~60 秒，重复 3~4 组。

（3）瑞士球-迷你带-单腿屈膝 90 度上抬

场地与器材：场地一块、训练垫一块、瑞士球一个、迷你带一条。

目的和任务：激活支撑侧的肩背部、臀部、腹部表层和深层肌群。

动作方法：以右侧支撑为例，将迷你带套于两脚脚踝处，右脚置于地上，右肘撑于瑞士球上，右脚将身体撑起。左腿屈膝 90 度上抬，左手置于腰间，整个身体从头到脚在一条直线上（图 4-83）。

训练建议：髋关节伸展，腹部收紧，夹臀，控制身体平衡，身体所在的平面与地面垂直，每组练习 30~60 秒，重复 3~4 组。

（九）无器械-背桥

（1）无器械-背桥基本动作。

场地与器材：场地一块、训练垫一块。

目的和任务：激活臀部、背部表层、深层，以及股后肌群。

动作方法：仰卧于垫上，屈膝、屈踝，膝关节和踝关节都呈 90 度角。脚跟着地，两手手臂置于身体两侧，髋部挺起，整个躯干在一条直线上（图 4-84，图 4-85）。

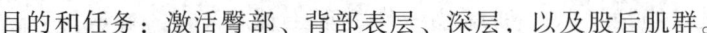

图 4-83　瑞士球-迷你带-
单腿屈膝 90 度上抬

训练建议：臀部收紧，髋部挺起，双膝之间的距离与肩同宽，每组练习 30~60 秒，重复 3~4 组。

图 4-84　无器械-背桥起始动作　　　　图 4-85　无器械-背桥

（2）无器械-单腿直膝上抬。

场地与器材：场地一块、训练垫一块。

目的和任务：激活臀部、背部表层、深层，以及股后肌群

动作方法：仰卧于垫上，屈膝、屈踝，膝关节和踝关节都呈 90 度角。脚跟着地，一侧腿直膝抬起，两手手臂置于身体两侧，髋部挺起，整个躯干在一条直线上（图 4-86）。

训练建议：臀部收紧，髋部挺起，双膝之间的距离与肩同宽，每组练习 30~60 秒，重复 3~4 组。

（3）无器械-单腿屈膝 90 度上抬。

场地与器材：场地一块、训练垫一块。

目的和任务：激活臀部、背部表层、深层，以及股后肌群。

动作方法：仰卧于垫上，屈膝、屈踝，膝关节和踝关节都呈 90 度角。脚跟着地，一侧腿屈膝 90 度上抬，双手手臂置于身体两侧，髋部挺起，整个躯干在一条直线上（图 4-87）。

训练建议：臀部收紧，髋部挺起，双膝之间的距离与肩同宽，每组练习 30~60 秒，重复 3~4 组。

图 4-86 无器械-
单腿直膝上抬   图 4-87 无器械-单腿
屈膝 90 度上抬   图 4-88 无器械-单腿
屈膝 90 度外展

（4）无器械-单腿屈膝 90 度外展。

场地与器材：场地一块、训练垫一块。

目的和任务：激活臀部、背部表层、深层，以及股后肌群。

动作方法：仰卧于垫上，屈膝、屈踝，膝关节和踝关节都呈 90 度角。脚跟着地，一侧腿屈膝 90 度外展，双手手臂置于身体两侧，髋部挺起，整个躯干在一条直线上（图 4-88）。

训练建议：臀部收紧，髋部挺起，双膝之间的距离与肩同宽，每组练习 30~60 秒，重复 3~4 组。

（十）负重-背桥

（1）负重-背桥基本动作。

场地与器材：场地一块、训练垫一块、杠铃片一个（重量因人而异）。

目的和任务：激活臀部、背部表层、深层，以及股后肌群。

动作方法：将杠铃片置于胸前或腹前，仰卧于垫上，屈膝、屈踝，膝关节和踝关节都呈 90 度角。脚跟着地，两手手臂置于身体两侧，髋部挺起，整个躯干在一条直线上（图 4-89，图 4-90）。

训练建议：臀部收紧，髋部挺起，双膝之间的距离与肩同宽，每组练习 30~60 秒，重复 3~4 组。

图 4-89 负重-背桥起始动作   图 4-90 负重-背桥

（2）负重-单腿直膝上抬。

场地与器材：场地一块、训练垫一块、杠铃片一个（重量因人而异）。

目的和任务：激活臀部、背部表层、深层，以及股后肌群。

动作方法：将杠铃片置于胸前或腹前，仰卧于垫上，屈膝、屈踝，膝关节和踝关节都呈 90 度角。脚跟着地，其中一只腿直膝上抬，两手手臂置于身体两侧，髋部挺起，整个躯干在一条直线上（图4-91）。

训练建议：臀部收紧，髋部挺起，双膝之间的距离与肩同宽，每组练习30~60秒，重复3~4组。

（3）负重-单腿屈膝90度上抬。

场地与器材：场地一块、训练垫一块、杠铃片一个（重量因人而异）。

目的和任务：激活臀部、背部表层、深层，以及股后肌群。

动作方法：将杠铃片置于胸前或腹前，仰卧于垫上，屈膝、屈踝，膝关节和踝关节都呈90度角。脚跟着地，其中一只腿屈膝90度上抬，两手手臂置于身体两侧，髋部挺起，整个躯干在一条直线上（图4-92）。

训练建议：臀部收紧，髋部挺起，双膝之间的距离与肩同宽，每组练习30~60秒，重复3~4组。

图4-91　负重-单腿　　　图4-92　负重-单腿　　　图4-93　负重-单腿
　直膝上抬　　　　　　　屈膝90度上抬　　　　　屈膝90度外展

（4）负重-单腿屈膝90度外展。

场地与器材：场地一块、训练垫一块、杠铃片一个（重量因人而异）。

目的和任务：激活臀部、背部表层、深层，以及股后肌群。

动作方法：将杠铃片置于胸前或腹前，仰卧于垫上，屈膝、屈踝，膝关节和踝关节都呈90度角。脚跟着地，其中一只腿屈膝90度外展，两手手臂置于身体两侧，髋部挺起，整个躯干在一条直线上（图4-93）。

训练建议：臀部收紧，髋部挺起，双膝之间的距离与肩同宽，每组练习30~60秒，重复3~4组。

（十一）非平衡状态下背桥

（1）瑞士球-背桥基本动作。

场地与器材：场地一块、训练垫一块、瑞士球一个。

目的和任务：激活臀部、背部表层、深层，以及股后肌群。

动作方法：仰卧于垫上，屈膝、屈踝，膝关节和踝关节都呈90度角。双脚脚跟置于瑞士球上，两手手臂置于身体两侧，髋部挺起，整个躯干在一条直线上（图4-94，图4-95）。

训练建议：臀部收紧，髋部挺起，双膝之间的距离与肩同宽，控制身体平衡，每组练习 30~60 秒，重复 3~4 组。

图 4-94　瑞士球-背桥起始动作　　　　图 4-95　瑞士球-背桥

（2）瑞士球-背桥-单腿直膝上抬。

场地与器材：场地一块、训练垫一块、瑞士球一个。

目的和任务：激活臀部、背部表层、深层，以及股后肌群。

动作方法：仰卧于垫上，屈膝、屈踝，膝关节和踝关节都呈 90 度角。双脚脚跟置于瑞士球上，其中一只腿直膝上抬，两手手臂置于身体两侧，髋部挺起，整个躯干在一条直线上（图 4-96）。

训练建议：臀部收紧，髋部挺起，双膝之间的距离与肩同宽，控制身体平衡，每组练习 30~60 秒，重复 3~4 组。

（3）瑞士球-单腿屈膝 90 度上抬。

场地与器材：场地一块、训练垫一块、瑞士球一个。

目的和任务：激活臀部、背部表层、深层，以及股后肌群。

动作方法：仰卧于垫上，屈膝、屈踝，膝关节和踝关节都呈 90 度角。双脚脚跟置于瑞士球上，其中一只腿屈膝 90 度上抬，两手手臂置于身体两侧，髋部挺起，整个躯干在一条直线上（图 4-97）。

图 4-96　瑞士球-背桥-单腿直膝上抬　　图 4-97　瑞士球-单腿屈膝 90 度上抬

训练建议：臀部收紧，髋部挺起，双膝之间的距离与肩同宽，控制身体平衡，每组练习 30~60 秒，重复 3~4 组。

（4）瑞士球-单腿屈膝 90 度外展。

场地与器材：场地一块、训练垫一块、瑞士球一个。

目的和任务：激活臀部、背部表层、深层，以及股后肌群。

动作方法：仰卧于垫上，屈膝、屈踝，膝关节和踝关节都呈 90 度角。双脚脚跟置于瑞士球上，其中一只腿屈膝 90 度外展，两手手臂置于身体两侧，髋部挺起，整个躯干在一条直线上（图 4-98）。

图 4-98　瑞士球-单腿
屈膝 90 度外展

训练建议：臀部收紧，髋部挺起，双膝之间的距离与肩同宽，控制身体平衡，每组练习 30~60 秒，重复 3~4 组。

四、上肢肌肉激活的方法

（一）无器械“I”字、“Y”字、“W”字、“T”字练习

（1）无器械“I”字练习。

场地与器材：场地一块、训练垫一块。

目的和任务：激活背部表层、深层，以及上肢肌群。

动作方法：俯卧于垫上，两侧手臂紧贴于双耳，双手握拳，拇指向上（图 4-99）。

训练建议：肘关节伸直，双臂与整个身体在同一平面上，每组练习 30~60 秒，重复 3~4 组。

（2）无器械“Y”字练习。

场地与器材：场地一块、训练垫一块。

目的和任务：激活背部表层、深层，以及上肢肌群。

动作方法：俯卧于垫上，两侧手臂外展 45 度角，双手握拳，拇指向上（图 4-100）。

图 4-99　无器械“I”字练习

图 4-100　无器械“Y”字练习

训练建议：肘关节伸直，双臂与整个身体在同一平面上，每组练习 30~60 秒，重复 3~4 组。

（3）无器械“W”字练习。

场地与器材：场地一块、训练垫一块。

目的和任务：激活背部表层、深层，以及上肢肌群。

动作方法：俯卧于垫上，两侧手臂屈肘成“W”字，双手握拳，拇指向

上（图4-101）。

训练建议：握拳双手与双肩位于同一高度，双臂与整个身体在同一平面上，每组练习30~60秒，重复3~4组。

（4）无器械"T"字练习。

场地与器材：场地一块、训练垫一块。

目的和任务：激活背部表层、深层，以及上肢肌群。

动作方法：俯卧于垫上，两侧手臂外展90度角，双手握拳，拇指向上（图4-102）。

训练建议：肘关节伸直，双臂与整个身体在同一平面上，每组练习30~60秒，重复3~4组。

图4-101　无器械"W"字练习　　　　图4-102　无器械"T"字练习

（二）负重"I"字、"Y"字、"W"字、"T"字练习

（1）负重"I"字练习。

场地与器材：场地一块、训练垫一块、哑铃两个（重量因人而异）。

目的和任务：激活背部表层、深层，以及上肢肌群。

动作方法：双手持哑铃，俯卧于垫上，两侧手臂紧贴于双耳，双手拳眼向上（图4-103）。

训练建议：肘关节伸直，双臂与整个身体在同一平面上，每组练习30~60秒，重复3~4组。

（2）负重"Y"字练习。

场地与器材：场地一块、训练垫一块、哑铃两个（重量因人而异）。

目的和任务：激活背部表层、深层，以及上肢肌群。

动作方法：双手持哑铃，俯卧于垫上，两侧手臂外展45度角，双手向上（图4-104）。

训练建议：肘关节伸直，双臂与整个身体在同一平面上，每组练习30~60秒，重复3~4组。

图4-103　负重"I"字练习　　　　图4-104　负重"Y"字练习

（3）负重"W"字练习。

场地与器材：场地一块、训练垫一块、哑铃两个（重量因人而异）。

目的和任务：激活背部表层、深层，以及上肢肌群。

动作方法：双手持哑铃，俯卧于垫上，两侧手臂屈肘成"W"字，双手拳眼向上（图4-105）。

训练建议：持哑铃双手与双肩在同一直线，双臂与整个身体在同一平面上，每组练习30~60秒，重复3~4组。

（4）负重"T"字练习。

场地与器材：场地一块、训练垫一块、哑铃两个（重量因人而异）。

目的和任务：激活背部表层、深层，以及上肢肌群。

动作方法：双手持哑铃，俯卧于垫上，两侧手臂外展90度角，双手握拳，拇指向上（图4-106）。

训练建议：肘关节伸直，双臂与整个身体在同一平面上，每组练习30~60秒，重复3~4组。

图4-105　负重"W"字练习　　　　图4-106　负重"T"字练习

（三）瑞士球"I"字、"Y"字、"W"字、"T"字练习

（1）瑞士球"I"字练习。

场地与器材：场地一块、训练垫一块、瑞士球一个。

目的和任务：激活背部表层、深层，以及上肢肌群。

动作方法：以腹部为支撑点，俯卧于瑞士球上，整个身体成一条直线，两侧手臂紧贴于双耳，双手握拳，拇指竖起（图4-107）。

训练建议：肘关节伸直，双臂与整个身体在同一平面上，控制身体平衡，每组练习30~60秒，重复3~4组。

（2）瑞士球"Y"字练习。

场地与器材：场地一块、训练垫一块、瑞士球一个。

目的和任务：激活背部表层、深层，以及上肢肌群。

动作方法：以腹部为支撑点，俯卧于瑞士球上，整个身体成一条直线，两侧手臂外展45度角，双手拳眼向上（图4-108）。

训练建议：肘关节伸直，双臂与整个身体在同一平面上，控制身体平衡，每组练习30~60秒，重复3~4组。

图4-107 瑞士球"I"字练习　　　　图4-108 瑞士球"Y"字练习

（3）瑞士球"W"字练习。

场地与器材：场地一块、训练垫一块、瑞士球一个。

目的和任务：激活背部表层、深层，以及上肢肌群。

动作方法：以腹部为支撑点，俯卧于瑞士球上，整个身体成一条直线，两侧手臂屈肘成"W"字，双手拳眼向上（图4-109）。

训练建议：双手与双肩在同一直线上，双臂与整个身体在同一平面上，每组练习30~60秒，重复3~4组。

（4）瑞士球"T"字练习。

场地与器材：场地一块、训练垫一块、瑞士球一个。

目的和任务：激活背部表层、深层，以及上肢肌群。

动作方法：以腹部为支撑点，俯卧于瑞士球上，整个身体成一条直线，两侧手臂外展90度角，双手拳眼向上（图4-110）。

训练建议：肘关节伸直，双臂与整个身体在同一平面上，控制身体平衡，每组练习30~60秒，重复3~4组。

图4-109 瑞士球"W"字练习　　　　图4-110 瑞士球"T"字练习

（四）瑞士球-负重"I"字、"Y"字、"W"字、"T"字练习

（1）瑞士球-负重"I"字练习。

场地与器材：场地一块、训练垫一块、瑞士球一个、哑铃两个（重量因人而异）。

目的和任务：激活背部表层、深层，以及上肢肌群。

动作方法：双手持哑铃，以腹部为支撑点，俯卧于瑞士球上，整个身体成一条直线，两侧手臂紧贴于双耳，双手握拳，拇指竖起（图4-111）。

训练建议：肘关节伸直，双臂与整个身体在同一平面上，控制身体平衡，每组练习30~60秒，重复3~4组。

（2）瑞士球-负重"Y"字练习。

场地与器材：场地一块、训练垫一块、瑞士球一个、哑铃两个（重量因人而异）。

目的和任务：激活背部表层、深层，以及上肢肌群。

动作方法：双手持杠铃片，以腹部为支撑点，俯卧于瑞士球上，整个身体成一条直线，两侧手臂外展45度角，双手拳眼向上（图4-112）。

训练建议：肘关节伸直，双臂与整个身体在同一平面上，控制身体平衡，每组练习30~60秒，重复3~4组。

图4-111　瑞士球-负重"I"字练习　　　图4-112　瑞士球-负重"Y"字练习

（3）瑞士球-负重"W"字练习。

场地与器材：场地一块、训练垫一块、瑞士球一个、哑铃两个（重量因人而异）。

目的和任务：激活背部表层、深层，以及上肢肌群。

动作方法：双手持杠铃片，以腹部为支撑点，俯卧于瑞士球上，整个身体成一条直线，两侧手臂屈肘成"W"字，双手拳眼向上（图4-113）。

训练建议：双手与双肩在同一直线上，双臂与整个身体在同一平面上，每组练习30~60秒，重复3~4组。

（4）瑞士球-负重"T"字练习。

场地与器材：场地一块、训练垫一块、瑞士球一个、哑铃两个（重量因人而异）。

目的和任务：激活背部表层、深层，以及上肢肌群。

动作方法：双手持杠铃片，以腹部为支撑点，俯卧于瑞士球上，整个身体成一条直线，两侧手臂外展90度角，双手拳眼向上（图4-114）。

图4-113　瑞士球-负重"W"字练习　　　图4-114　瑞士球-负重"T"字练习

　　训练建议：肘关节伸直，双臂与整个身体在同一平面上，控制身体平衡，每组练习 30~60 秒，重复 3~4 组。

第三节　拉伸

一、拉伸原理

　　无论是主动动作还是被动动作，都基于伸展反射的神经生理现象。人体的每块肌肉都有各种类型的感受器，它们一受到刺激就会将刺激传送给中枢神经系统，中枢神经系统则指挥肌肉做相应的反应。

　　在伸展反射中，肌梭和键梭对肌肉长度的变化均十分敏感。当肌肉拉伸时，肌梭也被拉长，并向中枢神经传入一系列感觉刺激信号。从中枢返回肌肉的信号刺激使肌肉反射性地收缩，以此来抵抗肌肉被拉伸。如果肌肉伸展持续一段时间，键梭则对肌肉长度和增加的紧张度作出反应，向中枢神经发出感觉刺激信号。键梭发出的刺激信号引起拮抗肌的反射性放松，这种反射性松弛作为一种保护手段，允许肌肉在达到最大伸展程度之前通过松弛而伸长，从而防止肌纤维受到损伤。

　　静态伸展包含有持续 6~60 秒不等的连续伸展，这段时间足够让键梭对肌肉紧张度的增加做出反应，当键梭所产生的刺激力量压过肌梭所产生的刺激时，使肌肉在对肌肉长度的变化做出反射抵抗后，产生反射性松弛状态。这样，拉伸肌肉并使其保持在一定时间内不会受到损伤。PNF 拉伸法即本体感受神经肌肉伸展法更大程度地遵循肌肉拉伸的生理学基础原理。慢速伸展—保持—放松法比较复杂，还要利用另外两种神经生理现象：在收缩过程中，拮抗肌的体内抑制现象和拮抗肌放松并被拉伸，同时收缩肌收缩，趋向极限并保护它不受损伤的交互抑制现象。PNF 拉伸法，可使肌肉伸展得更充分，锻炼程度高于静态伸展法和动力伸展法。

　　骨骼肌是人体运动的动力，其他器官和系统的机能改变都是为了保证骨骼肌的收缩顺利进行，骨骼肌的物理特性包括伸展性、弹性和黏滞性。肌肉的这些物理特性受温度的影响，当温度升高时，肌肉黏滞性下降，伸展性和弹性增加；当温度下降时，黏滞性增加，伸展性和弹性下降。

　　肌肉筋膜拉伸能扩展包裹在肌纤维外面的筋膜。筋膜是一种结缔组织，它能够把肌肉以及体内各种器官固定在特定的位置。但是，筋膜的包裹也会限制肌肉体积的增长。通过使肌肉极度充血，可以由内向外地拉伸和扩展包裹在肌肉纤维外面的筋膜。长此以往，可以使这些筋膜变得更加松弛，从而为肌肉体积增长创造更大的空间。

拉伸是提高柔韧性的主要方式。按着拉伸的方式划分，伸展练习存在两种主要类型：静态拉伸运动与动态拉伸运动。

（一）　静态拉伸运动

静态拉伸运动是在一定时间里，缓慢地将肌肉、肌腱、韧带拉伸到一定活动范围内的伸展活动。静态拉伸运动的主要特征是动作缓慢并停留一定时间的练习方法。与动态拉伸练习相反，静态拉伸练习要求四肢缓慢伸展。由于拉伸缓慢不会激发牵张反射。练习者应着重体会肌肉被拉长的过程，可减少或消除超过关节伸展能力的危险性，防止拉伤。

静态拉伸有两种形式，即主动性拉伸和被动性拉伸。主动性拉伸要求练习者始终依靠自身力量完成练习，并保持 15～20 秒；被动性拉伸是指开始自己练习，在练习的最后部分再借助外力。

在做静态拉伸运动时应注意：每一个动作停顿 15～20 秒，并重复动作两次，每周练习 5～7 次，练习中应做全身性的伸展运动。在做拉伸时要顺应身体状况，如果感到疼痛，应立刻停止练习。

（二）　动态拉伸运动

动态拉伸是指有节奏、快速、幅度逐渐加大的多次重复一个动作的拉伸。在运用该方法时用力不宜过猛，幅度一定要由小到大，先作几次小幅度的拉伸，然后加大幅度，避免拉伤。每个练习重复 5～10 次（重复次数可根据专项技术需要而增加）。动态拉伸运动由一整套大幅度动作组成，比静态拉伸强度要大，一般放在静态拉伸之后。动态拉伸能够刺激某些特殊关节神经系统的活动，通过这些活动，使肌肉和关节为接下来的激烈运动做好热身准备。动态拉伸的主要特征是动作剧烈，动态拉伸的目的是通过完成某些特定运动来增加肢体的活动范围。主动的动态拉伸方法是靠自己的力量拉伸，被动的动态拉伸方法是靠同伴的帮助或借助外力的拉伸，但外力应与运动员被拉伸的伸展能力相适应。

动力性拉伸是一种功能性伸展练习，运用专项化的动作为身体做好准备活动。实质上，运动员可以通过 ROM（关节活动幅度）方式而进行有效的关节活动。动力性拉伸避免了弹性伸展的负面效果，更易于控制。相比于静力性拉伸，该方法可以在准备活动中提高肌肉温度，还可以将多个关节整合到单个伸展动作中，如专项运动中的复合运动形式。

二、拉伸方法

(一) 上肢动态拉伸方法

1. 前三角肌拉伸

前三角肌起于锁骨外侧半，止于肱骨三角肌粗隆，功能是使肩关节屈和内旋。

场地与器材：场地一块、训练垫一块。

目的和任务：提高肩关节活动度和前三角肌弹性。

准备姿势：坐姿，双腿屈膝屈髋，双手置于背后，手掌向下，手指向外，躯干挺直、双臂伸直支撑体重。

拉伸方法：双手慢慢向后移动，使双臂尽量向后伸（图4-115，图4-116）。

拉伸建议：在拉伸的过程中避免肘关节过伸，拉伸5~10次，每次保持6秒。

图4-115　前三角肌拉伸起始动作　　　图4-116　前三角肌拉伸动作

2. 中三角肌拉伸

中三角肌起于肩峰外侧缘，止于肱骨三角肌粗隆，功能是使肩关节外展。

场地与器材：场地一块、训练垫一块。

目的和任务：提高肩关节活动度和中三角肌弹性。

准备姿势：将左手置于背后，屈肘，右手握住左手手腕（以左侧拉伸为例）。

拉伸方法：右手握住左手腕后，慢慢将前臂向右拉（图4-117，图4-118）。

拉伸建议：保持躯干正直，避免上体侧弯，拉伸5~10次，每次保持6秒。

图4-117　中三角肌拉伸起始动作　　　图4-118　中三角肌拉伸动作

3. 后三角肌拉伸

后三角肌起于肩甲冈下缘，止于肱骨三角肌粗隆，功能是使肩关节外旋和伸展。

场地与器材：场地一块、训练垫一块。

目的和任务：提高肩关节活动度和后三角肌弹性。

准备姿势：左手拇指向下，掌心向外，手臂向前伸直，右手握住左侧肘关节（以左侧拉伸为例）。

拉伸方法：用右手慢慢地将左侧肘关节向右肩方向拉伸（图4-119，图4-120）。

拉伸建议：被拉伸侧肘关节低于对侧肩关节，两肩与地面保持平行，拉伸5~10次，每次保持6秒。

图4-119 后三角肌拉伸起始动作　　图4-120 后三角肌拉伸动作

4. 大圆肌、肩胛下肌（肩关节内旋肌群）拉伸

大圆肌起于肩胛骨下角和外侧缘下1/3处，止于肱骨肱二头肌沟内侧缘；肩胛下肌起于肩胛下窝，止于肱骨小结节。它们的功能是使肩关节内收和内旋。

场地与器材：场地一块、训练垫一块。

目的和任务：提高肩关节活动度和肩关节内旋肌群弹性。

准备姿势：身体垂直站在墙角或柱子旁边，左手抓住柱子，屈肘90度，上臂贴紧身体（以左侧拉伸为例），右手拉住左侧上臂，保持左上臂始终紧贴身体。

拉伸方法：以左肩为轴，身体慢慢向右转动（图4-121，图4-122）。

图4-121 大圆肌、肩胛
下肌拉伸起始动作

图4-122 大圆肌、肩胛
下肌拉伸动作

拉伸建议：在拉伸过程中，左上臂始终贴紧身体，拉伸 5～10 次，每次保持 6 秒。

5. 冈下肌和小圆肌（肩关节外旋肌群）拉伸

冈下肌起于冈下窝的骨面，止于肱骨大结节中部；小圆肌起于肩胛骨外侧缘上 2/3 处，止于肱骨大结节的下部。它们的功能是使肩关节外旋。

场地与器材：场地一块、训练垫一块、毛巾或短绳等。

目的和任务：提高肩关节活动度和肩关节外旋肌群弹性。

准备姿势：站立姿势，双手握住弹力带的两头；左臂在下，右臂在上，置于体后。

拉伸方法：右手发力，慢慢将左侧手臂向上拉伸（图 4-123，图 4-124）。

拉伸建议：身体始终保持正直，拉伸 5～10 次，每次保持 6 秒。

图 4-123　冈下肌和
小圆肌拉伸起始动作

图 4-124　冈下肌和
小圆肌拉伸动作

6. 肱二头肌拉伸

肱二头肌长头起于肩胛骨盂上粗隆，短头起于肩胛骨喙突，止于桡骨粗隆和筋腱膜。肱二头肌的功能是使肘关节屈和前臂外旋。

场地与器材：场地一块、训练垫一块。

目的和任务：提高肩关节活动度和肱二头肌弹性。

准备姿势：左臂外展 90 度，左手抓住墙边，拇指向下；以左肩为轴，身体向后转体 90 度，左手抓住墙边或柱边（以左侧拉伸为例）。

拉伸方法：左手抓握墙角或柱边的位置保持不变，屈膝降低重心，使左侧上肢慢慢增加向后拉伸的幅度（图 4-125～图 4-127）。

拉伸建议：在整个拉伸过程中，肘关节始终保持伸直状态，身体保持正直，拉伸 5～10 次，每次保持 6 秒。

图 4-125 肱二头肌 　　图 4-126 肱二头肌 　　图 4-127 肱二头肌
　　拉伸起始动作 　　　　　　拉伸动作（一）　　　　　　拉伸动作（二）

7. 肱三头肌拉伸

肱三头肌的起点分为长头、内侧头和外侧头，长头起于肩胛骨外缘盂状窝下方的盂下结节，内侧头起于肱骨大结节下方后外侧表面，外侧头起于肱骨后表面，止于尺骨鹰嘴。肱三头肌的功能是使肘关节伸。

场地与器材：场地一块、训练垫一块。

目的和任务：提高肩关节活动度和肱三头肌弹性。

准备姿势：坐位或站立位，保持上体挺直，左侧肩关节屈、肘关节屈，右手握住左侧肘关节。

拉伸方法：右手将左侧肘关节慢慢向后上方拉伸（图 4-128，图 4-129）。

拉伸建议：身体保持正直，肘关节尽量屈曲，拉伸 5~10 次，每次保持6 秒。

图 4-128 肱三头肌 　　　　　图 4-129 肱三头肌
　　拉伸起始动作 　　　　　　　　拉伸动作

8. 前臂屈肌肌群拉伸

前臂屈肌肌群主要由旋前圆肌、桡侧腕屈肌、掌长肌、指深屈肌、拇长屈肌、指浅屈肌和尺侧腕屈肌 7 块肌肉组成。它们多数起于肱骨内上髁，止于腕关节及指骨位置。它们的功能是使指屈、协助肘关节屈、腕关节屈。

场地与器材：场地一块、训练垫一块。

目的和任务：提高腕关节活动度和前臂屈肌肌群弹性。

　　准备姿势：坐位或者站立位，上身保持垂直，左手臂向前伸直，掌心向上，五指向前，右手握住左手手掌。

　　拉伸方法：右手将左手手掌向下、向后拉伸（图4-130，图4-131）。

　　拉伸建议：在拉伸的过程中始终保持肘关节伸直，拉伸5~10次，每次保持6秒。

图4-130　前臂屈肌肌群拉伸起始动作　　　　图4-131　前臂屈肌肌群拉伸动作

9. 前臂伸肌肌群拉伸

　　前臂伸肌肌群是由桡侧腕长伸肌、指伸肌、小指伸肌、尺侧腕伸肌等11块肌肉组成。大多数前臂伸肌都起于肱骨外上髁，止于掌骨位置。它们的功能是使腕关节伸。

　　场地与器材：场地一块、训练垫一块。

　　目的和任务：提高腕关节活动度和前臂伸肌肌群弹性。

　　准备姿势：坐位或者站立位，左臂伸直，掌心向下，五指向外。右手握住左手手掌。

　　拉伸方法：右手将左手手掌慢慢向下、向后拉伸（图4-132，图4-133）。

　　拉伸建议：在拉伸的过程中肘关节始终保持伸直，拉伸5~10次，每次保持6秒。

图4-132　前臂伸肌肌群拉伸起始动作　　　　图4-133　前臂伸肌肌群拉伸动作

10. 胸肌拉伸

　　胸大肌从上到下依次起于锁骨内侧1/2、胸骨和肋骨部至胸骨柄、胸骨体、第一到第六肋软骨的前表面，腹部至外斜肌腱膜；止于肱骨二头肌沟的外侧缘。胸大肌的功能是使肩关节内旋、内收（胸大肌分为上束、中束、下束）。

胸小肌位于胸大肌深面，起于第 3~5 肋骨，止于肩胛骨喙突。胸小肌的功能是将肩胛骨向下拉，当肩胛骨固定时上提肋骨辅助呼吸。

场地与器材：场地一块。

目的和任务：提高上肢关节活动度和胸肌弹性。

准备姿势：站立位，当肩关节外展 90 度以上时，肘关节高于肩关节，肘关节屈。前臂紧贴并固定于墙壁时，拉伸的是胸大肌上束和胸小肌；当肩关节外展 90 度时，肘关节与肩关节在一条直线上，拉伸的是胸大肌中束；当肩关节外展小于 90 度时，肘关节低于肩关节，拉伸的是胸大肌下束。

拉伸方法：拉伸时左侧手臂保持不变，以左侧肩关节为轴，身体慢慢向右侧旋转（图 4-134，图 4-135）。

拉伸建议：在整个拉伸过程中身体保持正直，拉伸 5~10 次，每次保持 6 秒。

图 4-134　胸肌拉伸起始动作　　　　图 4-135　胸肌拉伸动作

（二）颈部和躯干拉伸方法

1. 背阔肌拉伸

背阔肌起于骶正中嵴、髂嵴后部、全部腰椎棘突、胸椎棘突等，止于肱骨肱二头肌沟的内侧缘。背阔肌的功能是使肩关节内旋、内收和伸展。

场地与器材：场地一块、训练垫一块。

目的和任务：提高躯干活动度和躯干肌群的弹性。

准备姿势：以左侧背阔肌拉伸为例，盘腿坐于垫上、左侧上肢伸直放于颈侧，右手握住左肘。

拉伸方法：右手用力将左上肢向右侧拉伸，与此同时，身体向右侧弯曲（图 4-136，图 4-137）。

拉伸建议：控制髋关节，拉伸 5~10 次，每次保持 6 秒。

图 4-136　背阔肌拉伸起始动作　　　　　图 4-137　背阔肌拉伸动作

2. 腰腹肌群拉伸

腹部肌群主要包括前面的腹直肌和前外侧面的腹外斜肌、腹内斜肌，腰部肌群主要是脊柱的竖脊肌，竖脊肌是由棘肌、最长肌、髂腰肌三部分组成。它们的功能是：腰部主要肌群收缩，使躯干伸展；腹直肌收缩，使躯干屈；腹内斜肌和腹外斜肌的功能则是使腹部向两侧屈。

（1）腰部肌群动态拉伸。

场地与器材：场地一块、训练垫一块。

目的和任务：提高腰腹关节活动度和腰腹肌的弹性。

准备姿势：双膝跪于垫上，膝关节成 90 度角，躯干保持正直，双手置于体侧。

拉伸方法：屈髋、屈膝，使臀部尽量贴近脚后跟，胸部尽量贴近膝关节，手臂尽量向前伸展（图 4-138，图 4-139）。

拉伸建议：臀部尽量贴近脚后跟，手臂向前伸展，拉伸 5~10 次，每次保持 6 秒。

图 4-138　腰腹肌群拉伸起始动作　　　　图 4-139　腰腹肌群拉伸动作

（2）腹部肌群动态拉伸。

场地与器材：场地一块、训练垫一块。

目的和任务：提高腰部关节活动度和腹肌弹性。

准备姿势：拉伸者俯卧于垫上、双臂置于身体两侧。

拉伸方法：双手从体前将躯干慢慢撑起，然后双手慢慢向髋部移动（图

4-140，图 4-141）。

拉伸建议：髋关节尽量贴近地面，拉伸 5~10 次，每次保持 6 秒。

图 4-140　腹部肌群动态拉伸起始动作

图 4-141　腹部肌群动态拉伸动作

3. 腹侧肌群动态拉伸

场地与器材：训练场地一块。

目的和任务：提高腰部关节活动度和腹侧肌群的弹性。

准备姿势：双腿成弓步，以右侧拉伸为例，左腿在前，屈膝 90 度，左手置于左膝内侧，右臂伸直，紧贴右耳。

拉伸方法：右臂紧贴右耳，躯干慢慢向左侧拉伸（图 4-142，图 4-143）。

拉伸建议：双脚脚尖正对前方，拉伸 5~10 次，每次保持 6 秒。

图 4-142　腹侧肌群动态拉伸起始动作

图 4-143　腹侧肌群动态拉伸动作

（三）臀部肌群拉伸

臀部肌群包括臀大肌、臀中肌和臀小肌三部分。臀大肌起于髂骨后面臀后线、尾骨和骶骨后面、骶结节韧带，止于髂胫束和股骨粗隆，其功能是使髋关节外旋和伸展；臀中肌起于髂骨翼外侧，止于股骨大转子，其功能是使髋关节外展；臀小肌起于髂骨外侧，止于股骨大转子前缘，其功能是使髋关节外展和内旋。

场地与器材：场地一块、训练垫一块。

目的和任务：提高髋关节活动度和臀部肌群的弹性。

准备姿势：以左侧臀部拉伸为例，左腿屈膝坐于垫上，右腿置于身体后方，腰背部保持正直，身体面向前方。

拉伸方法：上体慢慢向前方靠近，使身体尽量贴近坐垫，然后分别向左右两侧靠近，身体尽量向前伸展（图 4-144~图 4-147）。

图 4-144　臀部肌群拉伸起始动作

图 4-145　臀部肌群拉伸动作（一）

图 4-146　臀部肌群拉伸动作（二）

图 4-147　臀部肌群拉伸动作（三）

拉伸建议：在整个拉伸的过程中保持上体正直，拉伸 5~10 次，每次保持 6 秒。

（四）下肢拉伸方法

1. 股后肌群拉伸

股后肌群主要包括半膜肌、半腱肌和股二头肌等。半膜肌起于坐骨结节，止于胫骨内侧髁后侧；半腱肌起于坐骨结节，止于胫骨骨干内侧面上 1/4 处；股二头肌的长头起于坐骨结节，短头起于粗线下半部外侧缘，止于腓骨头。股后肌群的功能都是使髋关节伸和膝关节屈。

场地与器材：场地一块、训练垫一块。

目的和任务：提高髋关节、膝关节活动度和股后肌群的弹性。

准备姿势：以右侧股后肌群拉伸为例，拉伸者仰卧于垫上，左侧膝关节微屈，左脚置于垫上。右侧腿屈髋、屈膝，右手握住右侧大腿。

拉伸方法：右手用力，慢慢将膝关节拉直（图 4-148，图 4-149）。

拉伸建议：大腿的位置在拉伸的过程中始终保持原来的姿势，拉伸 5~10 次，每次保持 6 秒。

图 4-148　股后肌群拉伸起始动作

图 4-149　股后肌群拉伸动作

2. 股前肌群拉伸

股前肌群主要是股四头肌，包括股直肌、股外侧肌、股内侧肌、股中间肌。股四头肌的起点不同，但都止于胫骨粗隆，其中股直肌起于髂前上棘，股外侧肌起于粗线外侧缘至大转子，股内侧肌起于粗线内侧缘，股中间肌起于股骨干前上次 3/4 处。股四头肌的功能是使膝关节伸。

场地与器材：场地一块、训练垫一块。

目的和任务：提高髋关节、膝关节活动度和股前肌群的弹性。

准备姿势：以左侧股前肌群拉伸为例，右腿在前成弓步，屈膝 90 度，右脚支撑地面。左腿在后，跪于垫上，左手握住左侧脚踝，右手置于右膝处，维持身体平衡。

拉伸方法：左手慢慢用力，将小腿慢慢拉向大腿，使小腿尽量向大腿靠近（图 4-150~图 4-153）。

拉伸建议：上体保持正直，免骨盆前倾，拉伸 5~10 次，每次保持 6 秒。

图 4-150　股前肌群拉伸起始动作（一）

图 4-151　股前肌群拉伸起始动作（二）

图 4-152　股前肌群拉伸动作（一）

图 4-153　股前肌群拉伸动作（二）

3. 股内侧肌群拉伸

股内侧肌群主要由 5 块肌肉组成，包括大收肌、长收肌、短收肌、股薄肌和趾骨肌。股内侧肌群主要起于坐骨和耻骨，止于股骨和胫骨内侧，其功能是使髋关节内收。

场地与器材：场地一块、训练垫一块。

目的和任务：提高髋关节、膝关节活动度和股内侧肌群的弹性。

准备姿势：以左侧股内肌群拉伸为例，站立姿势，左脚向左跨出一大步，双腿开立，双手握拳，拇指向上，手臂前伸与地面平行。

拉伸方法：重心移至右腿上，身体慢慢降低重心，双脚全脚掌着地（图

4-154~图 4-156）。

拉伸建议：上体在拉伸的过程中始终保持正直，臀部向后坐，右腿膝盖不超过脚尖，拉伸 5~10 次，每次保持 6 秒钟。

图 4-154　股内侧肌　　　　图 4-155　股内侧肌　　　　图 4-156　股内侧肌
群拉伸起始动作　　　　　　群拉伸动作（一）　　　　　群拉伸动作（二）

4. 小腿后侧肌群拉伸

小腿后群肌主要包括腓肠肌和比目鱼肌。腓肠肌起于股骨外侧髁和内侧髁，止于跟骨后面；比目鱼肌起于腓骨头和腓骨干后侧 1/3 处、胫骨比目鱼肌线与内侧缘中部 1/3 处，经过跟腱止于跟骨后面。小腿后侧肌群的功能是使踝关节跖屈。

（1）腓肠肌动态拉伸。

场地与器材：训练场地一块。

目的和任务：提高膝关节、踝关节活动度和腓肠肌的弹性。

准备姿势：以右侧拉伸为例，成弓步，左腿在前，右腿在后，上体正直，双手置于腰间。右腿伸直，全脚掌着地，两脚脚尖向前。

拉伸方法：上体慢慢向前倾，重心前移，使右侧小腿与地面的夹角减小（图 4-157，图 4-158）。

拉伸建议：在拉伸的过程中防止膝关节过伸，拉伸 5~10 次，每次保持 6 秒。

图 4-157　腓肠肌　　　　　图 4-158　腓肠肌
动态拉伸起始动作　　　　　动态拉伸动作

（2）比目鱼肌动态拉伸。

场地与器材：训练场地一块。

目的和任务：提高踝关节活动度和比目鱼肌的弹性。

准备姿势：以左侧拉伸为例，成小弓步，右腿在前，左腿在后，双脚着地，上体保持正直，双手置于腰间。

拉伸方法：慢慢降低重心，使左侧小腿与地面的夹角逐渐减小，拉伸左侧比目鱼肌（图4-159，图4-160）。

拉伸建议：在拉伸的过程中始终保持后脚全脚掌贴紧地面，拉伸5～10次，每次保持6秒。

图4-159 比目鱼肌　　　　图4-160 比目鱼肌
动态拉伸起始动作　　　　动态拉伸动作

5. 小腿外侧肌群拉伸

小腿外侧肌群主要包括腓骨长肌和腓骨短肌，它们都起于腓骨外侧面，腓骨长肌止于内侧楔骨和第一跖骨底，腓骨短肌止于第五跖骨底。小腿外侧肌群的功能是使足外翻和踝关节跖屈。

场地与器材：场地一块、训练垫一块。

目的和任务：提高踝关节活动度和小腿外侧肌群的弹性。

准备姿势：以左小腿外侧肌群拉伸为例，拉伸者仰卧于垫上，左腿屈髋、屈膝，左手抓住左膝，右手抓住左脚脚掌。

拉伸方法：左腿用力，慢慢将左膝伸直，同时将左脚向右下方拉伸（图4-161，图4-162）。

图4-161 小腿外侧肌群拉伸起始动作　　　图4-162 小腿外侧肌群拉伸动作

拉伸建议：拉伸 5~10 次，每次保持 6 秒。

6. 胫骨前肌拉伸

胫骨前肌起于胫骨头外侧面，止于第一跖骨底和内侧楔骨内侧面，其功能是使踝关节足内翻和足背屈。

场地与器材：场地一块、训练垫一块。

目的和任务：提高踝关节活动度和小腿外侧肌群的弹性。

准备姿势：上体保持正直，跪于垫上，臀部坐于脚后跟上，双手放在双腿上。

拉伸方法：双手置于体后支撑身体，重心慢慢向后移动，使膝关节离开地面（图 4-163，图 4-164）。

拉伸建议：在拉伸的过程中，双膝之间的距离保持不变，拉伸 5~10 次，每次保持 6 秒。

图 4-163　胫骨前肌拉伸起始动作　　　　图 4-164　胫骨前肌拉伸动作

（五）综合拉伸

1. "最伟大"的拉伸

"最伟大"的拉伸主要是拉伸股后肌、髂腰肌、背阔肌和胸部肌群等。

场地与器材：场地一块、训练垫一块。

目的和任务：提高肩关节、髋关节、膝关节和踝关节的活动度，以及各肌群的弹性。

准备姿势：以右脚在前为例，上体保持正直，一脚向前跨出一步，成直腿弓步。

拉伸方法：左侧手着地，右侧屈肘下压于脚跟内侧，保持 6 秒；右侧手臂向上方翻转，同时带动脊柱，直臂外展，指尖向上，与支撑手臂呈直线，保持 6 秒。

双手撑地将身体推起，双腿伸直，勾脚尖，拉伸前腿后肌群，保持 6 秒；屈膝至弓步，还原成站立姿势（图 4-165~图 4-169）。

拉伸建议：弓步时，前侧腿膝关节不超过脚尖，大腿与地面平行；双手支撑将身体推起时，躯干与前侧腿尽量贴近，拉伸 5~10 次。

图 4-165　"最伟大"
的拉伸起始动作

图 4-166　"最伟大"
的拉伸动作（一）

图 4-167　"最伟大"
的拉伸动作（二）

图 4-168　"最伟大"的拉伸动作（三）

图 4-169　"最伟大"的拉伸结束动作

2. 手足走拉伸

手足走拉伸主要是拉伸肩带肌群、股后肌群和小腿后侧肌群。

场地与器材：训练场地一块。

目的和任务：提高踝关节、髋关节和肩关节的活动度，以及各肌群的弹性。

准备姿势：站立姿势，直腿体前屈。

拉伸方法：双脚全脚掌贴紧地面，双手交替向前爬行，至最大幅度，肩部下压；当整个身体伸展到最大幅度后，双手固定，双脚交替向前小步走，还原至起始姿势（图 4-170~图 4-174）。

图 4-170　手足走
拉伸起始动作

图 4-171　手足走
拉伸动作（一）

图 4-172　手足走
拉伸动作（二）

图 4-173　手足走拉伸动作（三）　　　　图 4-174　手足走拉伸动作（四）

拉伸建议：在练习的整个过程中，双腿和腰背应保持平直状态，双脚前行时，注意使用脚踝力量蹬地；双手交替爬行时，幅度应略小，以提高股后肌群拉伸的效果，拉伸 5~10 次，每次保持 6 秒。

第四节　神经系统激活

一、神经系统激活原理

神经系统是参与发出指令、控制和协调全身各种活动的主要系统。在动作准备的最后阶段，需要对神经系统进行充分的激活，以提高中枢神经的兴奋性、快速反应能力、神经-肌肉控制能力和神经-肌肉募集能力。

人体的运动需要经过辨认位置、制定行动计划和执行运动三个步骤。在运动计划设定完成后，大脑发出指令控制作用肌群的活动顺序、肌肉收缩力量，以及关节屈伸角度。人体在运动时，外部特征所表现出来的大多为意向运动，即运动行为受主观意识支配，形式复杂并且需要借助感觉器官参与的运动。

竞技运动中，很多动作需要超出正常的运动速度，这就要求练习者在更快速、更复杂的竞技动作要求下提高神经通路的传导速率，提高神经-肌肉募集水平和神经对肌肉的控制能力，以便准确快速地设定动作顺序、控制肌肉收缩力量和关节屈伸角度，从而快速准确地辨认位置、设定行动计划、执行运动操作。

神经系统激活的练习采用快速动员肌肉、快速反应和增强动态稳定性等练习方式，提高神经传输速率、神经-肌肉募集能力和反应-动员能力，从而使机体表现出高度的兴奋性、快速的反应能力、快速的伸缩复合能力和高度的机体动态稳定性，最终提高运动表现力。

二、神经系统激活的方法

1. 快速踏步

（1）原地快速踏步。

场地与器材：场地一块。

目的和任务：提高神经-肌肉募集水平和神经对肌肉的控制能力，从而提高运动员的运动表现力。

动作方法：双脚略宽于肩，膝关节微曲，膝盖不超过脚尖，双脚脚跟稍微抬离地面，双臂像跑步时的姿势一样（一前一后放置）（图4-175）。

训练建议：动作开始时，双脚快速原地交替踏步，双臂正常摆动，练习3~5次，每次练习10~15秒。

（2）快速踏步向前（后）移动。

场地与器材：场地一块、标志物两个。

目的和任务：提高神经-肌肉募集水平和神经对肌肉的控制能力，从而提高运动员的运动表现力。

动作方法：双脚略宽于肩，膝关节微弯曲，膝盖不超过脚尖，双脚脚跟稍微抬离地面，双臂像跑步时的姿势一样（一前一后放置），双脚快速交替踏步，同时向前或向后移动，双臂正常摆动（图4-176）。

训练建议：动作开始后，双脚快速交替移动，动作频率尽量快，练习3~5次，每次练习10~15秒。

图4-175　原地
快速踏步

图4-176　快速踏步
向前移动起始动作

（3）快速踏步向左（右）移动。

场地与器材：场地一块、标志物两个。

目的和任务：提高神经-肌肉募集水平和神经对肌肉的控制能力，从而提高运动员的运动表现力。

动作方法：以向左移动为例，双脚略宽于肩，膝关节微曲，膝盖不超过脚尖，双脚脚跟稍微抬离地面，双臂像跑步时的姿势一样（一前一后放置），双脚快速交替踏步，同时向左或向右移动，双臂正常摆动起始动作同前后移动的开始姿势。

训练建议：动作开始后，双脚快速交替移动，动作频率尽量快，练习 3~5 次，每次练习 10~15 秒。

2. 快速跳步和转髋练习

（1）原地快速跳步。

场地与器材：场地一块。

目的和任务：提高神经-肌肉募集水平和神经对肌肉的控制能力，从而提高运动员的运动表现力。

动作方法：立正姿势，动作开始时，左腿充分向下蹬伸，右腿提膝上抬，与髋同高或略高于髋。双脚腾空后，右腿快速向下蹬伸，左右交替（图 4-177，图 4-178）。

训练建议：蹬伸腿，蹬伸时髋、膝、踝充分展开，提拉腿快速上提，并保持足背伸，练习 3~5 次，每次练习 10~15 秒。

图 4-177　原地快速跳步（一）　　图 4-178　原地快速跳步（二）

（2）原地快速转髋。

场地与器材：场地一块。

目的和任务：提高神经-肌肉募集水平和神经对肌肉的控制能力，从而提高运动员的运动表现力。

动作方法：双脚略宽于肩，膝关节微曲，膝盖不超过脚尖，双脚脚跟稍微抬离地面，双臂像跑步时的姿势一样（一前一后放置）。双脚快速蹬地，左右转髋，双臂正常摆动（图 4-179，图 4-180）。

训练建议：双脚快速交替蹬转，双脚之间的距离始终保持不变，动作频率尽量快，练习 3~5 次，每次练习 10~15 秒。

图4-179　原地快速转髋起始动作　　　图4-180　原地快速转髋动作

 复习思考题

1. 简述运动损伤预防的意义？
2. 俯桥动作的注意事项包括哪些？
3. 简述动态拉伸与静态拉伸的区别？

 推荐阅读文献

1. 王予彬，王惠芳. 运动损伤康复治疗学［M］. 北京：人民军医出版社，2000.

2.［美］罗伯特·麦卡蒂，杰夫·沙兰德. 易化牵引术［M］. 矫玮，译. 北京：人民教育出版社，2010.

3. 尹军，张启凌，陈洋. 乒乓球运动员身体运动功能训练［M］. 北京：北京体育大学出版社，2013.

（金　涛　安徽师范大学）
（刘丽婷　亳州师范学院）
（鲍春雨　天津体育学院）
（路　琳　首都体育学院）

第五章
快速伸缩复合练习的原理与应用

▲ 本章导语

　　快速伸缩复合练习是发展运动员爆发力的重要方法。适宜的快速伸缩复合练习有助于提高相关运动项目所需要的专项爆发力和神经肌肉调控能力等。快速伸缩复合练习通过提高弹性能量的使用效率以及神经肌肉的控制效能可提高肌肉的输出功率。快速伸缩复合练习可以提高运动员局部和整体的爆发力、身体灵活性、身体协调性和动作效率，使神经肌肉控制得到适应。

第一节　快速伸缩复合练习的锻炼价值

一、提高爆发力

美国学者褚（chu）认为快速伸缩复合练习是将"最大力量转化为爆发力最好的训练方式"。快速伸缩复合训练提高爆发力的机理为：第一，利用肌肉与肌腱的自然弹性成分与牵张反射，增加后续动作的输出功率；第二，有效改善原动肌与对抗肌间的协调关系，特别是改善了对抗肌的放松能力，提高运动员对快速拉长-缩短周期节奏的适应性，从而提高肌肉的爆发力；第三，提高肌肉弹性成分对抗蠕变（因永久变形而丢失部分弹性）的能力，增加肌肉整体最佳工作长度，提高肌腱感受器的兴奋阈值等，最终提高爆发力；第四，有效缩短肌肉兴奋收缩耦联的时间，从而提高爆发力；第五，有助于发展肌肉在动态中的离心控制能力，提高肌肉的爆发力；第六，改变了肌肉的初长度，积累了弹性能量。

二、提高身体灵活性

任何竞技运动都是在一定环境条件下进行的，人体和环境构成了内在的系统。Vern Gambetta 认为，在人体和运动环境构成的相对独立的系统中，人体运动需要始终在克服重力的条件下进行，人体和环境之间经历着力量衰减和力量产生的不断循环的过程。人体的本体感觉在系统的发展过程中发挥着关键作用——调控力量的增加和减少，以及力量的方向。美国学者罗尼和麦金尼认为，运动的质量部分依赖于神经信息的反馈，其途径是由肌肉或关节的本体感受器传递到大脑高级中枢。快速伸缩复合练习可以系统地提高本体感知觉系统，提高人体在不断和地面进行碰撞的过程中运动方位的调控能力、身体重心的调控能力和脚步变换的能力等。

三、提高身体协调性

快速伸缩复合练习通过改善和发展牵张反射机能，使神经系统能够以最快的速度对肌肉拉长作出反应和控制，使神经肌肉系统的调控更加完善。人体在专项运动过程中所需要的身体协调性应包含以下几个方面，专项运动所要求的人体移动速度，专项运动所需要的人体运动方位、身体中心和支撑脚等的高效转换，以及多重技战术的选择和执行等。快速伸缩复合练习可以在一定程度上模拟专项运动所要求的高效协调性，营造专项协调性训练的环境，从而提高协调性训练的实效性。

四、提高动作效率

快速伸缩复合练习通过提高神经肌肉的控制力快速、高效地提高动作效率。第一，提高身体姿态的稳定性；第二，提高不同动作之间的高效衔接速率；第三，实现身体运动模式和训练技术的高效整合；第四，提高身体重心的高效调控能力；第五，提高神经控制—放松能力；第六，提高人体和运动器材或训练场地之间的力量增加—衰减的调控能力。快速伸缩复合练习可以提高长距离跑步过程中的能量使用效率，降低无谓能量消耗。

第二节　快速伸缩复合练习的原理 ◢

快速伸缩复合练习本质上是肌肉进行离心—向心收缩方式训练的过程，具有的特点是节省能量、爆发力输出效率高。快速伸缩复合练习的原理包括快速伸缩复合练习的阶段性、弹性能量的贮存和使用，以及神经肌肉工作效能的利用。

一、快速伸缩复合练习的阶段性

快速伸缩复合练习包含三个时相：离心时相、过渡时相和向心时相。

（1）离心时相。离心时相是主动肌的前负荷阶段，在这个时相中，串联弹性组分（SEC）储存能量，肌肉的肌梭受到刺激。当肌肉的肌梭受到刺激后，通过神经纤维将冲动传至脊髓前根。

（2）过渡时相。过渡时相是由肌肉的离心时相结束至向心时相开始前的一段时间。离心时相和向心时相之间有一个延迟，这是 Ia 类传入神经纤维与a-运动神经元在脊髓前根发生突触传递的时段，运动神经元将冲动传递给主动肌。该时相是肌肉能否获得更强收缩力的关键，时间应该适宜，若时间太长，贮存的弹性能便以热的形式释放出来，肌肉牵张反射的能量也不能在肌肉工作的向心时相中充分发挥。

（3）向心时相。在这个时相中，贮存的弹性能释放出来，增加肌肉力量。由于弹性能参与，肌肉向心收缩产生的力量超过了没有弹性时产生的力量。另外，a-运动神经元刺激主动肌，引起反射性向心收缩，使力量进一步得到增加。

二、弹性能量的贮存和利用

借助拉长缩短循环过程的离心阶段将肌肉中的弹性成分拉长，贮存弹性能量并在随后的向心收缩过程中释放，从而增加肌肉收缩力量。这部分弹性能量的贮存和释放与很多因素相关：

（1）与肌肉弹性成分关系密切。弹性能力越好能够贮存的能量就越多。通过增加肌肉弹性来提高肌肉爆发力。

（2）弹性成分拉伸的程度。在肌肉承受能力范围内拉伸越多贮存能量越多，但出现过度拉长时，一方面肌肉弹性成分会产生蠕变（因永久变形而丢失部分弹性），另一方面也会改变收缩成分的最佳工作长度，从而降低向心收缩的力量。过度拉伸还可能会激活肌腱内张力感受器，引发肌肉收缩抑制。有研究认为快速伸缩复合训练、离心练习和牵拉练习等可以提高肌肉弹性成分对抗蠕变的能力，增加肌肉整体的最佳工作长度，提高肌腱感受器的兴奋阈值等，最终提高肌肉的爆发力。

（3）拉长缩短耦联时间。弹性组织拉长后贮存的能量会随着时间而部分流失（转变成热能释放）。在适宜的时间范围内，耦联时间越短，肌肉的爆发力就越好。经过专门的快速伸缩复合训练后，肌肉拉长收缩耦联期的时间缩短，可以提高专项运动中肌肉的爆发力。

三、神经肌肉工作效能的利用

借助肌肉牵拉刺激肌梭感受器，可引发肌肉反射性地额外增加收缩运动单位，从而增加肌肉的爆发力。肌梭存在于运动单位内，感受的信号主要来自肌肉长度变化的幅度和频率两方面。肌肉拉长幅度越大信号越强，拉长越快（单次拉长速度快）信号也越强。理论上，肌肉牵拉幅度越大、频率越快，就会激活越多的运动单位，肌肉增加的力量也越大。所以，通过专门的练习来增加肌肉拉长幅度或拉长速度都能够增加神经反射，增强肌肉爆发力。如果在拉长缩短循环过程中，肌肉拉长与缩短间的耦联时间过长，就不能和肌肉向心收缩同步叠加，这种神经反射作用也会丢失。

适宜的快速伸缩复合练习可以从肌肉工作模式上提高肌肉在专项运动中的爆发力。研究显示，在进行快速伸缩复合练习时，神经肌肉控制和肌肉协调工作模式得到适应，使训练获得的爆发力更容易向运动专项中转化。

四、快速伸缩复合训练处方的制定

1. 练习方式

按照训练动作主要涉及的身体部位，快速伸缩复合练习的方式分为上肢、躯干和下肢的快速伸缩复合训练。每种快速伸缩复合练习的方法很多，且各有不同的训练强度。下肢的快速伸缩复合练习有原地双脚跳、半蹲跳、团身跳、单腿团身跳、原地弓箭步跳、原地弓箭步交替跳，以及立定跳、纵跳、多级跳、跳箱和跳深等；上肢的练习包括实心球抛接和俯卧撑击掌等；躯干的练习包括实心球仰卧起坐和快速背屈伸练习等，其中躯干的训练主要借助上肢或下肢来实现。

2. 训练强度

快速伸缩复合练习的强度是指施加于相关肌肉、结缔组织和关节的刺激程度。快速伸缩复合练习的强度范围很大，如跳绳的强度较低，而跳深练习的强度则很高。跳深的高度是有限制的，且随着强度的增加，训练量需要减少，尤其是在不同的训练周期，需要谨慎考虑。1.2 米的高度能够使肌肉获得超负荷的刺激，但对于大多数运动员来说高度太高，不易掌握正确的技术，增加了受伤的风险，而且快速伸缩复合练习过渡期的延长，不利于利用牵拉反射。因此，跳深高度不应该超过 1.1 米。

3. 训练频率

练习频率是指每周进行快速伸缩复合练习课的次数，快速伸缩复合练习的安排主要依据运动项目、所处的训练周期及运动员的状态，通常为 1~3 次。快速伸缩复合练习的课间恢复一定要充分，避免过度训练，针对同一部位的快速伸缩复合练习不要连续两天都安排。有研究认为，快速伸缩复合练习所必需的恢复时间是 48~72 小时。

4. 恢复时间

在提高无氧功率的快速伸缩复合练习中，需要运动员以最大努力去完成练习，这要求在练习的次与次之间、组与组之间、课与课之间，都要充分的恢复。在跳深训练中，次与次之间的恢复时间应为 5~10 秒，组与组之间的恢复时间应为 2~3 分钟。组与组之间的间歇时间由练习休息比值来决定（如 1∶5~1∶10），这种比值因项目及练习方式的不同而有较大差别。两次训练之间应有适宜的休息时间，以防过度训练。

5. 训练量

快速伸缩复合练习的负荷量为一次课中练习的重复次数，快速伸缩复合练习的负荷量也要根据不同运动员和不同训练水平来调整。下肢练习中，通常以每次课中脚触地的次数（单脚触地或双脚触地都算一次触地）来衡量。上肢训练量以每次课抛接的次数及触地的次数来衡量，每次训练课上肢进行训练的次数比下肢训练的次数要低，应避免过量训练造成过度疲劳和运动损伤。

第三节　快速伸缩复合练习方法

按照训练部位划分，快速伸缩复合练习可以分为上肢、下肢和躯干练习。为了学习和练习动作的方便，可按照训练器材的差异来划分快速伸缩复合训练的方法体系，分别为实心球训练、小栏架训练、跳深与跳箱训练，以及徒手且不借助器材进行的快速伸缩复合练习（原地和行进间）。

一、实心球训练

借助实心球进行快速伸缩复合练习有利于发展人体上肢、核心躯干，以及下肢的肌肉爆发力；有利于提高不同姿态下动力链的传递效率。借助实心球进行的训练还可筛查人体基础力量的薄弱环节，用于评价人体力量的均衡性。实心球训练同时可以作为训练或比赛之前动作激活的重要组成部分，目的是激活整体神经肌肉控制和动力链的高效传递。

1. 双脚正面上抛实心球

（1）场地与器材：一个实心球。

（2）目的与任务：提高小腿肌群的爆发力和屈髋肌群爆发力。

（3）动作方法：将实心球夹于两脚之间，做垂直向上跳跃动作，带动球向上抛起，胸前接球，重复上述动作，反复练习（图5-1）。

（4）训练建议：准备起跳时，蹬地要充分，动作要迅速，落地时，踝关节要保持稳定。建议训练负荷为每组6~8次，练习2~3组，组间间歇2~3分钟。

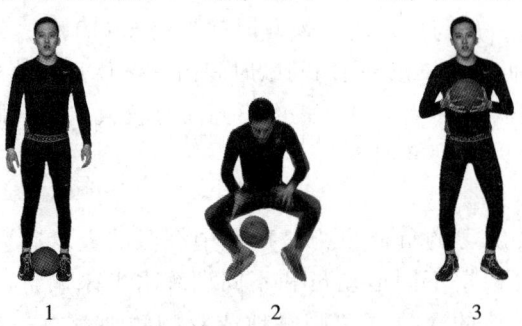

　　　　1　　　　　　　　2　　　　　　　　3

图5-1　双脚正面上抛实心球

2. 跪姿（站姿）头上前抛实心球

（1）场地与器材：一个实心球。

（2）目的与任务：提高上肢前抛速度和肌肉爆发力。

（3）动作方法：双膝跪地，躯干保持直立，双手持实心球于头顶上方，迅速将球抛向前方（图 5-2）。

（4）训练建议：双手于头后抱球，出手动作要迅速，保持躯干和下肢稳定，动作完成后要稳定躯干，防止躯干前伸，避免受伤。建议训练负荷为每组6~8 次，练习 2~3 组，组间间歇 2~3 分钟。

3. 跪姿（站姿）后抛实心球

（1）场地与器材：一个实心球。

（2）目的与任务：提高上肢后抛动作速度、爆发力和动作的连贯性。

（3）动作方法：双膝跪地，双手持球，上肢微屈，迅速将球抛向身后（图 5-3）。

图 5-2　跪姿（站姿）头上前抛实心球　　　图 5-3　跪姿（站姿）后抛实心球

（4）训练建议：膝盖跪地，出球动作要迅速，髋关节不要过度后伸，建议训练负荷为每组 6~8 次，练习 2~3 组，组间间歇 2~3 分钟。

4. 跪姿侧抛实心球

（1）场地与器材：一个实心球。

（2）目的与任务：提高上肢侧向爆发力以及躯干旋转爆发力。

（3）动作方法：跪在距离搭档或者墙壁 3 米远的地方，双手持球，实心球位于肩部和腹部之间，迅速转动躯干，带动上肢快速将球传向搭档或者抛向墙壁（图 5-4）。

（4）训练建议：髋关节要充分旋转，带动上肢侧向抛球，建议训练负荷为每组 6~8 个，练习 2~3 组，组间间歇 2~3 分钟。

1　　　　　　　2

图 5-4　跪姿侧抛实心球

5. 跪姿胸前推实心球

（1）场地与器材：一个实心球。

（2）目的与任务：提高上肢爆发力。

（3）动作方法：双膝跪地，双手持球于胸前，上身微微向前倾，迅速将球从胸前推出，动作完成后双手触地支撑身体，然后恢复初始状态（图5-5）。

（4）训练建议：胸前推球要平快，不能弧度过高或者过低，双人配合要默契，固定髋关节，建议训练负荷为每组6~8个，练习2~3组，组间间歇2~3分钟。

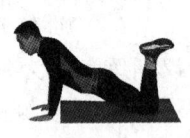

1　　　　　　　　　2　　　　　　　　　3

图 5-5　跪姿胸前推实心球

6. 仰卧抛接实心球

（1）场地与器材：一个实心球。

（2）目的与任务：提高上肢爆发力和核心区稳定性。

（3）动作方法：屈膝仰卧，在头上方持球，伸直双臂，将球抛起，传向搭档；搭档接球后将球再传给练习者，练习者接球后缓冲落地，落地后再抛起，重复上述动作进行练习（图5-6）。

（4）训练建议：抛球出手要快，接球时要屈臂缓冲，建议训练负荷为每组6~8个，练习2~3组，组间间歇2~3分钟。

图5-6　仰卧抛接实心球

7. 仰卧侧抛实心球

（1）场地与器材：一个实心球。

（2）目的与任务：提高躯干的稳定性及旋转爆发力。

（3）动作方法：双手持球，仰卧于地上，双脚离地，膝盖微曲；双手在身体一侧持球，搭档站在另一侧，左右扭转之后，将球传给搭档，反复练习（图5-7）。（搭档可变换位置）。

（4）训练建议：仰卧时脚不能接触地面，不要改变膝盖和髋关节角度，左右扭转时要快速有力，传接球要平稳，建议训练负荷为每组6~8个，练习2~3组，组间间歇2~3分钟。

图5-7　仰卧侧抛实心球

8. 蹲起上抛实心球

（1）场地与器材：一个实心球。

（2）目的与任务：提高上肢爆发力和整体动力链的传递效率。

（3）动作方法：双脚距离比肩稍宽，呈下蹲姿势，双手持球，迅速蹲起，同时将球直线向上抛起（图5-8）。

（4）训练建议：蹲下要充分，蹲起要快速，髋关节快速伸直，落地时要保持重心的稳定，建议训练负荷为每组6~8次，练习2~3组，组间间歇2~3分钟。

图 5-8　蹲起上抛实心球

9. 向前二级蛙跳接向后/向前抛球

（1）场地与器材：一个实心球。

（2）目的与任务：提高上肢爆发力和整体动力链的传递效率。

（3）动作方法：身体处于半蹲位，躯干保持直立，双手持球，位于大腿之前，双脚间距略宽于肩，目视前方。向前跳跃两步，每步落地后仍保持半蹲位，第二步落地后，做向后抛球或向前抛球动作（图 5-9）。

（4）训练建议：向前跳跃时，上身保持稳定，抛球时，动作迅速，动作完成后保持身体重心，建议训练负荷每组 6~8 次，练习 2~3 组，组间间歇 2~3 分钟。

图 5-9　向前二级蛙跳接向后抛球

10. 单腿半蹲上抛实心球

（1）场地与器材：一个实心球、草地练习场。

（2）目的与任务：提高运动员下肢肌群的爆发力及身体平衡能力。

（3）动作方法：单腿支撑呈半蹲姿势，躯干挺直，双手持实心球，迅速向上跳起，同时快速伸髋，将实心球抛向上方（图 5-10）。

（4）训练建议：单腿支撑时，重心落在一条腿上，支撑腿膝关节呈 90 度，迅速起跳，髋要伸直，脚尖朝下，落地要缓冲避免受伤。建议训练负荷为每组 6~8 次，练习 2~3 组，组间间歇 2~3 分钟。

11. 单腿转体推实心球砸墙

（1）场地与器材：一个实心球。

（2）目的与任务：综合提高运动员躯干的转体爆发力，以及在单腿支撑下的核心稳定能力和上下肢的协调性。

（3）动作方法：单腿支撑，支撑腿膝关节微屈，双手持球，位于身体一侧，与胸同高，迅速伸髋，同时转体将球向前方墙壁抛出（图 5-11）。

图 5-10　单腿半蹲上抛实心球　　　　　图 5-11　单腿转体推实心球砸墙

（4）训练建议：单腿支撑时，膝盖微屈，降低重心，转体要迅速，动作应一气呵成。建议训练负荷为每组 6~8 次，练习 2~3 组，组间间歇 2~3 分钟。

12. 鲤鱼打挺上手抛实心球

（1）场地与器材：一个实心球、草地练习场。

（2）目的与任务：提高运动员的上肢爆发力、躯干爆发力，以及身体的协调性和灵敏性。

（3）动作方法：平躺在地上，双手持实心球，尽全力抬起双腿，直至臀部抬空，双腿迅速摆下，腰腹部位向上挺起，带动上半身挺直，同时双手迅速将球向前上方抛出（图 5-12）。

（4）训练建议：躺在地上高举起双腿后快速向下摆，双脚的着地位置尽量接近臀部所在的位置，在双腿向下摆的过程中以肩，头或手支撑向上挺起腰腹，在双脚着地时迅速收腹带动上半身向上向前。建议训练负荷每组 6~8 次，练习 2~3 组，组间间歇 2~3 分钟。

图 5-12　鲤鱼打挺上手抛球

13. 单腿实心球砸地

（1）场地与器材：一个实心球、草地练习场。

（2）目的与任务：提高运动员上肢爆发力和身体在单腿支撑下的稳定能力。

（3）动作方法：单腿站立姿势，膝盖微屈，双手持球；然后膝关节迅速伸直，同时将球迅速举过头顶，将球从头顶向下快速抛出（图 5-13）。

图 5-13　单腿实心球砸地

（4）训练建议：单腿支撑，膝盖微屈，将重心落在一条腿上，迅速伸髋；向下砸球时要迅速有力，建议训练负荷为每组 6~8 次，练习 2~3 组，组间间歇 2~3 分钟。

14. 助跑上手抛实心球

（1）场地与器材：一个实心球、草地练习场。

（2）目的与任务：提高运动员的上肢爆发力、动作之间的衔接能力和身体的协调性。

（3）动作方法：站立姿势，双手持球举过头顶，从后向前助跑，助跑过程中，将球迅速从头顶上方向前抛出（图 5-14）。

（4）训练建议：助跑速度不需过快，把握跑步节奏，抛球时要迅速有力；建议训练负荷为每组 6~8 次，练习 2~3 组，组间间歇 2~3 分钟。

1　　　　　　　　　　　2　　　　　　　　　　　3

图 5-14　助跑上手抛实心球

二、徒手训练

徒手训练主要包括原地和行进间进行的快速伸缩复合训练，本质上属于身体自重训练。在不同的动作速度、动作组合以及动作节奏下进行的徒手且不借助器材的快速伸缩复合训练，有利于塑造运动员高效的身体控制能力。

1. 双脚交叉跳

（1）场地与器材：草地或木质地板。

（2）目的与任务：通过双脚起跳，快速交叉移动的练习，发展踝关节的爆发力和身体在滞空状态下的控制能力。

（3）动作方法：双脚起跳，在空中交叉后前脚掌着地，然后迅速再起跳，以相同的方法在空中换腿后落地（图 5-15）。

（4）训练建议：始终应前脚掌着地，触地时双脚要有弹性，双腿空中交叉换腿要迅速，双臂配合跳跃要协调。

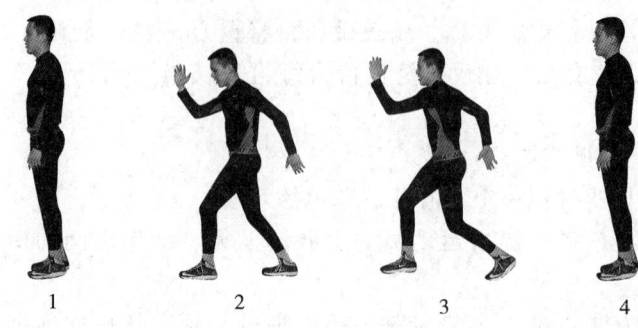

图 5-15　双脚交叉跳

2. 双（单）脚左右跳

（1）场地与器材：草地或木质地板。

（2）目的与任务：通过双（单）脚左右循环跳，发展小腿三头肌的爆发力和踝关节爆发力。

（3）动作方法：始终面朝前方，双脚发力起跳，在线的另一侧双脚落地，再以相同的方法往回跳（反方向），如此循环（图 5-16）。

（4）训练建议：双脚始终前脚掌着地，躯干保持挺直，落地时要缓冲，脚踝保持弹性。

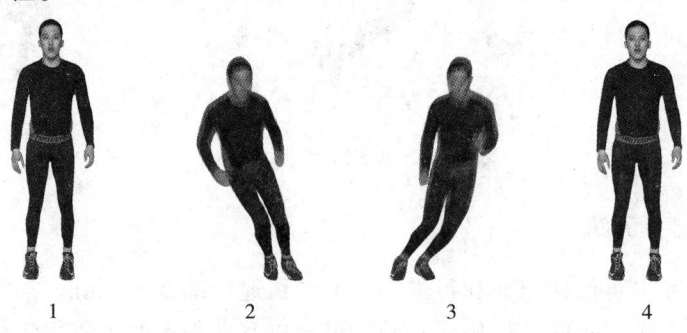

图 5-16　双（单）脚的左右跳

3. 单脚前后跳

（1）场地与器材：草地或木质地板。

（2）目的与任务：通过单腿前后跳的练习，在单腿用力的情况下提高小腿三头肌和踝关节爆发力，以及身体控制能力与核心稳定性。

（3）动作方法：脚尖向前，上身稍微前倾，膝关节微屈（图 5-17（1））。单脚发力向前（后）跳（图 5-17（2）），落地之后，单脚再发力向后（前）跳（图 5-17（3）），回到初始姿势站稳后再换另一只脚跳，如此循环。

（4）训练建议：单脚着地时，膝关节收紧，通过身体控制平衡，落地要平稳。

图 5-17　站立向前（后）单脚跳

4. 双脚快速点地接转髋跳

（1）场地与器材：草地或木质地板。

（2）目的与任务：通过练习者双脚快速点地转髋，发展踝关节力量及下肢协调性。

（3）动作方法：脚尖向前，双脚间距略宽于肩，膝关节微屈，上身稍微前倾，两手位于身体两侧。两脚尖发力，快速交替点地持续几秒后，迅速转髋跳，如此循环（图 5-18）。

（4）训练建议：起跳前身体重心要降低，迅速起跳；始终保持腹部收紧，前脚掌着地；转髋跳时，腹部收紧，躯干要保持直立。

图 5-18　双脚快速点地接转髋跳

5. 原地直腿跳

（1）场地与器材：草地或木质地板。

（2）目的与任务：发展踝关节和小腿三头肌的爆发力。

（3）动作方法：双脚间距稍窄于肩宽，脚尖向前，双手放在身体两侧。双手用力向上摆，同时双脚发力，垂直向上跳，空中两腿伸直，两脚前脚掌着地后立刻再起跳，保持跳跃的连续性（图 5-19）。

（4）训练建议：起跳要充分，滞空状态下要保持双腿直立，落地时，膝盖微屈，缓冲落地，避免受伤，落地后起跳衔接要快。

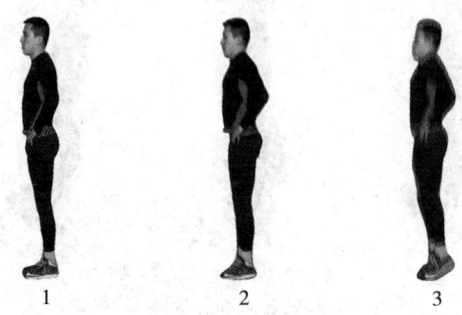

图 5-19　原地直腿跳

6. 半蹲跳

（1）场地与器材：草地或木质地板。

（2）目的与任务：发展下肢肌群和髋关节的爆发力。

（3）动作方法：双脚间距与肩同宽，脚尖向前，双手抱头，双腿半蹲，挺胸抬头。双腿和臀部发力，垂直向上跳起，身体在空中伸展，脚尖着地，落地屈膝缓冲，回到起始姿势（图 5-20）。

（4）训练建议：起跳时要向上尽可能高地、以最快速度跳起，空中伸展时，膝盖和脚踝伸长到身体的最大程度，落地时膝盖微屈，缓冲落地，避免受伤。

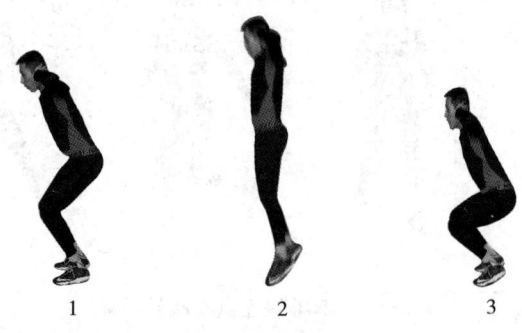

图 5-20　半蹲跳

7. 收腹跳

（1）场地与器材：草地或木质地板。

（2）目的与任务：发展下肢肌群的爆发力、躯干的控制力和身体的协调性。

（3）动作方法：双脚间距与肩同宽，脚尖向前，成半蹲姿势，上身前倾保持平衡；两手放在胸前，手心向下，双腿和臀部同时发力，尽力向上跳，同时双腿向上抬，触碰到手心（图 5-21）。

（4）训练建议：双手始终保持在胸前的位置不动，起跳要迅速，双脚同时发力，两腿在空中向上抬的时候要迅速，并尽量用膝盖触手掌。

图 5-21　收腹跳

8. 弓箭步跳

（1）场地与器材：草地或木质地板。

（2）目的与任务：提高下肢股四头肌和臀大肌的爆发力及身体控制能力。

（3）动作方法：成弓箭步姿势，上身挺直，双手自然下垂，前脚膝关节呈 90 度，后脚脚尖着地，也呈 90 度。向上起跳时，两腿同时发力，双手用力向上摆，腾空后换脚，做弓箭步落地，稳定平衡后，再向上跳（图 5-22）。

（4）训练建议：弓箭步起跳时，躯干保持挺直，跨距不宜太小；掌握跳跃节奏，集中腿部和臀部肌肉，落地要平稳，保持身体平衡。

图 5-22　弓箭步跳

9. 空中转体 90（180、360）度纵跳

（1）场地与器材：草地或木质地板。

（2）目的与任务：通过跳跃后转髋转体，提高运动员下肢肌肉的爆发力及身体控制能力。

（3）动作方法：两脚间距与肩同宽，上半身挺直，两手自然放在身前。

起跳时双手向后摆，双腿同时发力，垂直起跳，两手用力向前上方摆，在空中充分伸展身体，同时腰腹部发力，带动身体顺时针旋转 90 度，双脚同时落地（图 5-23）。

（4）训练建议：起跳速度要快，腾空要充分，以便身体完成旋转动作，同时腰腹发力，带动髋部旋转。

图 5-23　空中转体 90 度跳

10. 分腿屈体跳

（1）场地与器材：草地或木质地板。

（2）目的与任务：提高下肢肌群的爆发力和腹肌快速收缩的能力。

（3）动作方法：两脚间距与肩同宽，上半身挺直，两手自然放在身前。迅速起跳，屈髋抬腿，与地面平行，两手伸直，尽量去触碰脚尖，落地缓冲至初始位置（图 5-24）。

（4）训练建议：起跳要迅速，腾空要有高度，屈髋时，双腿伸直，注意上下肢的协调配合，落地时避免受伤。

图 5-24　分腿屈体跳

11. 双脚的左右（前后、交替）绕圈跳

（1）场地与器材：草地或木质地板、球。

（2）目的与任务：提高小腿三头肌的爆发力及踝关节的爆发力。

（3）动作方法：双脚并立，正对圆心，身体距离其大约 20~30 cm，上身挺直，肘关节呈 90 度，前臂放松。双脚同时发力，同时落地，在来回左右跳的同时，始终面对圆心，进行顺时针或逆时针绕圈跳（图 5-25）。

（4）训练建议：膝盖微屈，控制好离球的距离，注意保持身体平衡，双脚始终以前脚掌着地，落地要平稳。

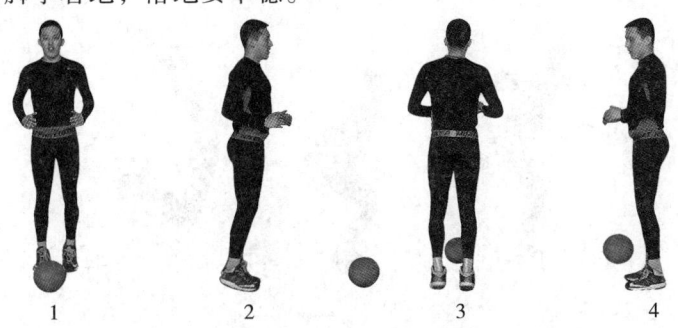

图 5-25　双脚的左右（前后、交替）绕圈跳

12. 双脚的侧向跳

（1）场地与器材：草地或木质地板。

（2）目的与任务：提高运动员下肢侧向爆发力。

（3）动作方法：双脚间距与肩同宽，成半蹲姿势，躯干挺直；起跳时双手向后摆，双腿同时发力，向左（右）上方跳；两手用力向前上方摆，空中充分伸展身体，然后腹部发力，带动下半身向左（右）移动，双腿落地（图 5-26）。

（4）训练建议：起跳时屈膝屈髋，起跳要迅速、充分，双腿同时发力，落地时注意缓冲，避免受伤。

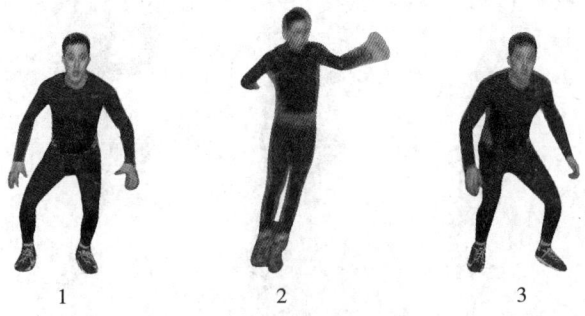

图 5-26　双脚的侧向跳

13. 反弓跳

（1）场地与器材：草地或木质地板。

（2）目的与任务：提高运动员下肢爆发力和运动员的身体控制能力。

（3）动作方法：双脚间距与肩同宽，成半蹲姿势，上身稍向前倾，两手放在身体两侧后方。双脚同时发力，起跳后双手用力向上摆，双腿用力向后蹬，使身体在最高点呈反弓状，而后双脚落地（图5-27）。

（4）训练建议：起跳速度要快，蹬地要充分发力、向上甩臂，保证腾空高度；髋关节和膝关节要迅速伸缩，落地要平稳，避免受伤。

图5-27　反弓跳

14. 双脚交替跳跃

（1）场地与器材：草地或木质地板。

（2）目的与任务：提高运动员单侧腿的爆发力及身体协调性。

（3）动作方法：两手自然放在身体两侧，左脚向前跨步，后脚跟着地后，前脚掌着地；双手向上用力摆的同时左脚发力向前上方跳，右腿大腿与地面平行，腾空时起跳腿伸直，然后起跳脚前脚掌落地。接着右脚向前跨步，准备起跳，重复上述练习（图5-28）。

（4）训练建议：起跳时，单腿要迅速蹬地，腾空时，起跳脚膝关节和踝关节保持一定紧张度，落地要缓冲。

图5-28　双脚交替跳跃

15. 侧步跨跳

（1）场地与器材：草地或木质地板。

（2）目的与任务：提高运动员单腿侧向起跳的爆发力、侧向移动能力和身体的协调性。

（3）动作方法：两脚自然开立，身体微向前倾，成半蹲姿势，起跳时外侧脚抬起，内侧脚单脚支撑身体，发力起跳，腾空后落地（图5-29）。

（4）训练建议：单腿起跳时，集中身体力量于一条腿上，充分发力；蹬地要迅速，外侧脚跨出时要尽量跨远，落地时发力脚先落地，膝盖微屈，缓冲落地。

图 5-29　侧步跨跳

16. 单脚连续跳

（1）场地与器材：草地或木质地板。

（2）目的与任务：提高运动员下肢爆发力和身体保持平衡的能力。

（3）动作方法：两脚间距与肩同宽，膝关节微屈，上身微向前倾；单脚发力向前跳，双手用力前摆，起跳脚脚尖着地，落地后迅速起跳，重复上述练习（图5-30）。

（4）训练建议：起跳充分蹬地，落地时，踝关节锁紧，要注意屈膝缓冲，控制好身体重心，保持平衡。

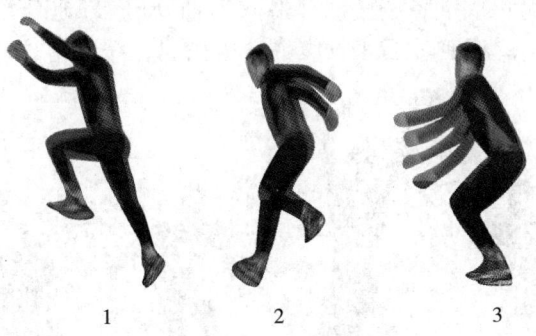

图 5-30　单脚连续跳

17. 单腿 Z 形跳

（1）场地与器材：草地或木质地板。

（2）目的与任务：提高运动员小腿三头肌的爆发力，以及在单腿支撑下，身体的控制能力。

（3）动作方法：单脚支撑身体，膝盖弯曲，躯干向前微倾，两手放在身体两侧后面保持平衡；支撑腿发力，向侧前方跳，落地时躯干、髋关节和膝关节保持稳定，再向身体另一侧跳跃（图5-31）。

（4）训练建议：膝盖微屈，单腿起跳时要充分蹬地，落地时，支撑脚锁紧踝关节，屈膝缓冲，保持身体平衡。

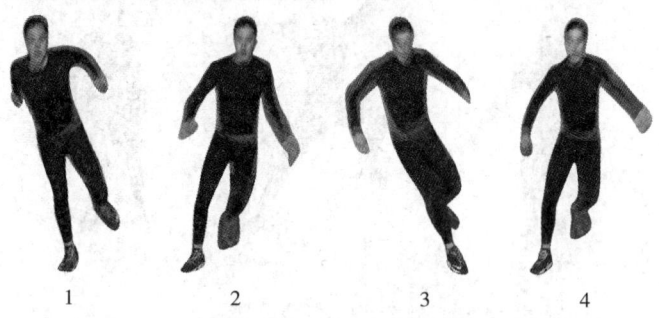

图 5-31　单腿 Z 形跳

18. Z 形蛙跳

（1）场地与器材：草地或木质地板。

（2）目的与任务：提高运动员下肢爆发力和多方向移动能力。

（3）动作方法：成半蹲姿势，两脚间距与肩同宽，脚尖朝向准备跳的方向，躯干微向前倾，两手自然放在身前。起跳时双手向后摆，双腿同时发力，向右前上方跳；两手用力向前上方摆，空中充分伸展身体，然后腹部发力，带动下半身向前移动；双腿落地后，再向左前上方跳，重复练习上述动作（图5-32）。

（4）训练建议：成准备姿势时，膝盖弯曲90度，充分蹬地起跳，两侧的跳跃幅度不能太大，落地时迅速收腹，膝盖微屈，缓冲落地。

图 5-32　Z 形蛙跳

三、小栏架（或障碍物）训练

小栏架训练适用于低强度到中等强度的快速伸缩复合训练，同时也是进行灵敏性训练、多向速度训练的重要工具。按照训练的需要可将小栏架摆放成不同间距或形状，并结合项目需要进行有针对性的训练。由于小栏架不易获得，为方便练习者练习，图中均以其他障碍物代替。

1. 渐增步幅跑

（1）场地与器材：低栏架或其他标志物，草地训练场。

（2）目的与任务：提高运动员的下肢爆发力、快速屈髋能力和踝关节的灵活性。

（3）动作方法：身体略前倾，成站立起跑准备姿势，跑动中上体前倾，重心在前，双臂配合下肢摆动，摆幅要大。在练习过程中，支撑腿蹬地发力，摆动腿积极上抬，逐渐增加步幅，重复练习上述动作（图5-33）。

1   2

3   4

图5-33　渐增步幅跑

（4）训练建议：蹬伸充分，要爆发式用力，加快小腿和双足着地的后摆速度，在跑的过程中频率逐渐加快，每步跨越一个障碍物。

2. 高频跑

（1）场地与器材：低栏架或其他标志物，以 40 厘米为间隔，等距放置成一条直线，草地训练场。

（2）目的与任务：提高运动员的下肢爆发力、运动员的快速屈髋能力，以及运动员跑步中的步频。

（3）动作方法：身体略前倾，成站立起跑准备姿势；跑动中上体前倾，双臂配合下肢摆动，双足着地点在身体重心下方，重复练习上述动作（图 5-34）。

（4）训练建议：练习过程中，始终保持高步频，强调速度力量的练习；保持目视前方，每步跨越一个障碍物，要爆发式用力，加快小腿和双足着地的后摆速度，减少着地支撑时间。

1   2   3

图 5-34　高频跑

3. 正向双足稳定（或连续）跳

（1）场地与器材：低栏架或其他标志物，40 厘米为间隔，放置成一条直线，草地训练场。

（2）目的与任务：提高运动员的下肢爆发力。

（3）动作方法：两脚开立与肩同宽，双腿弯曲，成起跳姿势，上体前倾，双臂配合下肢摆动，双脚同时蹬地发力，使身体腾空时伸直；落地时，膝盖缓冲，还原成起始姿势，重复练习上述动作（图 5-35）。

（4）训练建议：在练习过程中，动作舒展，落地时，降低重心，膝盖缓冲落地；目视前方，上体保持正直或稍前倾，每次跨越一个标志物或连续跨过标志物。

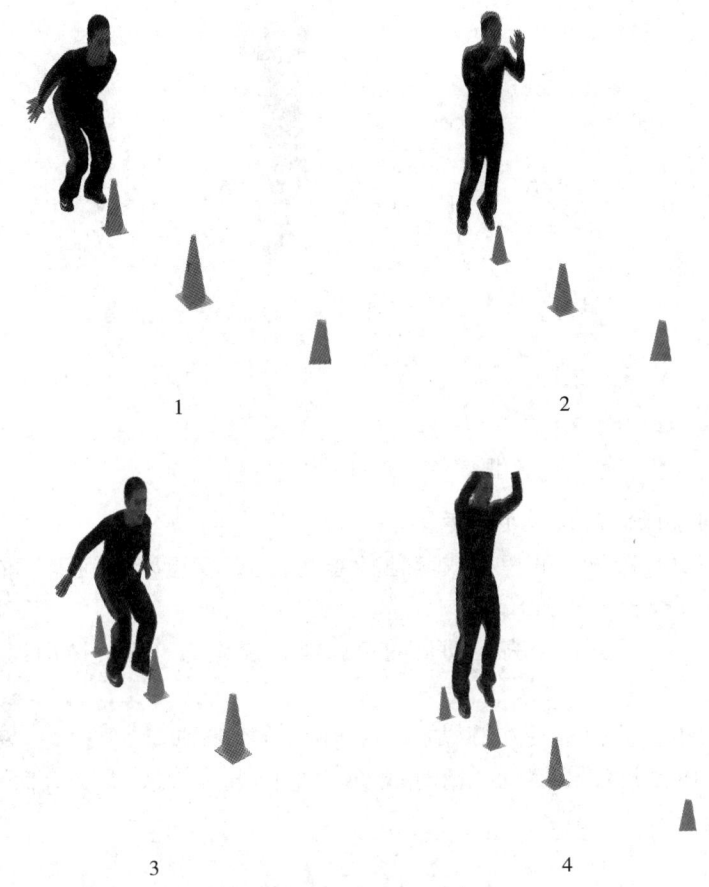

图 5-35　正向双足稳定跳

4. 正向单足稳定（或连续）跳

（1）场地与器材：低栏架或其他标志物，以 40 厘米为间隔，放置成一条直线，草地训练场。

（2）目的与任务：提高运动员单腿跳跃的爆发力、单腿连续跳跃的能力和在单腿支撑下，身体的平衡能力。

（3）动作方法：单足屈膝站立，双臂配合下肢摆动，支撑腿发力起跳，蹬地伸直，落地时屈膝缓冲，摆动腿配合摆动（图 5-36）。

（4）训练建议：在练习过程中，落地要积极缓冲，重心要低，起跳时身体处于稳定状态。每次跨越一个标志物或连续跨过标志物。

图 5-36　正向单足稳定跳

5. 正向（或侧向）单足折返跳

（1）场地与器材：低栏架或其他标志物，以 40 厘米为间隔，依次排开，放置成一条直线，草地练习场。

（2）目的与任务：提高运动员的单腿跳跃爆发力、踝关节的爆发力及身体控制能力。

（3）动作方法：单足屈膝站立，双臂配合下肢摆动，支撑腿发力起跳，蹬地伸直，摆动腿配合摆动；落地瞬间蹬地跳起，踝关节发力向后折返跳（图 5-37）。

图 5-37　正向单足折返跳

（4）训练建议：在练习过程中，重心的提前移动是完成动作的关键，每步跨越一个障碍物。

6. 侧向高抬腿跑

（1）场地与器材：低栏架或其他标志物，以40厘米为间隔，等距放置成一条直线，草地练习场。

（2）目的与任务：提高运动员侧向快速移动的能力及踝关节的爆发力。

（3）动作方法：侧对标志物站立，躯干直立，双臂配合下肢摆动，腿前摆时，同侧手后摆维持身体平衡；双腿膝关节提拉，抬高后迅速扒地，连续侧向高抬腿跑（图5-38）。

（4）训练建议：在练习过程中，目视前方，上体保持正直或稍前倾，在跑的过程中，保持重心稳定，每步跨越一个障碍物。

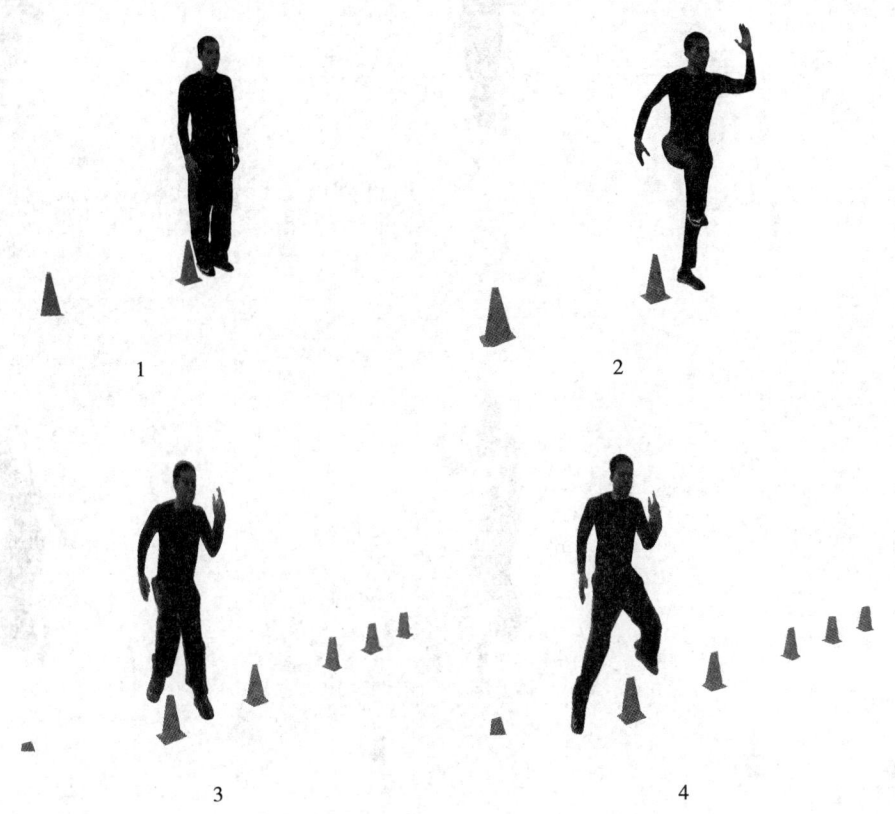

图5-38 侧向高抬腿跑

7. 侧向双足（或单足）折返跳

（1）场地与器材：低栏架或其他标志物，间隔 40 厘米，放置成一条直线，草地练习场。

（2）目的与任务：提高运动员下肢爆发力及身体控制能力。

（3）动作方法：侧对障碍物，两脚开立与肩同宽（或单脚），屈膝站立，上体前倾，双臂配合下肢摆动；双足同起同落（或单足），蹬地发力，跨过障碍物落地后，不停顿，立即折返跳跃（图 5-39）。

（4）训练建议：在练习过程中，维持身体平衡，每步跨越一个障碍物。

图 5-39　侧向双足折返跳

8. 正方形双足（或单足）跳

（1）场地与器材：低栏架或其他标志物，成正方形放置，草地练习场。

（2）目的与任务：提高运动员的下肢爆发力及身体控制能力。

（3）动作方法：运动方向可为顺时针/逆时针。上体前倾，双脚与肩同宽，屈膝站立（或单脚站立），双臂配合下肢摆动。双脚同起同落（或单脚起落），按照顺时针方向依次跳过每个障碍物（图5-40）。

（4）训练建议：形式应变化多样，可根据练习者能力安排垫步跳、连续跳、垫步折返跳和折返跳等多种练习方法，练习时注意动作节奏。

图 5-40　正方形双足跳

9. Z字形双足（或单足）跳

（1）场地与器材：低栏架或其他标志物，成Z字形放置，草地练习场。

（2）目的与任务：提高运动员的下肢爆发力、身体控制能力和踝关节力量。

（3）动作方法：运动方向成Z字形。上体前倾，稍屈膝，平行站于障碍物摆放方向。双臂配合下肢摆动，起跳前身体快速下蹲发力，双足同时蹬伸，绕障碍物（或单足）依次成Z字形跳跃（图5-41）。

（4）训练建议：跳起时应注意对身体重心的控制。

1　　　　　　　　　2　　　　　　　　　3

图 5-41　Z 字形双足跳

四、跳箱训练

跳箱训练包括跳上和跳下，可采用单脚跳、双脚跳或换脚跳三种形式。跳箱训练通过短时间调动机体爆发力，快速改变身体在竖直方向的重心，随之进行高效地缓冲和制动。跳箱训练需要一定的平衡能力作为基础，以便提高训练的规范性、实效性和安全性。

跳箱训练对于提高人体利用弹性势能的能力有积极的作用。在跳箱运动过程中，肌腱的弹性能量在受到快速牵拉时增高，并被储存起来，在紧接着进行的肌肉向心收缩中，弹性势能释放出来，增加产生的力量。把握跳箱训练的过渡阶段的时间至关重要，过渡时间太短弹性势能来不及利用，过渡时间太长则无法将弹性势能用于后续动作之中。

1. 基础跳箱

（1）场地与器材：30~106 厘米高的箱子。

（2）目的与任务：提高下肢爆发力，整合全身力量，增加弹跳力。

（3）动作方法：两脚间距与肩同宽，面向箱子，膝盖微屈，双脚迅速跳起，轻轻落于箱子上，退回原位，重复这一动作（图 5-42）。

（4）训练建议：起跳时膝盖微屈，双臂迅速摆动，跳上箱子时要保持稳定，如需增加难度，可以向后跳下后立即跳回到箱子上。

图 5-42　基础跳箱

2. 侧面跳箱跳跃

（1）场地与器材：单个箱子（或者 3~5 个箱子排成一排）的高度为 30~106 厘米。

（2）目的与任务：改变跳跃方向，提高横向跳跃的爆发力。

（3）动作方法：双脚间距与肩同宽，站在箱子的一侧，膝盖微屈，迅速起跳，跳到箱子上后，从另一侧跳回地面，重复上述训练（图 5-43）。

（4）训练建议：起跳时膝盖微屈，躯干挺直，迅速起跳，落在箱子上时，注意保持身体的稳定。该练习可以进行单个的跳跃，也可以连续跳跃一排相同高度的箱子。

图 5-43　侧面跳箱跳跃

3. 单脚蹬箱跳起

（1）场地与器材：15~30 厘米高的箱子。

（2）目的与任务：提升下肢单侧爆发力及对侧摆动技术，从而增强全身爆发力，提升弹跳高度。

（3）动作方法：一只脚放在箱子上，脚后跟贴近箱子边缘，另一只脚站在地上。通过蹬伸放在箱子上的腿，使身体尽可能升高。用开始放在箱子上的脚着地，并且再次用力蹬起，利用双臂的摆动增加高度和维持平衡（图5-44）。

（4）训练建议：起腾空的阶段双腿要求完全伸展并且略高于跳箱高度。

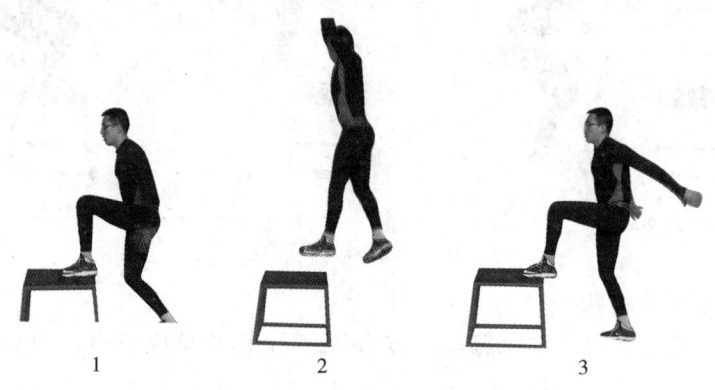

图5-44　单脚蹬箱跳起

4. 双腿交换跳

（1）场地与器材：15~30厘米高的箱子。

（2）目的与任务：提高运动员的单腿爆发力，增强跳跃中空中姿态和落地姿态的控制能力。

（3）动作方法：一只脚放在箱子上，脚后跟贴近箱子边缘，另一只脚站在地上。通过蹬伸放在箱子上的腿，使身体尽可能升高，换脚着地，同时利用双臂的摆动增加高度和维持身体平衡（图5-45）。

（4）训练建议：跳起腾空的阶段双腿要求完全伸展并且略高于跳箱高度。

图5-45　双腿交换跳

5. 侧面单腿蹬伸跳起

（1）场地与器材：15～30厘米高的箱子。

（2）目的与任务：提高运动员单腿侧面跳跃的爆发力。

（3）动作方法：站在箱子的一边，将靠近箱子的一侧脚放在箱子上。用力蹬伸放在箱子上的脚，直到蹬伸腿完全伸直，然后落下恢复原位。重复上述动作，两腿交换练习（图5-46）。

（4）训练建议：支撑在地面上的腿不要用力，完全由放在箱子上的腿发力。

图5-46　侧面单腿蹬伸跳起

6. 连续跳过跳箱（或单脚）

（1）场地与器材：3～5个同等高度的箱子排成一排（箱子高度根据个人能力而定）。

（2）目的与任务：提高运动员连续爆发用力的能力。

（3）动作方法：两脚间距与肩同宽，站立在一排箱子的一端（箱子向练习者前方延伸）。跳到第一个箱子上，然后跳回地面，再跳到第二个箱子上，然后再跳下，一直沿着箱子连续跳跃。从最后一个箱子上跳下后，走回起始位置，重复上述练习（图5-47）。

（4）训练建议：跳箱的高度、跳箱的数量和间距是控制训练强度的变量，训练应根据情况量力而行，循序渐进。

7. 原地"机枪跑"后跳箱

（1）场地与器材：一个跳箱，高度在30～106厘米。

（2）目的与任务：干扰正常起跳，综合提高运动员的下肢爆发力。

（3）动作方法：双脚间距略宽于肩，膝盖微屈，面向箱子站立，在原地做"机枪跑"动作（双脚交替在原地快速高频率地点地），维持一段时间后，双腿发力，快速跳上箱子（图5-48）。

图 5-47　连续跳过跳箱

（4）训练建议：跳箱前"机枪跑"的维持时间和跳箱的高度应根据情况量力而行，循序渐进。

8. 原地转身后跳箱

（1）场地与器材：一个跳箱，高度在 30~106 厘米。

（2）目的与任务：干扰正常起跳，提高运动员的下肢爆发力，适应竞赛中真实跳跃的情况。

（3）动作方法：双脚间距略宽于肩，膝盖微屈站立；以脚为圆心，躯干正对箱子（此位置为 0 度），身体侧转，分别选择顺时针或逆时针的 90 度、180 度、270 度、360 度为起始位置，原地贴地快速转身，面向箱子后，双腿发力，快速跳上箱子（图 5-49）。

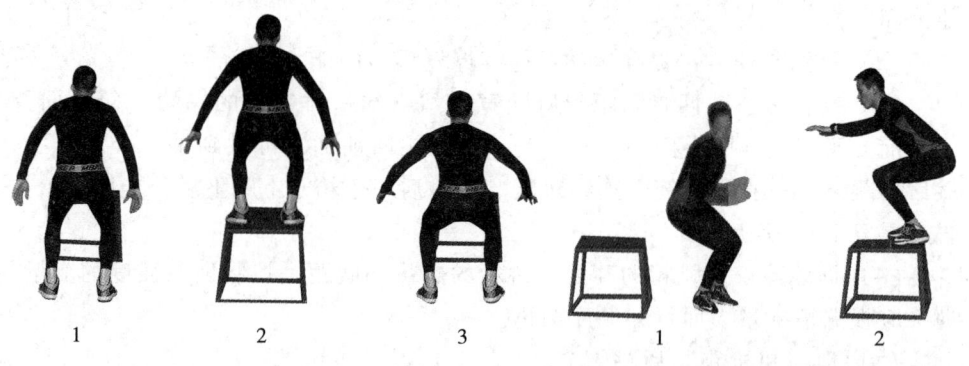

图 5-48　原地"机枪跑"后跳箱　　　图 5-49　原地转身后跳箱

（4）训练建议：跳箱前转身的角度和跳箱的高度应根据情况量力而行，循序渐进，顺时针和逆时针的训练负荷应大致平衡。

9. 原地并步转身后跳箱

（1）场地与器材：一个跳箱，高度在 30~106 厘米。

（2）目的与任务：综合提高运动员的下肢爆发力，适应竞赛中真实跳跃的情况。

（3）动作方法：双脚间距略宽于肩，膝盖微屈，站立于箱子侧边延长线上，面朝内侧。靠近箱子的一侧做并步转身后面对箱子，双腿发力，快速跳上箱子（图5-50）。

（4）训练建议：进行训练时，应平衡左右并步的练习次数。

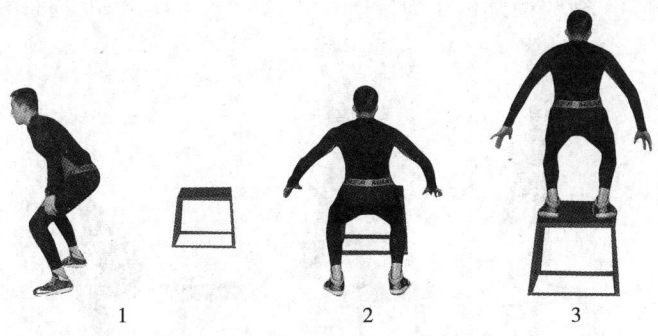

图 5-50　原地并步转身后跳箱

10. 侧跨步后跳箱

（1）场地与器材：一个跳箱，高度在 30～106 厘米。

（2）目的与任务：综合提高运动员的下肢爆发力，适应竞赛中真实跳跃的情况。

（3）动作方法：面对箱子站立，水平横移出箱子一侧，约 50～100 厘米。远离箱子的一侧脚站立支撑身体，膝盖微屈，单腿发力做侧跨步，落于箱子正前方，双脚着地后跳上箱子（图5-51）。

（4）训练建议：起始横移的距离和跳箱的高度是控制训练强度的变量，训练应根据情况量力而行，注意平衡安排左右两侧的训练。

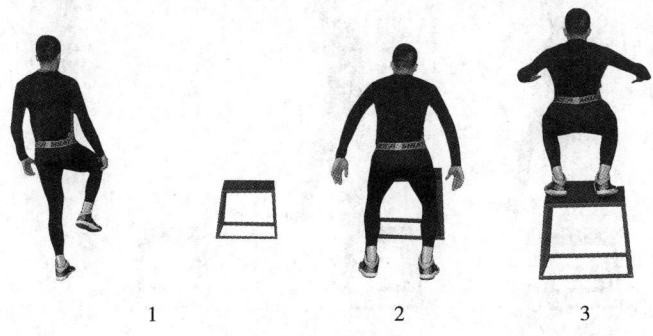

图 5-51　侧跨步后跳箱

11. 基础跳深

（1）场地与器材：跳箱一个，高度为 15~45 厘米。

（2）目的与任务：学习掌握跳深的技术动作，为跳深的进阶训练打好基础。

（3）动作方法：两脚间距与肩同宽，膝关节微屈，从箱子上跳落到地上，落地时尽快完成缓冲动作，并固定身体姿势（图 5-52）。

（4）训练建议：不要从箱子上跳下，落地后屈髋屈膝，躯干保持中立位，膝盖不超过脚尖。建议训练负荷为每组 6~8 次，练习 2~3 组，每组间歇 30 秒。

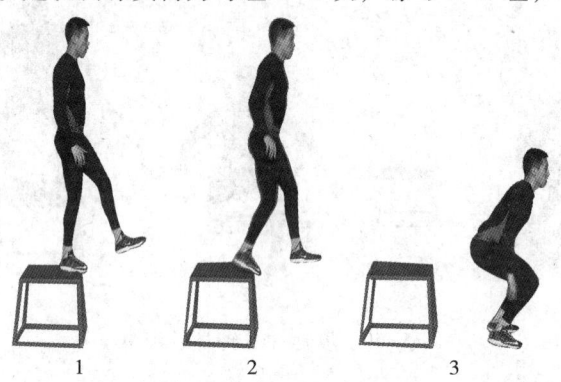

图 5-52　基础跳深

12. 跳深接纵跳

（1）场地与器材：30 厘米高的跳箱一个。

（2）目的与任务：提高运动员利用肌肉中弹性成分的弹性势能的能力，综合提高运动员的下肢爆发力。

（3）动作方法：站在箱子上，脚尖靠近箱子前缘。身体下落，离开箱子，双脚落地。提前做好落地准备并尽可能快地起跳（图 5-53）。

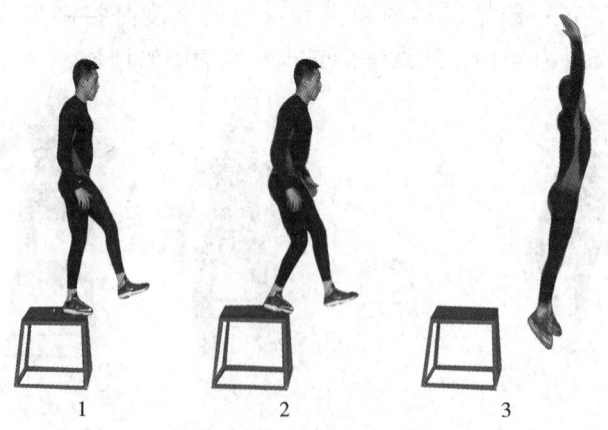

图 5-53　跳深接纵跳

（4）训练建议：避免身体在落地过程中下沉，并且使地面接触时间尽可能的短。

13. 跳深接跳箱

（1）场地与器材：两个高度相同的跳箱，间隔 60~120 厘米放置。具体高度视运动员的水平而定。

（2）目的与任务：结合跳深和跳箱，提高下肢爆发力和弹跳力。

（3）动作方法：站在一个箱子上，脚尖贴近箱子前缘，两脚分开与肩同宽，面向第二个箱子。从箱子上落下，双脚着地，然后跳上第二个箱子，轻轻落下（图 5-54）。

（4）训练建议：落地要缓冲，落地后的起跳动作要尽可能快。

图 5-54   跳深接跳箱

14. 跳深接立定跳远

（1）场地与器材：一个跳箱，箱子的高度为 30~106 厘米。

（2）目的与任务：提高运动员利用肌肉中弹性成分的弹性势能的能力，提高爆发力和水平弹跳能力。

（3）动作方法：站在跳箱上，双脚间距与肩同宽，脚尖接近箱子的边缘。迈步，从箱子上自然下落，双脚落地后，立即尽可能远地向前跳，双脚落地（图 5-55）。

（4）训练建议：落地后要有缓冲，落地后的起跳动作要尽可能地快。

15. 跳深接转身跳跃

（1）场地与器材：一个或者两个 30~106 厘米高的跳箱。

（2）目的与任务：提高下肢爆发力和身体控制能力。

（3）动作方法：站在箱子上，脚尖靠近前缘。迈下箱子并双脚落地，立即起跳，在空中完成转体（180 度、270 度或 360 度），再次双脚落回地面（图 5-56）。

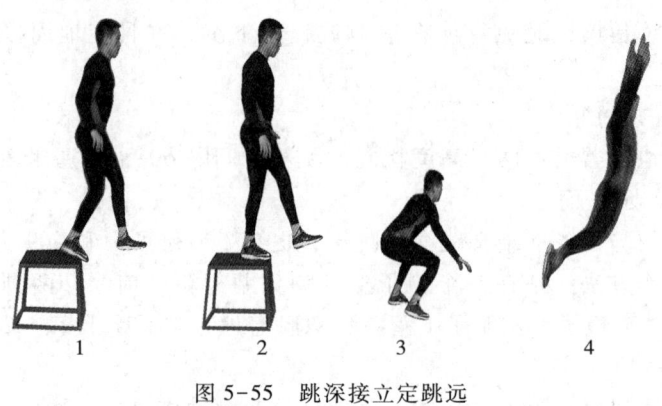

图 5-55　跳深接立定跳远

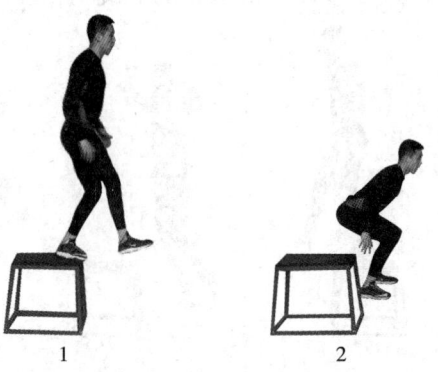

图 5-56　跳深接转身跳跃

（4）训练建议：注意顺时针和逆时针两个方向上的训练。若需增加难度，可在转体后要求落在第二个箱子上。

16. 跳深接过障碍物

（1）场地与器材：一个跳箱，高度在 30~106 厘米之间；一个障碍物，高度在 20~30 厘米之间。障碍物置于跳箱正前方 60~80 厘米处。

（2）目的与任务：提高身体控制能力和连续弹跳能力，满足竞赛场上的需求。

（3）动作方法：站在箱子上，脚尖靠近前缘；迈下箱子并双脚落地，立即起跳越过障碍物，随后双脚落回地面（图 5-57）。

（4）训练建议：落地后的起跳动作要尽可能地快。为增加难度可增加障碍物的高度和宽度。

17. 单腿跳深后纵跳

（1）场地与器材：一个 30~45 厘米高的跳箱。

（2）目的与任务：增强单腿落地后连续爆发跳跃的能力。

（3）动作方法：站在箱子上，脚尖靠近箱子边缘；迈下箱子并单腿落地，然后尽可能地向上跳，用同一只脚再次落地（图5-58）。

1　　　　　　　　　　2　　　　　　　　　　3

图 5-57　跳深接跳过障碍物

1　　　　　2　　　　　3　　　　　4

图 5-58　单腿跳深后纵跳

（4）训练建议：进阶动作是落地后快速跳起，落在第二个箱子上，此动作难度较高，建议初学者不要尝试。

 **复习思考题**

1. 快速伸缩复合练习的机理是什么？
2. 快速伸缩复合练习的锻炼价值有哪些？
3. 快速伸缩复合练习的训练方法有哪几类？
4. 选择一个项目，试着设计一些与之相符的训练计划。

 **推荐阅读文献**

1. COOK G. 动作-功能动作训练体系 [M]. 张英波，梁林，赵洪波，译. 北京：北京体育大学出版社，2010.

2. 宸铮，尹军. 对"功能动作训练"之"功能动作筛查"的审视与思考 [J]. 山东体育学院学报，2013，29（3）：62~70.

3. COOK G，BURTON L，KIESEL K，et al. Movement——Functional movement systems：screening，assessment and corrective strategies [M]. Santa Cruz, California：On Target publications，2010：29.

（王志强　李丹阳　武汉体育学院）

第六章
上肢力量动作模式

▲ 本章导语

　　本章以身体运动功能训练中力量动作模式的分类作为切入点，分别对其锻炼价值、动作原理、具体手段三个方面进行探讨。重点选取了一些常用的上肢推拉力量训练动作模式作为范例，以期能够启发广大社会体育指导员、教练员、学生，以及爱好者设计出符合自身条件的力量训练方法，不断提高力量训练的质量和效果。

第一节　上肢力量动作模式的锻炼价值

人类的直立行走意味着从前担负运载任务的前肢不再担负运载工作，而逐渐演化为颀长的臂膀和更为灵活的手掌，肩负起其他繁杂的任务。选择合理的动作模式进行上肢锻炼，能够使上肢降低损伤、提高动作效率、提高人体美感，使上肢更加顺畅的完成各项特需工作。

一、降低上肢运动的损伤

通过 FMS、SFMA 等手段进行身体运动功能动作诊断，可以综合评价人体灵活性和稳定性，发现人体动作的代偿和不对称性，采取针对性训练，降低人体运动损伤风险。对上肢功能诊断而言，主要目的是找出双侧肩关节、上臂、前臂是否存在薄弱环节，以及是否存在能量传导泄漏等问题，然后进行基本动作模式训练，纠正不均衡性动作，从而降低上肢运动损伤的风险。

除了上述纠正性的基本动作模式练习，在设计专项或特殊的发展性力量动作模式练习中，通常把握好下列几个因素：在两侧上肢均衡性发展的前提下，提高关节的灵活性；肌肉韧带的延展性；主动肌与拮抗肌的对称性；主动肌与协同肌的协调性，以及小肌肉群的辅助性。

正确的上肢力量动作模式练习，会给人体带来生理学意义上的积极适应，如骨密度增加、关节稳定度增强、肌肉力量提高、本体感觉灵敏等，这些也会降低上肢运动损伤的风险。举例来讲，在投掷或者挥击动作中，手臂便会自肩关节旋转，强壮的肩带肌肉能使手臂更容易活动，力量更强，减少了脱臼及肩袖撕裂的危险。强壮的肱三头肌能保护肘关节，吸收冲击力，减轻肘关节所受到的突然性的冲击力，如跌倒手撑地、骑自行车时肘关节所受到的震动等。

二、提高上肢动作的效率

从生理学角度分析，经过合理的上肢动作模式训练，可以在做每次上肢推或拉的动作时募集更多的肌纤维参与收缩，从而提高动作的效率。经过训练后，上肢的本体感觉会有所提高，增加了动作的准确性，提高了动作的效率。

从训练学角度分析，合理的动作模式除了强调多关节、多维度的运动外，还要求剔除掉不正确的动作，根据需要合并、重组、简化多个动作，以提高上肢的动作效率。以"站姿-双手持哑铃上举"的动作模式为例，练习的主要目的是发展上肢力量与肩关节稳定性，起始姿势为双手反握哑铃，屈肘于胸前，在上肢垂直上推的过程中，前臂外旋，最终双臂同时将哑铃推至头顶上方，同时保持好躯干的稳定。在做这个动作时，如果双肘外展，斜向上推，应给予修正。对上肢而言，这个练习包含了肩部、上臂、前臂和腕关节等多个部位的单纯练习，肢体运行路线简单且符合解剖学原理，是一个提高上肢动作效率的例证。

从生物力学角度分析，合理的上肢动作模式可以提高动力链传递的效率，减少能量的泄漏，使动作更加经济高效。以投掷项目的鞭打动作为例，其生物力学原理的基础是动量传递的结果，一端动量向质量较小的一端传递（通过制动），使另一端获得较大的运动速度。人体鞭打动作是通过角动量在相邻关节间的传递实现的，起于相邻关节的肌肉收缩力，使远端环节产生角加速度，而远端环节通过肌肉收缩作用于近端环节，使其制动，在制动的过程中，近端环节的角动量传递给了远端，加上肌肉主动发力的过程，使得远端环节的速度大大加快。简言之，通过下肢蹬伸，把力量通过下肢各个关节经核心区传递到上肢，而上肢要想把力量充分的转移到器械上，则需要良好的动作模式训练，使能量以最高效的形式传递到器械上去。

三、符合人体审美与运动需要

上肢动作模式练习可以塑造出完美的上肢线条，能够使你看上去更加健康、强壮。如果你的肱二头肌和肱三头肌筋肉分明，一般人就会认为你的其他肌肉也经过了"雕琢锤炼"。确保上肢肌肉强壮，全身都会受益。如果上肢赢弱，肩肌腱袖虚弱，肩关节后方的肌肉会被前方的肌肉拉扯，肩膀会因此向前弓，造成体型萎靡。通过良好的动作模式训练可以改变这一切，平衡肌肉力量，打造更强壮的肩肌腱袖，找回自己的挺拔与骄傲。

强壮有力的上肢肌群不仅有利于健美体型的完善，而且有利于提高握力、支撑力和完成各种训练动作的能力，对身体各部位肌肉的力量增长都大有裨益。在竞技运动中，除跑跳、足球、滑冰、滑雪等项目外，体育项目中大多数都以手臂为主导，强壮的上肢肌肉与精细的手部活动必不可少，需要进行专门性的训练来提高。

第二节 上肢力量动作模式原理 ◢

人体四肢肌约占全身骨骼肌总重量的80%，其中下肢肌约占50%，上肢肌约占30%。上肢的运动始终不能脱离人体整体的支持，本节将从肌肉链、动力链和身体姿态3个方面对上肢动作模式的原理进行阐述。

一、上肢肌肉链运动原理

比利时整骨医师Godelive Struff Denys第一次提出了真正意义上的肌肉链概

念，并总结出人体 10 条肌肉链；比利时学者 Pilipp Richter 对前人的研究进行了总结，并提出人体每一侧只有 2 个肌肉链，即屈链与伸链；Tomas W. Myers 指出上肢有深层与浅层经线，并用火车行驶停靠站的例子来描述肌肉链。在当今的研究中，更多的使用肌筋膜链的概念来替代肌肉链，这样虽然更科学，但对于初学者而言，肌肉链更加易于理解。

由于认识上的差异，以及工作侧重点的不同，学者们对于肌肉链概念的表述不尽相同，建立了不同类型的肌肉链模型。为了便于研究与表述，上肢肌肉链可以简单地被认为是局部的肌肉链。肌肉从不单独活动，而是成群运动。上肢肌肉链可以认为是人体上肢运动时张力在其内部优先传导的一系列纵向分布的肌肉群，腱膜和筋膜是形成肌肉链中肌肉的整体组成部分。

由于大脑只识别功能动作，不能识别单块肌肉，所以从功能动作的角度来看，上肢的肌肉链运动模式可以划分为屈链与伸链。在功能训练中，肩部被划分为核心区，所以上肢的屈与伸主要指肘关节的屈伸，肘关节屈为拉、伸为推。以屈肘为例，简要说明上肢肌肉链工作原理。当屈肘时，屈链主动肌为肱二头肌、肱肌、肱桡肌、桡侧腕屈肌等构成（表 6-1）。同时也要注意，参与完成动作的肌群组成的系统，不仅包括局部的主动肌、协同肌，还包括了拮抗肌和远端的稳定肌等。

表 6-1　屈肘与伸肘时的肌肉链

运动	参与肌	运动	参与肌
屈肘	肱二头肌	伸肘	肱三头肌
	肱肌		肘肌
	肱桡肌		旋后肌
	桡侧腕屈肌		尺侧腕伸肌
	掌长肌		指伸肌
	尺侧腕屈肌		小指伸肌
	旋前圆肌		
	桡侧腕长伸肌		
	桡侧腕短伸肌		

二、上肢动力链传递的原理

动力链的概念虽然在目前文献中常常出现，但是对于其确切的含义却少有表述。根据力的传导方式以及对于上述肌肉链的分析，动力链可以理解为与特定力传导相关的由肌筋膜、骨骼、关节组成的纵向关联系统。

人体的运动并不是单一环节的运动，而是几个相邻环节以关节为枢纽在骨骼肌的驱动作用下，相互协调配合完成的。人体的运动姿势不同、动作不同，参与的环节数量和环节的运动形式也不同。人体运动链的引入能够在研究人体运动机制的过程中保留运动系统的整体性和独立性，不仅可以对局部环节的运动机理进行研究，而且更加注重对整个运动链的运动分析。

人体上肢运动链的运动形式主要以开链运动为主，即肢体近端固定而末端关节活动的运动。人体上肢是一个具有多环节的运动链，具有多个自由度，能够进行各种复杂的运动，但复杂的运动都是由基本的功能性动作组成的。上肢的运动是通过中枢神经系统的控制与支配，以上肢骨为杠杆、以连接各个环节的关节为支点，在上肢相关肌肉的作用下，使骨绕着关节活动，从而使各环节间的相互位置发生改变。

上肢动力链传递原理，可以用 Tomas W. Myers 的列车理论来解释。Tomas W. Myers 认为，上肢前深层、上肢前浅层、上肢后深层和上肢后浅层共 4 个分链组成了上肢的动力链，力的传导按照固定的"轨道"进行传导。以上肢深层的动力链——"轨道车站"为例，动力按照各个站点顺序进行传导，依次为：① 第三、第四与第五肋骨、② 胸小肌、锁胸筋膜、③ 喙突、④ 肱二头肌、⑤ 桡骨粗隆、⑥ 桡骨骨膜、前缘、⑦ 桡骨茎突、⑧ 桡侧副韧带、大鱼际肌群、⑨ 舟状骨、大多角骨、⑩ 大拇指外侧（图 6-1）。

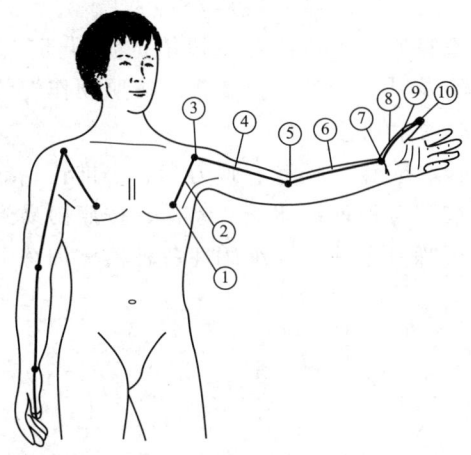

图 6-1　上肢深层动力链——"轨道车站"

三、身体姿态对上肢动作效率的影响

姿势是肌肉、骨骼系统对抗阻力作用的结果。与理想的姿势比，稍有偏离都会伴有整个机体的负担加重。人体始终作为一个整体在发挥作用，由肌肉和骨骼组成的运动系统通常要同时执行两种相反的功能：一方面要提供稳定性，另一方面要保证灵活性。当上肢运动时，我们的躯干、下肢或另一侧上肢肌肉在维持正确的身体姿势。Kappler 认为，完美的姿态是一种状态，在这种状态下，身体的重量以这样的方式分布，即肌肉保持其正常张力，而韧带张力对抗重力作用。人体站立的姿态主要依赖于地面的平整度、双足的状态和脊柱的状态三个方面。

从运动力学角度来看，由于肌肉附着在骨骼的两端，当肌肉收缩时，就会把两个附着点拉近，而当近端和远端两个附着点都能运动的时候，才会拉得更近。就像拉一根橡皮筋，如果两端拉长后同时松手，橡皮筋就会弹向中间；如果一端松手，则松手的一端就会弹向另一端。从动力链的角度分析，当上肢运动时，躯干就像是橡皮筋的固定端，当躯干这个固定端不稳定时，势必会影响到整个橡皮筋的收缩效率，即上肢的运动效率。如果人体固定不了肌肉的近端，那么身体其他部位肌肉就会出现一些代偿，即出现一些多余的动作，而这些多余的动作恰恰容易导致运动损伤的发生。

第三节　上肢力量动作模式练习方法

身体功能训练理论将所有力量练习手段依据练习部位划分为上肢推和拉、下肢推和拉、身体旋转及其全身推、拉动作。按照动作姿势可分为基本准备姿势、半跪姿、跪姿、坐姿和卧姿等。

本节主要采用杠铃、壶铃、哑铃、弹力带、小推轮、瑞士球、实心球和悬吊带作为训练工具，按照每种训练器械的动作，按照由易到难、由稳定状态到非稳定状态的原则进行练习设计，详细阐述各种器械训练上肢推与拉动作模式的方法与动作要求。

一、基本姿势

（一）站姿

双脚开立，略宽于肩，身体前倾，双手叉腰，臀大肌收紧并呈半蹲姿势，膝关节不超过脚尖垂直面，躯干保持挺直姿势（图6-2，图6-3）。

图 6-2　站姿（正面）

图 6-3　站姿（侧面）

（二）半跪姿

双腿前后分腿，呈半跪姿，前支撑腿的大腿与地面平行且与小腿保持 90 度角；后支撑腿的膝关节弯曲并稍稍离地，大腿与小腿夹角呈 90 度，收腹，躯干保持挺直（图 6-4）。

图 6-4　半跪姿

图 6-5　跪姿

（三）跪姿

跪姿分为单腿跪和双腿跪，单腿跪姿为双腿前后分腿，前支撑腿的大腿与地面平行且与小腿保持 90 度角，后支撑腿的膝关节弯曲支撑在地面上，大腿与小腿夹角约为 90 度（与半跪姿类似）。双腿跪姿为躯干挺直，双腿膝关节弯曲，跪立在地面上（图 6-5）。

（四）仰卧姿

身体仰卧平躺或背部紧贴瑞士球，双脚支撑地面，仰卧在瑞士球上呈仰卧姿势（图 6-6，图 6-7）。

图 6-6　瑞士球上仰卧姿

图 6-7　软垫上仰卧姿

（五）俯卧姿

平趴在练习凳上或俯卧在瑞士球上，双脚支撑地面，胸部紧贴瑞士球，腰背保持紧张，身体成一条直线（图6-8）。

图6-8 瑞士球上俯卧姿

二、上肢推动作模式

（一）杠铃练习

1. 杠铃平推

【目地与任务】主要发展胸部、肩部和手臂力量。

【场地与器材】杠铃、平整地面。

【动作与规格】身体保持基本站立姿势，双手正握杠铃杆，握距比肩稍宽，将杠铃提起，与肩平行。双手伸臂，胸前快速平推杠铃，完成后，双手臂缓慢将杠铃收回，依次循环练习图6-9，图6-10。可增加杠铃重量或脚部站在非稳定器械上练习以加大动作难度。

图6-9 杠铃平推准备姿势　　　　图6-10 杠铃水平前推

【动作要领】在水平推过程中保持基本站立姿势，不能塌腰，利用胸部、肩部及上肢的肌肉共同发力。

【练习负荷】每组8~12次，练习4~5组，组间间歇60秒。

【注意事项】控制好呼吸、保持杠铃稳定。

2. 杠铃斜前推

【目地与任务】主要发展胸部、肩部和手臂力量。

【场地与器材】杠铃、平整地面。

【动作与规格】身体保持基本站立姿势，双手正握杠铃杆，握距比肩稍宽，将杠铃提起，与肩平行。双手伸臂，快速向体前斜上方约45度角推杠铃，完成后双手臂缓慢将杠铃收回，依次循环练习（图6-11，图6-12）。可增加杠铃重量或脚部站在非稳定器械上练习以加大动作难度。

【动作要领】在杠铃斜前推过程中保持基本站立姿势，不能塌腰，利用胸部、肩部及上肢的肌肉共同发力。

【练习负荷】每组 8~12 次，练习 4~5 组，组间间歇 60 秒。

【注意事项】控制好呼吸、保持杠铃稳定。

图 6-11　杠铃斜前推准备姿势　　　　　图 6-12　杠铃斜前推

3. 杠铃颈前（颈后）垂直上推

【目地与任务】主要发展背阔肌、肩部和手臂力量。

【场地与器材】杠铃、平整地面。

【动作与规格】身体保持基本站立姿势，双手正握杠铃杆，握距比肩稍宽，将杠铃提起与肩平行。双手伸臂，快速将杠铃垂直推过头顶，完成后双手臂缓慢将杠铃收回，依次循环练习（图 6-13，图 6-14）；还可将杠铃置于颈部后侧，将杠铃缓慢地垂直向上推（图 6-15，图 6-16）。可增加杠铃重量或脚部站在非稳定器械上练习以加大动作难度。

【动作要领】在杠铃上推过程中保持基本站立姿势，不能塌腰，利用背阔肌、肩部及上肢的肌肉共同发力。

【练习负荷】每组 8~12 次，练习 4~5 组，组间间歇 60 秒。

【注意事项】控制好呼吸，保持杠铃稳定；在做颈后垂直上推动作时注意低头，以免杠铃碰伤头部。

图 6-13　杠铃颈前上推准备姿势　　　　图 6-14　杠铃颈前垂直上推

图 6-15　杠铃颈后上推准备姿势　　　　　图 6-16　杠铃颈后垂直上推

4. 半跪姿水平推杠铃

【目地与任务】主要发展胸部、肩部和手臂力量。

【场地与器材】杠铃、平整地面。

【动作与规格】身体保持半跪姿势，双手正握杠铃杆，握距比肩稍宽，将杠铃提起，与肩平行。双手伸臂，胸前快速平推杠铃，完成后双手臂缓慢将杠铃收回，依次循环练习（图 6-17，图 6-18）。可通过增加杠铃重量或脚部站在非稳定器械上练习以加大动作难度。

【动作要领】在平推过程中上身保持直立，不能塌腰，尽量避免身体晃动。

【练习负荷】每组 8~12 次，练习 4~5 组，组间间歇 60 秒。

【注意事项】控制好呼吸，保持杠铃稳定，腿部要稳定支撑。

图 6-17　半跪姿水平推杠铃准备姿势　　　　图 6-18　半跪姿水平推杠铃

5. 半跪姿斜前推杠铃

【目地与任务】主要发展胸部、肩部和手臂力量。

【场地与器材】杠铃、平整地面。

【动作与规格】身体保持半跪姿势，双手正握杠铃杆，握距比肩稍宽，将杠铃提起，与肩平行。双手伸臂，快速向体前斜上方约 45 度角推杠铃，完成后双手臂缓慢将杠铃收回，依次循环练习（图 6-19，图 6-20）。可通过增加杠铃重量或脚部站在非稳定器械上练习以加大动作难度。

【动作要领】在杠铃斜前推过程中保持半跪姿势，不能塌腰，利用胸部、肩部及上肢的肌肉共同发力。

【练习负荷】每组8~12次，练习4~5组，组间间歇60秒。

【注意事项】控制好呼吸，保持杠铃稳定，腿部要稳定支撑。

图6-19 半跪姿斜前推杠铃准备姿势　　　　　图6-20 半跪姿斜前推杠铃

6. 半跪姿垂直上推杠铃

【目地与任务】主要发展背阔肌、肩部和手臂力量。

【场地与器材】杠铃、平整地面。

【动作与规格】身体保持半跪姿势，双手正握杠铃杆，握距比肩稍宽，将杠铃提起，与肩平行。双手伸臂，快速将杠铃垂直推过头顶，完成后双手臂缓慢将杠铃收回，依次循环练习（图6-21，图6-22）；还可将杠铃置于颈部后侧，将杠铃缓慢地垂直向上推。可通过增加杠铃重量或脚部站在非稳定器械上练习以加大动作难度。

【动作要领】在杠铃垂直上推过程中保持半跪姿势，不能塌腰，利用背阔肌、肩部及上肢的肌肉共同发力。

【练习负荷】每组8~12次，练习4~5组，组间间歇60秒。

【注意事项】控制好呼吸，保持杠铃稳定。在做颈后垂直上推动作时注意低头，以免杠铃碰伤头部。

图6-21 半跪姿垂直上推杠铃准备姿势　　　　图6-22 半跪姿垂直上推杠铃

7. 跪姿推杠铃

【目地与任务】主要发展胸部、肩部和手臂力量。

【场地与器材】杠铃、平整地面。

【动作与规格】身体保持单膝或双膝跪立姿势，双手正握杠铃杆，握距比肩稍宽，将杠铃提起，与肩平行。双手伸臂，胸前快速平推杠铃，完成后双手臂缓慢将杠铃收回，依次循环练习（图6-23~图6-28）。可通过增加杠铃重量或脚部站在非稳定器械上练习以加大动作难度。

【动作要领】在平推过程中上身保持直立，不能塌腰，尽量避免身体晃动。

【练习负荷】每组8~12次，练习4~5组，组间间歇60秒。

【注意事项】控制好呼吸，保持杠铃稳定，腿部要稳定支撑。

图6-23　半跪姿推杠铃准备姿势

图6-24　半跪姿水平推杠铃

图6-25　半跪姿推杠铃准备姿势

图6-26　半跪姿垂直上推杠铃

图6-27　跪姿推杠铃准备姿势

图6-28　跪姿水平推杠铃

8. 跪姿斜前推杠铃

【目地与任务】主要发展胸部、肩部和手臂力量。

【场地与器材】杠铃、平整地面。

【动作与规格】身体保持单膝或双膝跪立姿势，双手正握杠铃杆，握距比肩稍宽，将杠铃提起，与肩平行。双手伸臂，快速向体前斜上方约45度角推杠铃，完成后双手臂缓慢将杠铃收回，依次循环练习（图6-29，图6-30）。可通过增加杠铃重量或脚部站在非稳定器械上练习以加大动作难度。

【动作要领】在平推过程中上身挺直，不能塌腰，尽量避免身体晃动。

【练习负荷】每组8~12次，练习4~5组，组间间歇60秒。

【注意事项】控制好呼吸，保持杠铃稳定，腿部要稳定支撑。

图6-29　半跪姿斜前推杠铃准备姿势　　　图6-30　半跪姿斜前推杠铃

9. 跪姿垂直上推杠铃

【目地与任务】主要发展背阔肌、肩部和手臂力量。

【场地与器材】杠铃、平整地面。

【动作与规格】身体保持单膝或双膝跪立姿势，双手正握杠铃杆，握距比肩稍宽，将杠铃提起，与肩平行。双手伸臂，快速将杠铃垂直推过头顶，完成后双手臂缓慢将杠铃收回，依次循环练习（图6-31，图6-32）；还可将杠铃置于颈部后侧，将杠铃缓慢地垂直向上推。可通过增加杠铃重量或脚部站在非稳定器械上练习以加大动作难度。

【动作要领】在杠铃垂直上推过程中保持单腿或双腿跪立姿势，不能塌腰。

【练习负荷】每组8~12次，练习4~5组，组间间歇60秒。

【注意事项】控制好呼吸，保持杠铃稳定，腿部要稳定支撑，在做颈后垂直上推动作时注意低头，以免杠铃碰伤头部。

图6-31　半跪姿垂直上推杠铃准备姿势　　　图6-32　半跪姿垂直上推杠铃

10. 坐姿水平推杠铃

【目地与任务】 主要发展胸部、肩部和手臂力量。

【场地与器材】 杠铃、练习凳。

【动作与规格】 上身挺直，坐在练习凳上，大小腿弯曲呈90度，俯身双手正握杠铃杆，握距比肩稍宽，将杠铃提起，与肩平行。双手伸臂，胸前快速平推杠铃，完成后双手臂缓慢将杠铃收回，依次循环练习（图6-33，图6-34）。可通过增加杠铃重量或脚部站在非稳定器械上练习以加大动作难度。

【动作要领】 在平推过程中上身保持挺直，不能塌腰，尽量避免身体晃动。

【练习负荷】 每组8~12次，练习4~5组，组间间歇60秒。

【注意事项】 控制好呼吸，保持杠铃稳定。

图6-33　坐姿水平推杠铃准备姿势　　　图6-34　坐姿水平推杠铃

11. 坐姿垂直上推杠铃

【目地与任务】 主要发展背阔肌、肩部和手臂力量。

【场地与器材】 杠铃、平整地面。

【动作与规格】 上身挺直，坐在练习凳上，大小腿弯曲呈90度，俯身双手正握杠铃杆，握距比肩稍宽，将杠铃提起，与肩平行。双手伸臂，快速将杠铃垂直推过头顶，完成后双手臂缓慢将杠铃收回，依次循环练习；还可将杠铃置于颈部后侧，将杠铃缓慢地垂直向上推（图6-35，图6-36）。可通过增加杠铃重量或脚部站在非稳定器械上练习以加大动作难度。

图6-35　坐姿垂直上推杠铃准备姿势　　　图6-36　坐姿垂直上推杠铃

【动作要领】在杠铃垂直上推过程中保持上身挺直，不能塌腰，尽量避免身体晃动。

【练习负荷】每组 8~12 次，练习 4~5 组，组间间歇 60 秒。

【注意事项】控制好呼吸，保持杠铃稳定，在做颈后垂直上推动作时注意低头，以免杠铃碰伤头部。

12. 卧推杠铃

【目地与任务】主要发展胸部、肩部和手臂力量。

【场地与器材】杠铃、卧推架。

【动作与规格】仰卧于练习凳上，双手正握杠铃杆，握距比肩稍宽，持握杠铃于胸部上方。双手臂同时伸展，将杠铃推至胸前，完成动作后再缓慢降低杠铃于胸部上方，依次循环练习（图 6-37，图 6-38）。

【动作要领】推举过程中保持双脚触地，躯干、臀部和肩部紧贴在练习凳上，推举杠铃要迅速。

【练习负荷】每组 8~12 次，练习 4~5 组，组间间歇 60 秒。

【注意事项】控制好呼吸，保持杠铃稳定。

 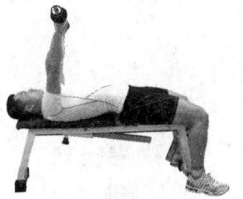

图 6-37　卧推杠铃准备姿势　　　　　　图 6-38　卧推杠铃

13. 进阶练习——BOSU 球上斜上方推杠铃

【目地与任务】主要发展背阔肌、胸肌、肩部和手臂力量。

【场地与器材】杠铃、平整地面、BOSU 球。

【动作与规格】身体保持单膝或双膝跪立姿势，支撑脚置于平衡盘上或双膝跪立于平衡盘或 BOSU 球上，双手正握杠铃杆，握距比肩稍宽，将杠铃提起，与肩平行。双手伸臂，胸前快速平推杠铃，斜前方推杠铃，以及颈部前、后垂直上推杠铃，完成动作后双手臂缓慢将杠铃收回，依次循环练习（图 6-39~图 6-44）。

【动作要领】在杠铃推举过程中保持单膝或双膝跪立姿势，不能塌腰，身体维持平衡和稳定。

【练习负荷】每组 8~12 次，练习 4~5 组，组间间歇 60 秒。

【注意事项】控制好呼吸，保持杠铃稳定。在做颈后垂直上推动作时注意低头，以免杠铃碰上头部。

图 6-39　跪姿 BOSU 球推杠铃准备姿势

图 6-40　跪姿 BOSU 球水平推杠铃

图 6-41　跪姿 BOSU 球推杠铃准备姿势

图 6-42　跪姿 BOSU 球斜上方推杠铃

图 6-43　跪姿 BOSU 球推杠铃准备姿势

图 6-44　跪姿 BOSU 球垂直上推杠铃

14. 进阶练习——瑞士球坐姿斜前推杠铃

【目地与任务】主要发展胸部、肩部和手臂力量。

【场地与器材】杠铃、瑞士球。

【动作与规格】上身挺直坐在瑞士球上，大腿与小腿弯曲呈 90 度，俯身双手正握杠铃杆，握距比肩稍宽，将杠铃提起，与肩平行。双手伸臂，快速向体前斜上方约 45 度角推杠铃，完成后双手臂缓慢将杠铃收回，依次循环练习（图 6-45～图 6-48）。

【动作要领】在斜前推举过程中上身挺直，不能塌腰，尽量避免身体晃动。

【练习负荷】每组 8~12 次，练习 4~5 组，组间间歇 60 秒。

【注意事项】 控制好呼吸，保持杠铃稳定。

图 6-45　瑞士球坐姿推杠铃准备姿势

图 6-46　瑞士球坐姿水平推杠铃

图 6-47　瑞士球坐姿推杠铃准备姿势

图 6-48　瑞士球坐姿斜上方推杠铃

15. 进阶练习——瑞士球坐姿上推杠铃

【目地与任务】 主要发展背阔肌、胸肌、肩部和手臂力量。

【场地与器材】 杠铃、瑞士球。

【动作与规格】 上身挺直坐在瑞士球上，双手正握杠铃杆，握距比肩稍宽，将杠铃提起，与肩平行。双手伸臂，胸前快速平推杠铃、斜前方推杠铃，以及颈部前后垂直上推杠铃，完成动作后双手臂缓慢将杠铃收回，依次循环练习（图 6-49，图 6-50）。

图 6-49　瑞士球坐姿推杠铃准备姿势

图 6-50　瑞士球坐姿垂直上推杠铃

【动作要领】 保持上身挺直，不能塌腰，尽量避免身体晃动。身体维持平衡和稳定。

【练习负荷】 每组 8~12 次，练习 4~5 组，组间间歇 60 秒。

【注意事项】 控制好呼吸，保持杠铃稳定；在做颈后垂直上推动作时注意低头，以免杠铃碰伤头部。

16. 进阶练习——瑞士球上卧推杠铃

【目地与任务】主要发展胸部、肩部和手臂力量。

【场地与器材】杠铃、卧推架。

【动作与规格】仰卧于瑞士球上，双脚触地，双手正握杠铃杆，握距比肩稍宽，持握杠铃于胸部上方。双手臂同时伸展，将杠铃推至胸前，完成动作后再缓慢降低杠铃于胸部上方，依次循环练习（图 6-51，图 6-52）。

【动作要领】推举过程中保持双脚触地，躯干、肩部紧贴在瑞士球上。推举杠铃要迅速，核心肌群发力，控制身体平衡和稳定。

【练习负荷】每组 8~12 次，练习 4~5 组，组间间歇 60 秒。

【注意事项】控制好呼吸，保持杠铃稳定，身体在瑞士球上要保持稳定。

图 6-51　瑞士球仰卧推杠铃准备姿势　　　　图 6-52　瑞士球仰卧上推杠铃

（二）壶铃练习

1. 双手持单壶铃体前平推

【目的与任务】发展胸肌、三角肌和手臂力量。

【场地与器材】壶铃、平整地面。

【动作规格】身体保持基本准备姿势，双手握持壶铃，置于胸前，双臂同时向前伸展，平推壶铃，与肩关节保持在同一水平面上。静止 1~2 秒，完成动作后，缓慢将壶铃还原至肩前侧，依次循环练习（图 6-53，图 6-54）。

图 6-53　双手持单壶铃准备姿势　　　　图 6-54　双手持单壶铃体前平推

【动作要领】动作缓慢流畅，腰背挺直。

【练习负荷】每组 8~12 次，练习 3~5 组，组间间歇 60 秒。

【注意事项】匀速呼吸，速度适中，身体保持稳定。

2. 双手持单壶铃斜前上方推

【目的与任务】发展胸肌、三角肌和手臂力量。

【场地与器材】壶铃、平整地面。

【动作规格】身体保持基本准备姿势，双手握持壶铃，置于胸前，双臂同时用力向斜前上方45度角伸展，上推壶铃。静止1~2秒，完成动作后，缓慢将壶铃还原至两肩前侧，依次循环练习（图6-55，图6-56）。

【动作要领】动作稳定，腰背立直。

【练习负荷】每组8~12次，练习4~5组，组间间歇60秒。

【注意事项】匀速呼吸，速度适中，身体保持稳定。

图6-55 双手持单壶铃准备姿势　　图6-56 双手持单壶铃斜前上方推

3. 双手持单壶铃转体水平侧推

【目的与任务】发展胸肌、三角肌、斜方肌和手臂力量。

【场地与器材】壶铃、平整地面。

【动作规格】身体保持基本准备姿势，双手握持壶铃置于胸前。双臂同时用力，并转体向外侧水平横推壶铃，手臂伸直，静止1~2秒完成动作后，缓慢将壶铃还原至胸前，依次循环练习（图6-57，图6-58）。

图6-57 双手持单壶铃准备姿势　　图6-58 双手持单壶铃转体水平侧推

【动作要领】动作保持稳定，不能塌腰。

【练习负荷】每组8~12次，练习4~5组，组间间歇60秒。

【注意事项】匀速呼吸、速度适中，身体保持稳定。

4. 双手持双壶铃两侧斜上推

【目的与任务】发展胸肌、三角肌和手臂力量。

【场地与器材】壶铃、平整地面。

【动作规格】身体保持基本准备姿势，双手握持壶铃置于双肩两侧。双臂同时或交替伸展，向身体两侧斜上方45度角推壶铃，手臂伸直，静止1~2秒完成动作后，缓慢将壶铃还原至双肩外侧，依次循环练习（图5-59，图5-60）。

【动作要领】动作保持稳定，不能塌腰。

【练习负荷】每组8~12次，练习4~5组，组间间歇60秒。

【注意事项】匀速呼吸、速度适中，身体保持稳定，动作缓慢。

图6-59　双手持双壶铃准备姿势　　　　图6-60　双手持双壶铃两侧斜上推

5. 双手持双壶铃垂直上推

【目的与任务】发展胸肌、三角肌、背阔肌和手臂力量。

【场地与器材】壶铃、平整地面。

【动作规格】身体保持基本准备姿势，双手持壶铃置于双肩前侧，双臂同时伸展，垂直向上推壶铃。手臂伸直，静止1~2秒完成动作后，缓慢将壶铃还原至两肩前侧，依次循环练习（图6-61，图6-62）。

图6-61　双手持双壶铃准备姿势　　　　图6-62　双手持双壶铃垂直上推

【动作要领】动作稳定，不能塌腰。

【练习负荷】每组 8~12 次，练习 4~5 组，组间间歇 60 秒。

【注意事项】匀速呼吸、速度适中，身体保持稳定。

6. 壶铃练习进阶动作

可通过增加壶铃重量或双脚站在非稳定器械上练习，以加大动作难度。如站在平衡盘、BOSU 球等器械上，也可在半跪姿、单/双腿跪姿和坐姿几种姿势下完成双手持壶铃体前平推动作（图 6-63~图 6-74）。

图 6-63　跪姿双手持单壶铃准备姿势

图 6-64　跪姿双手持单壶铃水平推

图 6-65　跪姿双手持单壶铃准备姿势

图 6-66　跪姿双手持单壶铃斜上推

图 6-67　跪姿双手持单壶铃准备姿势

图 6-68　跪姿双手持单壶水平推

图 6-69　半跪姿双手持单壶铃准备姿势

图 6-70　半跪姿双手持单壶水平推

图 6-71　半跪姿双手持单壶铃准备姿势

图 6-72　半跪姿双手持单壶铃斜上推

图 6-73　半跪姿双手持单壶铃准备姿势

图 6-74　半跪姿双手持单壶水平推

（三）哑铃练习

1. 双手持哑铃体前平推

【目的与任务】发展胸肌、三角肌前束和手臂力量。

【场地与器材】哑铃、平整地面。

【动作规格】身体保持基本准备姿势，双手持哑铃置于双肩前侧，掌心向外。双臂同时或交替向前伸展，平推哑铃，与肩关节保持在同一水平面上。静止 1~2 秒完成动作后，缓慢将哑铃还原至肩前侧，依次循环练习（图 6-75，图 6-76）。可通过增加哑铃重量或双脚站在非稳定器械上练习以加大动作难度。如站在平衡盘、BOSU 球等器械上，也可在半跪姿、单/双腿跪姿和坐姿几种姿势下完成双手持哑铃体前平推动作。

【动作要领】动作缓慢流畅，不宜过快。

【练习负荷】每组 8~12 次，练习 4~5 组，组间间歇 60 秒。

【注意事项】匀速呼吸、速度适中，身体保持稳定。

图 6-75　双手持双哑铃站姿　　　　图 6-76　双手持双哑铃水平前推

2. 双手持哑铃斜前上方推

【目的与任务】发展胸肌、三角肌前束和手臂力量。

【场地与器材】哑铃、平整地面。

【动作规格】身体保持基本准备姿势，双手持哑铃置于双肩前侧，掌心向外。双臂同时或交替向体前斜上方约 45 度角推哑铃，静止 1~2 秒完成动作后，缓慢将哑铃还原至肩前侧，依次循环练习（图 6-77，图 6-78）。可通过增加哑铃重量或双脚站在非稳定器械上练习以加大动作难度。如站在平衡盘、BOSU 球等器械上，也可在半跪姿、单/双腿跪姿和坐姿几种姿势下完成双手持哑铃斜前上方推动作。

【动作要领】动作缓慢流畅，不宜过快。

【练习负荷】每组 8~12 次，练习 4~5 组，组间间歇 60 秒。

【注意事项】匀速呼吸、速度适中，身体保持稳定。

图 6-77　双手持双哑铃右手斜前上方推　　　图 6-78　双手持双哑铃左手斜前上方推

3. 双手持哑铃垂直上推

【目的与任务】发展胸肌、三角肌和手臂力量

【场地与器材】哑铃、平整地面。

【动作规格】身体保持基本准备姿势，双手持哑铃置于双肩前侧，掌心向外。双臂伸展，同时或交替垂直向上推哑铃，静止 1~2 秒完成动作后，缓慢将哑铃还原至肩前侧，依次循环练习（图 6-79，图 6-80）。可通过增加哑铃重量或双脚站在非稳定器械上练习以加大动作难度。如站在平衡盘、BOSU 球等器械上，也可在半跪姿、单/双腿跪姿和坐姿几种姿势下完成双手持哑铃垂直上推动作。

【动作要领】动作缓慢流畅，不宜过快，手臂上伸时肘关节不能弯曲，腰背立直。

【练习负荷】每组 8~12 次，练习 4~5 组，组间间歇 60 秒。

【注意事项】匀速呼吸、速度适中，身体保持稳定。

图 6-79　双手持哑铃站姿　　　　图 6-80　双手持哑铃垂直上推

4. 双手持哑铃交叉斜上推

【目的与任务】发展胸肌、三角肌和手臂力量。

【场地与器材】哑铃、平整地面。

【动作规格】身体保持基本准备姿势，双手持哑铃置于双肩前侧，掌心向外。右手持哑铃向左斜上方伸展，左手持哑铃向右斜上方伸展，双臂交替完成交叉哑铃推举。静止 1~2 秒完成动作后，缓慢将哑铃还原至肩前侧，依次循环练习（图 6-81~图 6-83）。可通过增加哑铃重量或双脚站在非稳定器械上练习以加大动作难度，如脚部增加平衡盘、BOSU 球等。

图 6-81　双手持哑铃站姿

图 6-82　双手持哑铃左侧交叉斜上推　　　图 6-83　双手持哑铃右侧交叉斜上推

【动作要领】动作缓慢流畅，不宜过快，腰背立直。

【练习负荷】每组 8~12 次，练习 4~5 组，组间间歇 60 秒。

【注意事项】匀速呼吸、速度适中，身体保持稳定。

5. 进阶练习——平衡盘上双手持哑铃两侧水平推

【目的与任务】发展胸肌、三角肌和手臂力量。

【场地与器材】哑铃、平衡盘。

【动作规格】双脚站在平衡盘上，身体保持基本准备姿势，双手持哑铃置于双肩前侧，掌心向外。双臂伸展同时或交替向身体两侧水平方向平推哑铃，静止 1~2 秒完成动作后，缓慢将哑铃还原至肩前侧，依次循环练习（图 6-84，图 6-85）。

【动作要领】动作缓慢流畅、不宜过快，腰背立直。

【练习负荷】每组 8~12 次，练习 4~5 组，组间间歇 60 秒。

【注意事项】匀速呼吸、速度适中，身体保持稳定。

图 6-84　双手持哑铃站姿　　　　　图 6-85　双手持哑铃两侧水平推

6. 进阶练习——平衡盘上双手持哑铃两侧斜上推

【目的与任务】发展胸肌、三角肌和手臂力量。

【场地与器材】哑铃、平衡盘。

【动作规格】双脚站在平衡盘上，身体保持基本准备姿势，双手持哑铃置于双肩前侧，掌心向外。双臂伸展，同时或交替向身体左右两侧斜上方约 45

度角推举哑铃，静止 1~2 秒完成动作后，缓慢将哑铃还原至肩前侧，依次循环练习（图 6-86，图 6-87）。可通过增加哑铃重量或双脚站在非稳定器械上练习以加大动作难度，也可在半跪姿、单/双腿跪姿和坐姿几种姿势下完成双手持哑铃两侧斜上推动作。

【动作要领】动作缓慢流畅，不宜过快，腰背立直。

【练习负荷】每组 8~12 次，练习 4~5 组，组间间歇 60 秒。

【注意事项】匀速呼吸、速度适中，身体保持稳定。

图 6-86 双手持哑铃站姿   图 6-87 双手持哑铃两侧斜上推

7. 进阶练习——双手持哑铃垂直上推

【目地与任务】主要发展胸部、肩部和手臂力量。

【场地与器材】哑铃、卧推架、瑞士球。

【动作与规格】仰卧于瑞士球上，双手正握哑铃置于双肩前侧，双手臂同时或交替伸展，将哑铃垂直上推，完成动作后再缓慢降低哑铃于胸部上方，依次循环练习（图 6-88，图 6-89）。

【动作要领】推举过程中保持双脚触地，躯干、臀部和肩部紧贴在瑞士球上。

【练习负荷】每组 8~12 次，练习 4~5 组，组间间歇 60 秒。

【注意事项】控制好呼吸。

图 6-88 瑞士球上双手持哑铃仰卧   图 6-89 瑞士球上双手持哑铃仰卧垂直上推

8. 进阶练习——俯卧侧平推哑铃

【目地与任务】发展三角肌、斜方肌和胸大肌力量。

【场地与器材】瑞士球、哑铃。

【动作与规格】俯卧于瑞士球上，胸部贴球，两腿自然分开，脚尖撑地，双手臂同时或交替向身体两侧伸展。两臂缓缓向外张开，完成动作后缓慢回收哑铃至双肩前侧，依次循环练习（图 6-90，图 6-91）。

【动作要领】背部肌肉紧张，身体重心稳定。

【练习负荷】每组 8~12 次，练习 4~5 组，组间间歇 60 秒。

【注意事项】控制呼吸，背部立直，身体控制好平衡和稳定。

图 6-90　瑞士球上双手持哑铃俯卧姿　　　图 6-91　瑞士球上俯卧姿两侧水平推

9. 进阶练习——俯卧前推哑铃

【目地与任务】发展胸肌、三角肌、冈上肌和斜方肌力量。

【场地与器材】瑞士球、哑铃。

【动作与规格】俯卧于瑞士球上，胸部贴球，两腿自然分开，脚尖撑地，双手持哑铃于肩部前侧，双臂同时或交替伸过头顶，前推哑铃。完成动作后缓慢回收哑铃至双肩前侧，依次循环练习（图 6-92，图 6-93）。

【动作要领】背部肌肉紧张，身体重心稳定。

【练习负荷】每组 8~12 次，练习 4~5 组，组间间歇 60 秒。

【注意事项】匀速呼吸、速度适中，身体保持稳定。

图 6-92　瑞士球上双手持哑铃俯卧姿　　　图 6-93　瑞士球上双手持哑铃俯卧前推

10. 进阶练习——斜靠前推哑铃

【目地与任务】发展胸肌、腹直肌和背阔肌力量。

【场地与器材】瑞士球、哑铃、练习垫。

【动作与规格】坐在练习垫上，背靠瑞士球，双手持哑铃于胸前，臀部抬起，身体核心肌群发力控制身体稳定。双臂前伸，同时或交替在胸前平推哑铃，完成动作后缓慢回收哑铃至胸前，依次循环练习（图 6-94，图 6-95）。

【动作要领】防止球向后滑动，保持臀部悬空，腰部挺直。

【练习负荷】每组 8~12 次，练习 4~5 组，组间间歇 60 秒。

【注意事项】匀速呼吸、前推速度适中，控制好身体稳定和平衡。

图 6-94　瑞士球双手持哑铃斜靠姿　　　　图 6-95　瑞士球双手持哑铃斜靠斜前推

（四）弹力带练习

1. 直臂上提弹力带

【目的与任务】发展三角肌、背阔肌和手臂力量。

【场地与器材】弹力带、平衡盘。

【动作规格】两脚左右开立与肩同宽，保持基本准备姿势，双脚站在平衡盘上，踩在弹力带中间位置。双手自然下垂，握住弹力带，手柄置于身体两侧，双手臂同时或交替伸直，上提弹力带至体前与肩平行的位置。静止 1~2 秒后，双手臂缓慢还原至身体两侧，依次循环练习（图 6-96，图 6-97）。还可在半跪姿和坐姿下完成该动作。

【动作要领】手臂完全伸展，保持身体稳定。

【练习负荷】练习 4~6 组，每组 15~20 次，组间间歇 1 分钟。

【注意事项】控制呼吸、动作伸展、腰背立直。

图 6-96　平衡盘上直臂上提弹力带准备姿势　　　图 6-97　平衡盘上直臂上提弹力带

2. 垂直上推弹力带

【目的与任务】发展三角肌、背阔肌和手臂力量。

【场地与器材】弹力带、平衡盘。

【动作规格】两脚左右开立与肩同宽，保持基本准备姿势，双脚站在平衡盘上，踩在弹力带中间位置。双手自然下垂，握住弹力带手柄，置于身体两侧，双手臂同时或交替垂直上推弹力带至手臂完全伸直。静止 1~2 秒后，双手臂缓慢还原至身体两侧，依次循环练习（图 6-98，图 6-99）。还可在半跪姿和坐姿下完成该动作。

【动作要领】手臂完全伸展，保持身体稳定。

【练习负荷】练习 4~6 组，每组 15~20 次，组间间歇 1 分钟。

【注意事项】控制呼吸、动作伸展、腰背立直。

图 6-98　平衡盘上垂直上推弹力带准备姿势　　　图 6-99　平衡盘上垂直上推弹力带

（五）瑞士球练习

1. 跪地俯卧撑

【目地与任务】发展胸肌、肱二头肌、肱三头肌和三角肌力量。

【场地与器材】瑞士球、练习垫。

【动作与规格】双膝跪于垫上，上体保持正直，手臂弯曲俯撑于瑞士球上，然后将身体推起，完成俯卧撑动作（图 6-100，图 6-101）。

【动作要领】上体保持直立，核心肌群发力，保持球的稳定。

【练习负荷】每组 10~15 个，练习 3~4 组，组间间歇 1 分钟。

【注意事项】控制好呼吸，保持身体平衡和稳定。

图 6-100　手扶瑞士球跪地俯卧撑准备姿势　　　图 6-101　手扶瑞士球跪地俯卧撑

2. 单臂球上斜卧撑

【目地与任务】发展腹直肌、腹横肌、胸肌和手臂力量。

【场地与器材】瑞士球。

【动作与规格】两人配合，练习者单手撑于瑞士球上，另一手放在体后，身体呈俯卧姿势，单臂做俯卧撑练习。保护者双手扶球，保持瑞士球的稳定（图6-102，图6-103）。

【动作要领】保持身体稳定和平衡，俯撑时，头、肩、髋在同一直线上。

【练习负荷】每组10~15个，练习3~4组，组间间歇1分钟。

【注意事项】控制呼吸，腰背挺直，防止瑞士球滑动。

图6-102 单臂球上斜卧撑准备姿势图　　　　图6-103 单臂球上斜卧撑

（六）实心球练习

1. 下肢球上支撑俯卧撑

【目地与任务】发展手臂、肩部、胸部和背部的力量。

【场地与器材】实心球。

【动作与规格】双脚或单脚的脚尖支撑在实心球上，上肢支撑于地面上，上肢屈臂，完成俯卧撑动作，保持身体成一条直线，腹部紧张，控制好身体平衡，动作应慢下快起（图6-104）。

图6-104 下肢球上支撑俯卧撑

【动作要领】全身发力，控制好身体平衡，避免身体晃动。

【练习负荷】练习3~4组，每组10~15次，组间间歇1分钟。

【注意事项】注意动作姿态，保持身体稳定，成一条直线。

2. 双侧非稳定俯卧撑

【目地与任务】发展手臂、肩部、胸部和背部的力量。

【场地与器材】实心球、BOSU球。

【动作与规格】双手支撑在实心球上，双脚支撑在BOSU球上，身体成俯撑姿势。上肢屈臂，完成俯卧撑动作，保持身体稳定成一条直线，腹部紧张，控制好身体平衡，动作节奏应慢下快起（图6-105，图6-106）。

【动作要领】全身发力，控制好身体平衡，避免身体晃动。

【练习负荷】练习 3~4 组，每组 10~15 次，组间间歇 1 分钟。

【注意事项】注意动作姿态，保持身体稳定，成一条直线。

图 6-105 双侧非稳定俯卧撑准备姿势　　图 6-106 双侧非稳定俯卧撑

（七）悬吊带练习

1. 悬吊带上俯卧撑

【目地与任务】发展手臂、肩部、腰腹肌、胸部和背部的力量。

【场地与器材】悬吊带。

【动作与规格】双手撑在地面上呈俯撑姿势，双脚脚背分别支撑在悬吊带手柄上。全身用力控制悬吊带，保持身体平衡和稳定，屈臂降低身体重心后再将身体快速推起，完成双脚悬吊带上俯卧撑练习。也可将双脚支撑变为单脚支撑，一只脚支撑在悬吊带手柄上，另一只脚向上抬起，增加动作难度（图 6-107，图 6-108）。

【动作要领】全身肌肉保持紧张，控制身体稳定，俯撑时头、肩、髋在同一直线上。

【练习负荷】练习 3~4 组，每组 8~10 个，组间间歇 2 分钟。

【注意事项】保持躯干稳定，控制好呼吸。

图 6-107 双手支撑悬吊带俯卧撑准备姿势　　图 6-108 双手支撑悬吊带俯卧撑

2. 进阶练习——两侧非稳定俯卧撑

【目地与任务】发展手臂、肩部、腰腹肌、胸部和背部的力量。

【场地与器材】悬吊带、实心球。

【动作与规格】双手支撑在实心球上呈俯撑姿势，双脚脚背分别支撑在悬吊带手柄上。全身用力，控制身体平衡，屈臂降低身体重心，完成俯卧撑练习。也可将手支撑变为单手支撑，一只手支撑在实心球上，另一只手放在身后，增加动作难度（图6-109，图6-110）。

【动作要领】全身肌肉保持紧张，保持身体稳定，俯撑时头、肩、髋在同一直线上。

【练习负荷】练习3~4组，每组8~10次，组间间歇2分钟。

【注意事项】保持躯干稳定支撑，控制好呼吸。

图6-109 双侧非稳定俯卧撑准备姿势　　图6-110 双侧非稳定俯卧撑

三、上肢拉动作模式

（一）杠铃练习

单腿站立俯身上拉

【目地与任务】发展背阔肌、斜方肌和斜三角肌等力量。

【场地与器材】杠铃。

【动作与规格】身体呈基本准备姿势，上体稍向前倾，收紧腰腹部，双手正握杠铃，自然下垂置于体前。将杠铃垂直上拉至腰腹位置，完成动作，静止1~2秒后慢慢还原到开始姿势，依次循环练习（图6-111，图6-112）。在提铃过程中，身体保持稳定，避免身体后仰。可通过增加杠铃重量或非平衡器械提高动作难度，如脚部加平衡盘等。

【动作要领】动作缓慢且连贯，躯干保持紧张。

【练习负荷】每组8~10次，练习4~6组，组间间歇90秒。

【注意事项】调整呼吸，控制好杠铃平衡。

图6-111 双腿站立握杠铃准备姿势　　图6-112 双腿站立握杠铃俯身上拉

（二）哑铃练习

1. 屈臂内收哑铃

【目地与任务】发展肱二头肌力量。

【场地与器材】哑铃。

【动作与规格】双脚前后开立成弓步，双手自然下垂，反握哑铃，掌心向上。双臂同时或交替屈臂，将哑铃拉至胸前，停顿 1~2 秒后，再缓慢地将手臂还原至开始姿势，依次循环练习（图 6-113~图 6-115）。可通过增加杠铃重量或非平衡器械提高动作难度，如脚部加平衡盘，还可在半跪姿、跪姿和坐姿下完成该动作。

【动作要领】始终保持肘关节在体侧夹紧，收腹并保持腹肌适度紧张。

【练习负荷】每组 10~15 次，练习 4~6 组，组间间歇 60 秒。

【注意事项】调整呼吸，尽量避免出现躯干前后晃动。

图 6-113　平衡垫上半跪姿双手持哑铃

图 6-114　左臂屈臂内收哑铃

图 6-115　右臂屈臂内收哑铃

2. 侧平举屈臂内收哑铃

【目地与任务】发展肱二头肌力量。

【场地与器材】哑铃。

【动作与规格】双脚开立与肩同宽，双手反握哑铃，掌心向上，两臂侧平举，与肩平行。双臂以肘关节为轴同时或交替屈臂，将哑铃收至两侧肩上，停顿 1~2 秒后，再缓慢地将手臂还原至开始姿势，依次循环练习（图 6-116，图 6-117）。可通过增加杠铃重量或非平衡器械提高动作难度，如脚部加平衡盘等。

【动作要领】动作舒展，腰背立直，身体保持紧张。

【练习负荷】每组 10~15 次，练习 4~6 组，组间间歇 60 秒。

【注意事项】调整呼吸，尽量避免出现躯干前后晃动。

图 6-116　双手持哑铃准备姿势　　　　图 6-117　侧平举屈臂内收哑铃

3. 背桥哑铃飞鸟

【目地与任务】发展胸肌、三角肌、腹直肌、背阔肌和臀大肌力量。

【场地与器材】瑞士球、哑铃。

【动作与规格】双腿弯曲，支撑在地面上，肩背部紧贴瑞士球成背桥姿势，双手持握哑铃，掌心向上。双臂伸展成侧平举，同时或依次将手臂由体侧拉至体前上方，做仰卧飞鸟动作，依次循环练习（图 6-118）。

图 6-118　背桥哑铃飞鸟

【动作要领】腹部收紧，髋关节向上顶起，使头、肩、腰保持在同一直线上。

【练习负荷】每组 10~15 次，练习 4~6 组，组间间歇 60 秒。

【注意事项】调节呼吸，保持身体稳定和平衡。

（三）弹力带练习

1. 屈臂内收

【目的与任务】发展肱肌、肱桡肌、肱二头肌力量。

【场地与器材】弹力带、BOSU 球、练习架。

【动作规格】将弹力带固定在练习架上，两脚开立与肩同宽，站在 BOSU 球上，两臂体前平伸，掌心向上，两手握手柄。面对弹力带固定端，两手分别抓握弹力带手柄，将弹力带自然拉直。上臂或肩部保持稳定，双臂同时或交替将手柄拉至胸前。两手贴近胸部时稍静止 1~2 秒，随后缓慢地还原到开始姿势，还可在半跪姿、跪姿或坐姿下完成该动作（图 6-119，图 6-120）。

【动作要领】控制好身体平衡，避免身体晃动。

【练习负荷】每组 10~15 次，练习 3~4 组，组间间歇 1 分钟。

【注意事项】腰背立直。

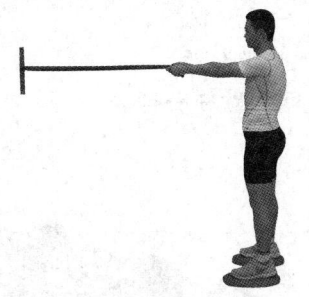

图 6-119　平衡垫上站立姿势　　　　　　　图 6-120　屈臂内拉弹力带

2. 单臂水平内收牵拉

【目的与任务】发展三角肌前部力量。

【场地与器材】弹力带、练习架。

【动作规格】将弹力带固定在练习架上，双脚开立与肩同宽，右手握住弹力带并保持直臂水平外展姿势，将弹力带自然拉直。右臂经体前缓慢地将弹力带拉至身体左侧，肘关节不能弯曲，身体始终保持正直。完成动作后缓慢将弹力带还原成开始姿势，依次重复练习（图 6-121，图 6-122）。还可在半跪姿、跪姿和坐姿下完成该动作。

【动作要领】躯干保持固定，动作保持在水平方向上牵拉。

【练习负荷】每组 10~15 次，练习 3~4 组，组间间歇 1 分钟。

【注意事项】速度适中、动作连贯。

图 6-121　平衡垫上单臂拉弹力带　　　　　图 6-122　单臂水平内收牵拉

（四）瑞士球练习

跪姿俯撑拉瑞士球

【目地与任务】发展上肢、腰腹和下肢力量。

【场地与器材】瑞士球、练习垫。

【动作与规格】双膝跪于练习垫上，身体俯身完全伸展，双手臂伸直，支撑在瑞士球上，掌心相对。支撑手臂缓慢将瑞士球向身体一侧拉动，上体缓慢抬起，依次重复练习（图6-123~图6-125）。

【动作要领】动作缓慢，身体完全伸展，腰腹部收紧。

【练习负荷】练习3~4组，每组10个，组间间歇3分钟。

【注意事项】控制身体稳定，避免身体晃动。

图6-123　跪姿俯撑拉瑞士球准备姿势　　　　图6-124　跪姿俯撑拉瑞士球

图6-125　跪姿俯撑拉瑞士球还原姿势

（五）悬吊带练习

1. 悬吊带卧拉

【目的与任务】发展上背部、肩部和身体躯干力量。

【场地与器材】悬吊带、练习架。

【动作规格】双手分别握住悬吊带的两个手环，脚尖勾起、脚跟着地，身体悬空并保持仰卧姿势；保持腰腹紧张，依靠背阔肌发力将身体快速拉起，屈拉时保持身体稳定，停顿2~3秒后，再缓慢地将身体还原到开始姿势（图6-126~图128）。

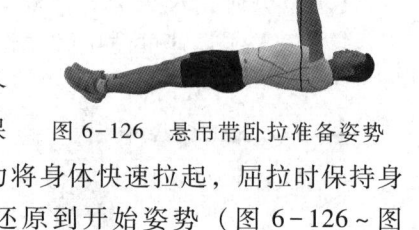

图6-126　悬吊带卧拉准备姿势

图6-127　悬吊带卧拉　　　　图6-128　悬吊带卧拉还原姿势

【动作要领】练习时头、躯干、臀、下肢保持在一条直线上，臀大肌和腹部收紧，保持躯干稳定，手臂伸直。

【练习负荷】每组 8~10 个，练习 3~4 组，组间间歇 1 分钟。

【注意事项】调整呼吸，保持身体平衡。

2. 单腿支撑卧拉悬吊带

【目地与任务】发展斜方肌、腹直肌和肱二头肌力量。

【场地与器材】悬吊带、练习架。

【动作与规格】将悬吊带固定在练习架上，双手在胸前直臂反握悬吊带，一只脚支撑，另侧腿向上抬起，身体向后倾斜与悬吊带形成一定夹角。通过肱二头肌的收缩将自己的身体拉起，屈肘角度要超过 90 度，然后再缓慢恢复到准备姿势，依次重复练习（图 6-129 ~ 图 6-131）。

【动作要领】练习时头、躯干、臀、下肢保持在一条直线上，臀大肌和腹部收紧，保持躯干稳定，手臂伸直。

【练习负荷】每组 8~10 个，练习 3~4 组，组间间歇 1 分钟。

【注意事项】调整呼吸，保持身体平衡。

图 6-129　单腿支撑卧拉悬吊带准备姿势　　　　图 6-130　单腿支撑卧拉悬吊带

图 6-131　单腿支撑卧拉悬吊带还原姿势

 复习思考题

1. 上肢力量动作模式的锻炼价值有哪些？

2. 上肢力量动作模式的原理是什么？

3. 选择一个项目，设计与之相符的练习计划。

 推荐阅读文献

1. 张英波. 现代田径训练方法 ［M］. 北京：北京体育大学出版社，2005.

2. 孙文新. 现代体能训练弹力带训练方法 ［M］. 北京：北京体育大学出版社，2010.

3. 黄志基. 体能训练弹力带全方位力量训练方法 ［M］. 北京：北京体育大学出版社，2010.

4. 张英波，梁林，赵洪波. 动作-功能动作训练体系 ［M］. 北京：北京体育大学出版社，2010.

（陈亚中　首都体育学院）

（梁纯子　阜阳师范学院）

第七章
下肢力量动作模式

▲ 本章导语

  下肢是人体重要的构成部分，下肢力量动作模式是人体下肢运动、上肢运动和全身运动的重要支撑，对下肢力量动作模式进行训练既能提高下肢运动能力，又能为上肢和全身运动能力的提高奠定良好的基础。本章重点介绍下肢推、拉动作模式训练方法（图7-1），通过对本章的学习，能够客观地认识下肢力量动作模式训练和掌握下肢力量动作模式训练的方法，对训练实践中教练员应用和创新下肢力量动作模式训练具有指导意义。

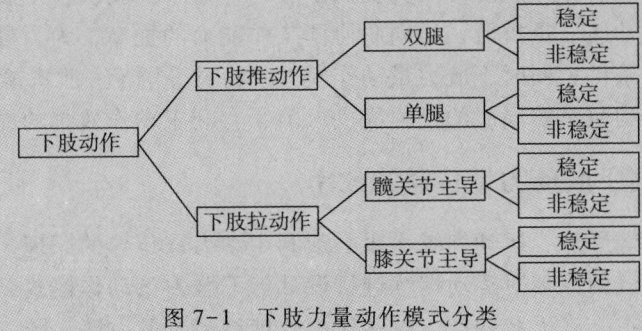

图7-1　下肢力量动作模式分类

第一节　下肢力量动作模式的锻炼价值

　　下肢力量动作模式在运动训练、大众健身和体育教育等领域之所以得到广泛的重视和普遍的应用，与下肢力量动作模式的锻炼价值密切相关，其中降低下肢运动损伤、提高下肢动作效率、提高下肢动力链传递效率是下肢力量动作模式主要价值的体现。

一、降低下肢运动的损伤

　　降低运动损伤是下肢力量动作模式训练价值的重要体现，经过系统、科学的下肢力量动作模式训练，能够有效地降低运动员下肢软组织、骨骼和关节的损伤率和损伤程度，也有降低身体其他部位损伤风险的作用。首先，下肢力量动作模式作为力量训练的重要方法，是提高力量的重要途径，而力量的提高能够有效地预防损伤。其次，下肢力量动作模式的训练是建立在功能解剖学上的科学化训练，强调动作的质量，注重动作的规格，对关节的运动范围、各关节的相对位置具有严格的要求，高质量的动作为软组织、关节和骨骼提供了坚实的保障。第三，下肢力量动作模式训练采用偏载负重、单点支撑和支撑面不稳定等多种非稳定性训练，能够准确地筛查弱链和不平衡点并进行解决，减少由于弱链和不平衡引起的动作代偿，大大降低了机体的损伤几率。

二、提高下肢动作的效率

　　下肢作为人体的重要组成部位，具有支撑人体、产生力量、传递力量的重要作用，是完成技术动作的必备条件，因此下肢动作效率对力量的产生和传递、动作的执行和控制都具有重要的意义。首先，下肢力量动作模式训练强调动作质量的实现，能够有效防止能量泄漏，保证实现力量最大值、延长力的作用时间、提高力的作用速度，大大提高下肢动作效率。其次，下肢力量动作模式训练注重主动肌、拮抗肌、协同肌协同工作能力的提高，为力量的产生、传递提供了基本条件，同时下肢力量动作模式训练注重神经-肌肉系统和稳定肌的训练，为主动肌、协同肌的发力提供保障，有利于动作效率的提高。

三、提高下肢动力链传递的效率

　　根据动力链原理，运动训练手段必须利用动力链传导的原理，即充分利用肌肉链、关节链的原理对运动训练进行设计。下肢力量动作模式以多关节、多平面的动作为主，在下肢的推、拉动作模式训练中，髋、膝、踝三关节均有不同程度的参与，并且下肢力量动作模式对动作质量有严格的要求，从而确保每个关节的位置符合解剖学、运动学原理，保证了髋、膝、踝三关节的协调运动，充分发挥了关节链的传递效能，因此下肢力量动作模式训练更加符合动力链原理，有利于提高下肢动力链传递的效率。

第二节　下肢力量动作模式的原理

下肢力量动作模式作为下肢力量训练的重要手段，动作模式的设计和训练均要遵循科学原理，才能够最大限度地发挥下肢力量动作模式训练的价值，其中下肢运动学原理和下肢动力链原理是下肢力量动作模式的重要理论基础。

一、下肢动力链传递原理

动力链是身体所有部分协同工作，执行身体运动的动作模式。如果动力链上的某一个环节不能正常工作，将影响到这个链上的其他环节，最终影响动作模式的执行。有学者认为动力链是由神经链、肌肉链和关节链组成，也有人认为动力链由关节链与肌肉链两部分组成。尽管目前对动力链内容的界定尚不统一，但是运动过程中肌肉链和关节链是客观存在的，本章重点对下肢力量动作模式训练的关节链和肌肉链原理进行阐述。

Phil P 等人把肌肉链分成协同肌、肌肉环带、肌筋膜链三类，认为三种肌肉链彼此相互作用于骨骼与神经系统。因此，下肢肌肉链主要由下肢的若干肌肉单位、肌肉群、肌筋膜组成。肌肉链是下肢运动的发动机，对动作执行、动作控制具有重要的影响。下肢肌肉链主要包括前链、后链和侧链，其中前链由趾伸肌-胫前肌-股四头肌构成，具有足背屈、伸膝、屈髋功能；后链由距腱膜-小腿三头肌-股后肌群构成，具有足趾屈、屈膝、伸髋功能；侧链由足底、腓骨肌-髂胫束-阔膜筋张肌和臀大肌构成，具有侧屈身体的功能。

关节链可以理解为由骨连结组成，但不是机械地拼装而成，是通过神经-肌肉系统支配并不断调整姿态与动力的装置。关节链只有在符合运动项目特征及生物力学、生理学和解剖学原理的条件下，才能够传递躯体和四肢的力量，为肌肉发力提供稳定持久的力学支点。髋关节、膝关节和踝关节组成下肢的关节链，三关节协调运动，为下肢肌肉提供良好的支点。

二、下肢运动特点

下肢肌肉主要包括髋肌、大腿肌、小腿肌和足肌，下肢肌普遍比上肢肌粗壮强大，以维持人体直立姿势、负重和行走等功能。从肌肉的收缩形式来讲，下肢肌要完成向心、离心、等动和等长4种形式的收缩；下肢的关节主要包括踝关节、膝关节、髋关节，从关节运动形式来讲，下肢肌的功能是保证髋在矢状面、额状面和水平面的运动，保证踝关节在矢状面、额妆面的运动，以及膝关节在矢状面的运动。髋关节的主要运动形式为屈、伸、内收、外展、内旋、外旋；踝关节的主要运动形式为屈、伸、内收、外展；膝关节的主要运动形式为屈、伸。从运动链的种类来讲，下肢肌要完成开链、闭链两种形式的运动。因此，下肢力量动作模式训练要符合上述原理才能充分发挥运动训练的效果，设计下肢力量动作模式的训练方案要充分考虑肌肉收缩形式、运动功能和运动链方式。

第三节　下肢推动作模式练习方法

　　下肢运动过程中，将负重（自身体重、器械重量等）推离身体重心的动作模式称为下肢推动作模式（如深蹲）。下肢推动作模式是最基本的动作模式之一，是人体运动和运动训练过程中常见的动作模式，该动作模式训练从关节角度分析主要是做髋关节的屈、伸、旋转和膝关节的屈、伸运动；从肌肉角度分析，主要是臀部肌群、大腿前部肌群和股后肌群的参与，同时辅以身体其他部位肌群的参与。下肢推动作模式的训练要遵循由简单到复杂的原则，即先多点支撑，逐步过渡到单点支撑，先稳定支撑，逐步过渡到不稳定支撑，先徒手训练，逐步过渡到持器械训练，并注重多关节、多平面，以及本体感受性训练。

一、双腿推动作模式

（一）基本准备姿势／半蹲／深蹲成站立姿势

1. 稳定性练习

（1）场地与器材：开阔的平地。

（2）目的与任务：主要发展臀大肌、股四头肌和股后肌群力量。

（3）动作方法：两脚开立与肩同宽或稍宽于肩，双手叉腰呈基本准备姿势／半蹲／深蹲，然后下肢发力向上跳起，落地呈基本站立姿势，然后还原到初始姿势（图7-2~图7-5）。

　　整个动作过程中脚尖始终向前，膝关节不要超过脚尖垂直面，目视前方，躯干挺直；呈初始姿势时，臀大肌收紧，不要过度屈髋；呈站立基本姿势时，两手自然放在身体两侧，身体正直，目视前方，髋关节处于人体正常位。

　　（4）训练建议：在下肢力量动作模式训练前，应反复练习此动作，也可以按照站立姿势、基本准备姿势/半蹲/深蹲、站立姿势的顺序进行练习。10~15次为一组，练习3~6组。

图7-2　半蹲　　　图7-3　半蹲　　　图7-4　完成　　　图7-5　完成
姿势（正面）　　　姿势（侧面）　　　姿势（正面）　　　姿势（侧面）

2. 非稳定性练习

（1）场地与器材：开阔的平地，bosu球、平衡盘、弹力带。

（2）目的与任务：主要发展臀大肌、股四头肌和股后肌群力量，并发展身体稳定性。

（3）动作方法：bosu球/平衡盘练习：双手叉腰，两脚开立与肩同宽或稍宽于肩，站立在bosu球/平衡盘上呈基本准备姿势/半蹲/深蹲姿势，然后下肢发力，呈站立姿势，最后还原到初始姿势。

弹力带练习：双手叉腰，两脚开立与肩同宽或稍宽于肩，呈基本准备姿势/半蹲/深蹲姿势，将弹力带绑在腰间并由同伴/教练员在侧方施加力，运动员下肢发力，呈站立姿势，最后还原到初始姿势（图7-6~图7-10）。

整个过程中，脚尖始终向前，膝关节不要超过脚尖垂直面，目视前方，躯干挺直；呈初始姿势时，臀大肌收紧，不要过度屈髋；呈站立基本姿势时，两手自然放在身体两侧，身体正直，目视前方，髋关节处于人体正常位。

图7-6　平衡盘　　　图7-7　平衡盘　　　图7-8　完成姿势
深蹲（正面）　　　深蹲（侧面）

图 7-9　弹力带深蹲（侧面）　　　图 7-10　完成姿势

（4）训练建议：bosu 球、平衡盘和弹力带等练习方式可结合使用，也可以按照站立姿势、基本准备姿势/半蹲/深蹲、站立姿势的顺序进行练习。10～15 次为一组，练习 3～6 组。

（二）前后分腿蹲/侧蹲呈站立姿势

1. 稳定性练习

（1）场地与器材：开阔的平地。

（2）目的与任务：发展臀大肌、股四头肌和股后肌群力量

（3）动作方法：以前后/侧向弓箭步姿势为起始姿势，然后前支撑腿和弯曲支撑腿主动发力，站立或跳起，然后呈初始姿势（图 7-11～图 7-13）。整个动作过程中，两脚尖向前，躯干保持挺直、稍收腹，两手叉腰，以臀大肌首先发力，继而带动大腿前部肌群和股后肌群协同发力，目视前方。

（4）训练建议：在下肢动作训练前应反复练习，也可以采用原地站立代替跳起动作，在原地或行进间进行练习。6～10 次为一组，练习 3～6 组。

图 7-11　前后　　　　图 7-12　前后　　　　图 7-13　完成
　分腿蹲（正面）　　　分腿蹲（侧面）　　　姿势（侧面）

2. 非稳定性练习

（1）场地与器材：开阔的平地，bosu 球、平衡盘、弹力带。

（2）目的与任务：发展臀大肌、股四头肌和股后肌群力量，并发展稳

定性。

（3）动作方法：①bosu 球/平衡盘练习。两脚/一脚放在 bosu 球上，以前后/侧向弓箭步姿势为起始姿势，然后前支撑腿/弯曲支撑腿主动发力，呈站立姿势（图 7-14~图 7-18）。②弹力带练习。以前后/侧向弓箭步姿势为起始姿势，腰间系弹力带，施加多方向外力，然后前支撑腿/弯曲支撑腿主动发力，呈站立姿势，站立过程中同伴/教练员通过弹力带向运动员施加各个方向的外力（图 7-14~图 7-16）。

整个动作过程中，两脚尖向前，躯干保持挺直、稍收腹，两手叉腰，臀大肌首先发力，继而带动大腿前部肌群和股后肌群发力，目视前方（图 7-17，图 7-18）。

（4）训练建议：弹力带施加的外力以造成运动员身体不稳定且经过运动员的调整不改变动作标准为好。6~10 次为一组，练习 3~6 组。稳定性好的运动员可采用跳起动作代替原地站立动作，同时注意对踝关节的保护。

图 7-14　平衡盘　　　　图 7-15　平衡盘　　　　图 7-16　完成姿势
　　练习（正面）　　　　　　练习（侧面）

图 7-17　弹力带（侧面）　　　图 7-18　完成姿势

（三）弹力带前后分腿蹲/侧蹲

1. 稳定性练习

（1）场地与器材：开阔的平地、弹力带。

（2）目的与任务：主要发展臀大肌、大腿前部肌群和股后肌群力量。

（3）动作方法：前后/侧向弓箭步为起始姿势，将弹力带踩到双脚下，两手握住弹力带两头，然后两腿伸直，牵拉弹力带呈站立姿势，最后还原到初始姿势（图7-19~图7-23）。整个动作过程中腿弯曲时膝盖不能超过脚尖，躯干保持挺直，臀大肌收紧发力。

（4）训练建议：可采用跳起动作代替原地站立动作，6~10次为一组，练习3~6组。

图7-19 前后分腿蹲　　　　图7-20 前后分腿蹲　　　　图7-21 完成姿势
　　（正面）　　　　　　　　　（侧面）

图7-22 侧蹲（正面）　　　　图7-23 完成姿势

2. 非稳定性练习

（1）场地与器材：开阔的平地、弹力带、bosu球和平衡盘。

（2）目的与任务：主要发展臀大肌、大腿前部肌群、股后肌群力量，并发展下肢稳定性。

（3）动作方法：前后/侧向弓箭步为起始姿势，将弹力带踩到双脚下，同时两脚/一脚站立在bosu球/平衡盘上，两手握住弹力带两头，然后两腿伸直，牵拉弹力带呈站立姿势，最后还原到初始姿势（图7-24~图7-28）。整个动作过程中两脚尖始终向前且不能超过脚尖，两膝不能内扣，躯干保持挺直，臀大肌收紧发力。

（4）训练建议：可采用跳起动作代替原地站立动作，6~10次为一组，适合各级别、各项目运动员，练习时注意对踝关节、膝关节的保护。

图 7-24　平衡盘（正面）

图 7-25　平衡盘（侧面）

图 7-26　完成姿势

图 7-27　平衡盘（正面）

图 7-28　完成姿势

（四）壶铃／哑铃／杠铃前后分腿蹲／侧蹲

1. 稳定性练习

（1）场地与器材：开阔的平地、壶铃、哑铃和杠铃。

（2）目的与任务：主要发展前支撑腿／弯曲支撑腿臀大肌、大腿前部肌群、股后肌群力量，发展另一支撑腿臀大肌的柔韧性。

（3）动作方法：以前蹲／后蹲的方式肩负杠铃，或双手持壶铃／哑铃放于体侧（或放在肩上），以前后／侧向弓箭步为起始姿势，然后前支撑腿／弯曲支撑腿发力呈站立基本姿势，还原到初始姿势（图 7-29~图 7-32）。在完成动作的整个过程中，目视前方，躯干保持挺直，直立时不要耸肩，注重臀大肌发力收紧，身体重心不要晃动。

（4）训练建议：壶铃／哑铃重量可根据训练实际设定，可采用跳起动作代替原地站立动作。6~8次为一组，练习3~6组。

图 7-29　前后　　图 7-30　前后　　图 7-31　侧蹲（开始）　图 7-32　侧蹲（结束）
分腿蹲（开始）　分腿蹲（结束）

2. 非稳定性练习

（1）场地与器材：开阔的平地、壶铃、哑铃、bosu 球、平衡盘、弹力带和悬吊带。

（2）目的与任务：主要发展前支撑腿/弯曲支撑腿臀大肌、大腿前部肌群、股后肌群力量，发展另一支撑腿臀大肌的柔韧性，并发展下肢稳定性。

（3）动作方法：① Bosu 球/平衡盘练习。以前蹲/后蹲的方式肩负杠铃，或双手持壶铃/哑铃放于体侧（或放于肩上），以前后/侧向弓箭步为起始姿势，两脚/一脚放在 bosu 球/平衡盘上，前支撑腿/弯曲支撑腿发力，呈站立基本姿势，然后还原到初始姿势（图 7-33，图 7-34）。② 弹力带练习。双手持壶铃/哑铃放于体侧，以前后/侧向弓箭步为起始姿势，腰间系弹力带，前支撑腿/弯曲支撑腿发力，呈站立基本姿势，然后还原到初始姿势，在动作过程中，同伴/教练员通过弹力带向运动员施加多方向外力（图 7-35，图 7-36）。

在练习过程中，目视前方，躯干保持挺直，注重臀大肌发力收紧，身体重心不要晃动。

图 7-33　Bosu 球/　　图 7-34　Bosu 球/　　图 7-35　弹力带　　图 7-36　弹力带
平衡盘练习（侧面）　平衡盘练习完成姿势　练习（正面）　　练习完成姿势

（4）训练建议：可以采用杠铃前蹲和后蹲的方法；稳定性好的运动员也可采用跳起动作代替原地站立动作；bosu 球、平衡盘、悬吊带、弹力带可结

合使用；6~8次为一组，练习3~6组；适合稳定性较好的运动员练习，注意对踝关节、膝关节、腰部的保护。

（五）壶铃/哑铃单臂上举

1. 稳定性练习

（1）场地与器材：开阔的平地、壶铃、哑铃。

（2）目的与任务：主要发展臀大肌、大腿前部肌群、股后肌群力量和身体的稳定性。

（3）动作方法：单手持壶铃/哑铃上举，另一只手自然下垂或侧平举，两脚与肩同宽或稍宽于肩，呈半蹲/深蹲姿势，下肢向上发力，站立或跳起，然后还原到初始姿势（图7-37，图7-38）。目视前方，躯干保持挺直，两脚尖始终向前；站立时不要耸肩，呈半蹲/深蹲姿势时臀大肌收紧，大腿与地面夹角为45度/0度。

（4）训练建议：壶铃/哑铃重量可根据训练实际设定，还可变换哑铃/壶铃的位置，比如放在体侧、肩上等；两侧交替练习，每侧10~15次为一组，练习3~6组。

图7-37 哑铃单臂上举（开始）　　图7-38 哑铃单臂上举（结束）

2. 非稳定性练习

（1）场地与器材：开阔的平地、壶铃、哑铃、平衡盘和bosu球。

（2）目的与任务：主要发展臀大肌、大腿前部肌群、股后肌群力量和身体稳定性。

（3）动作方法：单手持壶铃/哑铃上举，另一只手自然下垂或侧平举，两脚与肩同宽或稍宽于肩，呈半蹲/深蹲姿势，站立在平衡盘/bosu球上；下肢向上发力，站立或跳起，然后还原到初始姿势（图7-39，图7-40）。目视前方，躯干保持挺直，两脚尖始终向前；站立时不要耸肩，呈半蹲/深蹲姿势时臀大肌收紧，大腿与地面夹角为45度/0度。

（4）训练建议：壶铃/哑铃重量可根据训练实际设定，还可变换哑铃/壶铃的位置，比如放在体侧、肩上等；两侧交替练习，每侧 10~15 次为一组，练习 3~6 组。

图 7-39　哑铃单臂上举（开始）　　图 7-40　哑铃单臂上举（结束）

（六）前后分腿蹲/侧蹲单臂上举

1. 稳定性练习

（1）场地与器材：开阔的平地、壶铃、哑铃。

（2）目的与任务：主要发展前支撑腿/弯曲支撑腿臀大肌、大腿前部肌群、股后肌群力量，发展另一支撑腿臀大肌的柔韧性，并发展身体稳定性。

（3）动作方法：单手持壶铃/哑铃上举，以前后/侧向弓箭步为起始姿势，前支撑腿/弯曲支撑腿发力，呈站立基本姿势，然后还原到初始姿势（图 7-41，图 7-42）。在完成动作的整个过程中，目视前方，躯干保持挺直，直立时不要耸肩，注重臀大肌发力收紧，身体重心不要晃动。

（4）训练建议：壶铃/哑铃重量可根据训练实际设定，也可以采用杠铃前蹲和后蹲的方法或采用跳起动作代替原地站立动作。6~8 次为一组，练习 3~6 组，该练习适合各级别、各项目的运动员。

图 7-41　哑铃单臂上举（开始）　　图 7-42　哑铃单臂上举（结束）

2. 非稳定性练习

（1）场地与器材：开阔的平地、壶铃、哑铃、平衡盘、bosu 球。

（2）目的与任务：主要发展前支撑腿/弯曲支撑腿臀大肌、大腿前部肌群、股后肌群力量，发展另一支撑腿臀大肌的柔韧性，并发展身体稳定性。

（3）动作方法：站立在平衡盘/bosu 球上，单手持壶铃/哑铃上举，以前后/侧向弓箭步为起始姿势，前支撑腿/弯曲支撑腿发力，呈站立基本姿势，然后还原到初始姿势（图7-43，图7-44）。在完成动作的整个过程中，目视前方，躯干保持挺直，直立时不要耸肩，臀大肌要收紧发力，身体重心不要晃动。

（4）训练建议：壶铃/哑铃重量可根据训练实际设定，也可以采用杠铃前蹲和后蹲的方法或采用跳起动作代替原地站立动作。6~8次为一组，练习3~6组，该练习适合各级别、各项目的运动员。

图7-43　哑铃单臂上举（开始）　　　图7-44　哑铃单臂上举（结束）

（七）壶铃/哑铃单臂摆

1. 稳定性练习

（1）场地与器材：开阔的平地、壶铃、哑铃。

（2）目的与任务：主要发展臀大肌、大腿前部肌群、股后肌群力量和身体稳定性。

（3）动作方法：两脚与肩同宽或稍宽于肩，呈半蹲/深蹲姿势，双手/单手持壶铃/哑铃放于两腿中间，然后下肢发力，站立或者跳起，同时向上摆哑铃/壶铃至肩正上方，然后还原到初始姿势（图7-45，图7-46）。目视前方，躯干保持挺直，两脚尖始终向前，站立时不要耸肩；呈半蹲/深蹲姿势时臀大肌收紧，大腿与地面夹角为45度/0度。

（4）训练建议：壶铃/哑铃重量可根据训练实际设定，也可变换哑铃/壶铃的位置，比如放在两腿中间或体侧；两侧交替练习，每侧10~15次为一组，练习3~6组。

图 7-45　哑铃单臂摆（开始）　　　图 7-46　哑铃单臂摆（结束）

2. 非稳定性练习

（1）场地与器材：开阔的平地、壶铃、哑铃、平衡盘、bosu 球。

（2）目的与任务：主要发展臀大肌、大腿前部肌群、股后肌群力量和身体稳定性。

（3）动作方法：两脚与肩同宽或稍宽于肩，呈半蹲/深蹲姿势，站立在平衡盘/bosu 球上，双手/单手持壶铃/哑铃放于两腿中间，然后下肢发力，站立或者跳起，同时向上摆哑铃/壶铃至肩正上方，然后还原到初始姿势（图 7-47，图 7-48）。目视前方，躯干保持挺直，两脚尖始终向前，站立时不要耸肩；呈半蹲/深蹲姿势时臀大肌收紧，大腿与地面夹角为 45 度/0 度。

（4）训练建议：壶铃/哑铃重量可根据训练实际设定；也可变换哑铃/壶铃的位置，比如放在两腿中间或体侧；两侧交替练习，每侧 10~15 次为一组，练习 3~6 组。

图 7-47　哑铃单臂摆（开始）　　　图 7-48　哑铃单臂摆（结束）

（八）壶铃/哑铃跳跃

1. 稳定性练习

（1）场地与器材：开阔的平地、壶铃、哑铃、训练箱。

（2）目的与任务：主要发展臀大肌、大腿前部肌群、股后肌群力量。

（3）动作方法：单手/双手持壶铃/哑铃放于体侧（或置于肩上），两脚与肩同宽或稍宽于肩，呈半蹲/深蹲姿势，然后垂直跳起或跳上训练箱，最后还原到初始姿势（图7-49，图7-50）。目视前方，躯干保持挺直，两脚尖始终向前，站立时不要耸肩；呈半蹲/深蹲姿势时臀大肌收紧，大腿与地面夹角为45度/0度。

（4）训练建议：壶铃/哑铃重量可根据训练实际设定；也可变换哑铃/壶铃的位置，比如放在体侧、肩上等；训练箱的高度在15厘米~40厘米之间，6~8次为一组，练习3~6组。

图7-49　哑铃跳跃（开始）　　　　　图7-50　哑铃跳跃（结束）

2. 非稳定性练习

（1）场地与器材：开阔的平地、壶铃、哑铃、弹力带、训练箱。

（2）目的与任务：主要发展臀大肌、大腿前部肌群、股后肌群力量和身体稳定性。

（3）动作方法：腰间系弹力带，单手/双手持壶铃/哑铃放于体侧（或置于肩上），两脚与肩同宽或稍宽于肩，呈半蹲/深蹲姿势。垂直跳起或跳上训练箱，最后还原到初始姿势（图7-51，图7-52）。目视前方，躯干保持挺直，两脚尖始终向前，站立时不要耸肩；呈半蹲/深蹲姿势时臀大肌收紧，大腿与地面夹角为45度/0度。

图7-51　哑铃跳跃（开始）　　　　　图7-52　哑铃跳跃（结束）

（4）训练建议：壶铃/哑铃重量可根据训练实际设定，也可变换哑铃/壶铃的位置，比如放在体侧、肩上等；训练箱的高度在 15 厘米~40 厘米之间，6~8 次为一组，练习 3~6 组。

（九）壶铃/哑铃前后分腿蹲/侧蹲跳跃

1. 稳定性练习

（1）场地与器材：开阔的平地、壶铃、哑铃。

（2）目的与任务：主要发展前支撑腿/弯曲支撑腿臀大肌、大腿前部肌群、股后肌群力量，发展另一支撑腿臀大肌的柔韧性。

（3）动作方法：双手持壶铃/哑铃放于体侧或置于肩上，以前后/侧向弓箭步为起始姿势，前支撑腿/弯曲支撑腿发力跳起，然后还原到初始姿势（图7-53，图7-54）。在完成动作的整个过程中，目视前方，躯干保持挺直，直立时不要耸肩，臀大肌要收紧发力，身体重心不要晃动。

（4）训练建议：壶铃/哑铃重量可根据训练实际设定，也可采用跳起动作代替原地站立动作。6~8 次为一组，练习 3~6 组。适合各级别、各项目运动员。

图 7-53　哑铃跳跃（开始）　　　图 7-54　哑铃跳跃（结束）

2. 非稳定性练习

（1）场地与器材：开阔的平地、壶铃、哑铃、弹力带。

（2）目的与任务：主要发展前支撑腿/弯曲支撑腿臀大肌、大腿前部肌群、股后肌群力量，发展另一支撑腿臀大肌的柔韧性，并发展身体稳定性。

（3）动作方法：腰间系弹力带施加多方向外力，双手持壶铃/哑铃放于体侧或置于肩上，以前后/侧向弓箭步为起始姿势，然后前支撑腿/弯曲支撑腿发力跳起，还原到初始姿势（图7-55，图7-56）。在完成动作的整个过程中，目视前方，躯干保持挺直，直立时不要耸肩，臀大肌要收紧发力，身体重心不要晃动。

（4）训练建议：壶铃/哑铃重量可根据训练实际设定，也可采用跳起动作代替原地站立动作。6~8 次为一组，练习 3~6 组。

图7-55　哑铃跳跃（开始）　　图7-56　哑铃跳跃（结束）

（十）杠铃高翻

（1）场地与器材：开阔的平地、杠铃。

（2）目的与任务：主要发展臀大肌、大腿前部肌群、股后肌群力量，以及上肢提拉力量。

（3）动作方法：运动员保持后背挺直，抬头向前，从地面拉起杠铃。杠铃超过膝盖时，开始爆发性地向上提拉杠铃。稍作停顿，利用硬拉产生向上的惯性，将杠铃拉起到胸部高度，迅速翻转前臂，同时屈髋、屈膝、降低重心，将杠铃杆架在肩上（图7-57，图7-58）。

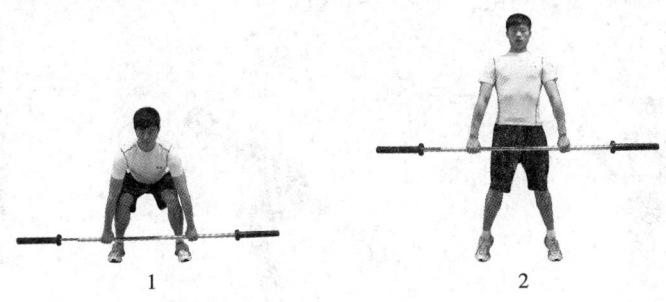

1　　　　　　　　　2

图7-57　挺起提锤

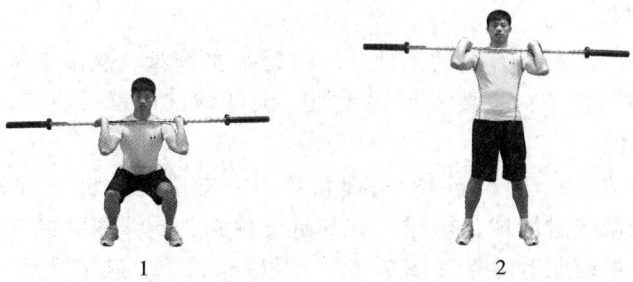

1　　　　　　　　　2

图7-58　杠铃高翻

（4）训练建议：根据训练实际选择重量，体会臀大肌、大腿前部肌群、股后肌群的协同发力过程，保持核心部分的稳定；6~8次为一组，练习3~5组。

二、单腿推动作模式

（一）单腿蹲呈站立姿势

1. 稳定性练习

（1）场地与器材：开阔的平地。

（2）目的与任务：主要发展臀大肌、大腿前部肌群、股后肌群力量，并发展稳定性。

（3）动作方法：支撑腿大腿与地面平行，另一腿悬空（或轻微接触网球、棒球等）并靠近支撑腿，支撑腿以臀大肌带动大腿前部肌群和股后肌群发力站立，然后还原到初始姿势（图7-59~图7-61）。在动作过程中，腿弯曲时膝关节不能超过脚尖垂直面，臀大肌收紧发力，双手叉腰或者平行放在体前，不要借助手摆动等产生的外力。

（4）训练建议：可采用跳起动作代替原地站立动作，支撑腿可采用深蹲、半蹲的方式。3~6次为一组，练习3~6组。

图7-59　单腿蹲（正面）　　　图7-60　单腿蹲（侧面）　　　图7-61　完成姿势

2. 非稳定性练习

（1）场地与器材：开阔的平地、bosu球、平衡盘、悬吊带。

（2）目的与任务：主要发展臀大肌、大腿前部肌群、股后肌群力量，并发展下肢稳定性。

（3）动作方法：① Bosu球/平衡盘练习。支撑腿大腿与地面平行，另一腿悬空（或轻微接触网球、棒球）并靠近支撑腿，支撑腿踩在bosu球/平衡盘上，借支撑腿主动发力站立（图7-62~图7-64）。② 悬吊带练习。支撑腿大腿与地面平行，另一腿悬空横放在悬吊带上，借支撑腿主动发力站立。

在练习动作过程中，腿弯曲时膝关节不能超过脚尖垂直面，臀大肌收紧发力，双手叉腰或者平行放在体前，不要借助外力。

（4）训练建议：可采用跳起动作代替原地站立动作，支撑腿可采用深蹲、半蹲的方式。bosu球、平衡盘、悬吊带可结合使用，3~6次为一组，练习3~6组。

图7-62　平衡盘练习（正面）　　图7-63　平衡盘练习（侧面）　　图7-64　完成姿势

（二）训练箱/训练凳单腿蹲

1. 稳定性练习

（1）场地与器材：开阔的平地、训练箱、训练凳等。

（2）目的与任务：主要发展臀大肌、大腿前部肌群、股后肌群力量，并发展下肢稳定性。

（3）动作方法：支撑腿大腿与地面平行，另一腿放在训练箱/训练凳上，支撑腿以臀大肌带动大腿前部肌群和股后肌群发力站立，然后还原到初始姿势（图7-65，图7-66）。在练习动作过程中，腿弯曲时膝关节不能超过脚尖垂直面，臀大肌收紧发力，双手叉腰或抱头，不要借助外力。

（4）训练建议：支撑腿可采用深蹲、半蹲的方式；3~6次为一组，练习3~6组。

图7-65　单腿蹲准备姿势　　　　图7-66　单腿蹲结束姿势

2. 非稳定性练习

（1）场地与器材：开阔的平地、训练箱、训练凳、弹力带等。

（2）目的与任务：主要发展臀大肌、大腿前部肌群、股后肌群力量，并发展下肢稳定性。

（3）动作方法：腰部系弹力带辅以多方向拉力，一脚放在训练箱/训练凳上，另一只脚放于地面（支撑脚），依靠训练箱/训练凳上下肢的伸髋肌群发力，使身体呈直立姿势，然后还原到初始姿势（图7-67，图7-68）。在练习动作过程中，重心位于支撑脚中间或脚跟处，以避免支撑脚脚掌过度用力（脚掌与地面平行），双手叉腰或抱头，不要借助手摆动等产生的外力。

（4）训练建议：训练箱/训练凳的高度为15～40 cm，可根据训练需要调整；可进行正向和侧向的练习方式；可根据训练实际进行负重练习；3～6次为一组，练习3～6组；适合各级别、各项目运动员，注意对膝关节进行保护。

图7-67　单腿蹲起始姿势　　　　图7-68　单腿蹲（侧向）结束姿势

（三）滑板单腿蹲

1. 稳定性练习

（1）场地与器材：开阔的平地、滑板等。

（2）目的与任务：主要发展臀大肌、大腿前部肌群、大腿内侧肌群、股后肌群力量，发展下肢稳定性。

（3）动作方法：① 前后分腿蹲练习方法。支撑腿大腿与地面平行，另一腿放在滑板上，支撑腿以臀大肌带动大腿前部肌群和股后肌群发力站立，然后还原到初始姿势（图7-69，图7-70）。在练习动作过程中，腿弯曲时膝盖不能超过脚尖，臀大肌收紧发力，双手叉腰或抱头，不要借助手摆动等产生的外力。

② 侧蹲练习方法。支撑腿大腿与地面平行，另一腿放在滑板上，支撑腿以臀大肌带动大腿前部肌群和股后肌群发力站立，另一侧大腿内收肌辅助发力，然后还原到初始姿势（图7-71，图7-72）。在练习动作过程中，腿弯曲时膝关节不能超过脚尖垂直面，臀大肌收紧发力，双手叉腰或抱头，不要借助手摆动等产生的外力。

（4）训练建议：支撑腿可采用深蹲、半蹲的方式，也可采用前后弓箭步、侧弓步的方式；10~15 次为一组，练习 3~6 组。

图 7-69　正向　　　图 7-70　正向　　　图 7-71　侧向　　　图 7-72　侧向
单腿蹲（开始）　　单腿蹲（结束）　　单腿蹲（开始）　　单腿蹲（结束）

2. 非稳定性练习

（1）场地与器材：开阔的平地、滑板、平衡盘等。

（2）目的与任务：主要发展臀大肌、大腿前部肌群、股后肌群力量，并发展下肢稳定性。

（3）动作方法：

① 前后分腿蹲练习方法。支撑腿大腿与地面平行，站立在平衡盘/bosu 球上，另一腿放在滑板上，支撑腿以臀大肌带动大腿前部肌群和股后肌群发力站立，然后还原到初始姿势（图 7-73，图 7-74）。在练习动作过程中，腿弯曲时膝关节不能超过脚尖垂直面，臀大肌收紧发力，双手叉腰或抱头，不要借助手摆动等产生的外力。

② 侧蹲练习方法。支撑腿大腿与地面平行，站立在平衡盘/bosu 球上，另一腿放在滑板上，支撑腿以臀大肌带动大腿前部肌群和股后肌群发力站立，另一侧大腿内收肌辅助发力，然后还原到初始姿势（图 7-75，图 7-76）。在练习动作过程中，腿弯曲时膝关节不能超过脚尖垂直面，臀大肌收紧发力，双手叉腰或抱头，不要借助手摆动等产生的外力。

图 7-73　正向　　　图 7-74　正向　　　图 7-75　侧向　　　图 7-76　侧向
单腿蹲（开始）　　单腿蹲（结束）　　单腿蹲（开始）　　单腿蹲（结束）

（4）训练建议：支撑腿可采用深蹲、半蹲的方式，也可采用前后弓箭步、侧弓步的方式；8~10 次为一组，练习 3~6 组。

（四）壶铃/哑铃单腿蹲

1. 稳定性练习

（1）场地与器材：开阔的平地、壶铃、哑铃。

（2）目的与任务：主要发展臀大肌、大腿前部肌群、股后肌群力量，并发展下肢稳定性。

（3）动作方法：双手持壶铃/哑铃放于体侧（或者放在肩部），支撑腿弯曲，大腿与地面平行，另一脚悬空靠近支撑腿，支撑腿发力，呈站立基本姿势，然后还原到初始姿势（图 7-77~图 7-79）。躯干保持挺直，支撑腿大小腿夹角为 90 度，以臀大肌发力，整个动作过程中保持身体的稳定性。

（4）训练建议：根据训练的实际情况选择负重的重量，可以进行前后弓箭步和侧向弓箭步单腿支撑练习；3~6 次为一组，练习 3~6 组。

图 7-77　哑铃练习（正面）　　　图 7-78　哑铃练习（侧面）　　　图 7-79　完成姿势

2. 非稳定性练习

（1）场地与器材：开阔的平地，壶铃、哑铃、bosu 球、平衡盘、弹力带、悬吊带。

（2）目的与任务：主要发展臀大肌、大腿前部肌群、股后肌群力量，并发展下肢稳定性。

（3）动作方法：

① Bosu 球/平衡盘练习。双手持壶铃/哑铃放于体侧，支撑脚站在 bosu 球/平衡盘上，弯曲大腿与地面平行，另一脚悬空靠近支撑腿（或放在悬吊带上），支撑腿发力，呈站立基本姿势，然后还原到初始姿势（图 7-80~图 7-82）。

② 弹力带练习。与 bosu 球/平衡盘练习方法相同，但在练习过程中将弹力带绑在腰间，在练习动作过程中，同伴/教练员通过弹力带对运动员施加各方向的外力。

③ 悬吊带练习。双手持壶铃/哑铃放于体侧，支撑脚站在 bosu 球/平衡盘

上，弯曲大腿与地面平行，后支撑腿/弯曲支撑腿放在悬吊带上，以前支撑腿/弯曲支撑腿主动发力，带动另一支撑腿站立（图7-83，图7-84）。

躯干保持挺直，支撑腿大小腿夹角为90度，以臀大肌发力，整个动作过程中保持身体的稳定性。

（4）训练建议：悬吊带可以采用长凳等相应的物体代替，也可与平衡盘等结合使用。3~6次为一组，练习3~6组，适合下肢力量和稳定性较好的运动员练习，练习时注意对踝关节、膝关节和腰部的保护。

图 7-80　平衡盘（正面）　　　图 7-81　平衡盘（侧面）　　　图 7-82　完成姿势

图 7-83　悬吊带（正面）　　　　　图 7-84　悬吊带（侧面）

第四节　下肢拉动作模式练习方法

下肢拉动作模式指动作过程中将负重（自身体重、器械重量等）拉向身体重心的动作模式（如罗马尼亚硬拉等）。下肢拉动作模式根据主导部位的不同可分为髋关节主导和膝关节主导两种下肢拉动作模式，下肢拉动作模式主要训练臀大肌、大腿前部肌群和股后肌群，以及支撑下肢拉动作模式的其他肌群。

一、髋关节主导动作

（一）滑板直膝内收

1. 稳定性练习

（1）场地与器材：开阔的平地、滑板。

（2）目的与任务：主要发展支撑腿臀大肌、股四头肌、股后肌群和大腿内收肌群，以及滑动腿内收肌群力量。

（3）动作方法：呈侧向弓箭步站立，滑动腿放于滑板上，以滑动腿内收肌群发力，同时支撑腿伸髋肌群配合发力，呈站立姿势（图7-85，图7-86）。双手抱头或叉腰，躯干挺直，屈髋后，大腿、小腿与地面平行，身体重心不要晃动。

（4）训练建议：可以根据训练实际进行负重，6～10次为一组，练习3～6组。

图7-85 直膝滑板内收（开始）　　　图7-86 直膝滑板内收（结束）

2. 非稳定性练习

（1）场地与器材：开阔的平地、滑板、平衡盘和bosu球等。

（2）目的与任务：主要发展支撑腿臀大肌、股四头肌、股后肌群，以及滑动腿内收肌群力量。

（3）动作方法：呈侧向弓箭步站立，支撑腿放在平衡盘或bosu球上，滑动腿放于滑板上，以滑动腿内收肌群发力，同时支撑腿伸髋肌群配合发力，呈站立姿势（图7-87，图7-88）。双手抱头或叉腰，躯干挺直，屈髋后，大腿、小腿与地面平行，身体重心不要晃动。

（4）训练建议：可以根据训练实际进行负重；6～10次为一组，3～6组；适合各级别、各项目运动员。

图 7-87　直膝滑板内收（开始）　　　图 7-88　直膝滑板内收（结束）

（二）仰卧弹力带提拉

1. 稳定性练习

（1）场地与器材：开阔的平地、弹力带。

（2）目的与任务：主要发展屈髋肌群力量。

（3）动作方法：运动员直体仰卧，两脚/单脚踝系弹力带，弹力带另一头系在肋木上或者由同伴/教练员握住；运动员屈髋肌群发力，提拉弹力带至大腿与地面垂直（双腿/单腿/交替），大小腿夹角为90度，然后还原到初始姿势（图7-89，图7-90）。两手自然放在身体两侧并保持不动，躯干保持挺直并始终紧贴地面。

（4）训练建议：提拉的方向可以是直线、斜线，提拉方式可以是双腿同时提拉、单腿提拉或交替提拉；10~15次为一组，练习3~6组。

图 7-89　弹力带练习（开始）　　　图 7-90　弹力带练习（结束）

2. 非稳定性练习

（1）场地与器材：开阔的平地、弹力带、瑞士球。

（2）目的与任务：主要发展屈髋肌群力量。

（3）动作方法：运动员直体仰卧在瑞士球上，两脚/单脚踝系弹力带，弹力带另一头系在肋木上或者由同伴/教练员握住，然后运动员屈髋肌群发力，提拉弹力带至大腿与地面垂直（双腿/单腿/交替），大小腿之间夹角为90度，然后还原到初始姿势（图7-91，图7-92）。两手自然放在身体两侧并保持不动，躯干保持挺直并始终紧贴瑞士球。

（4）训练建议：提拉的方向可以是直线、斜线，提拉方式可以是双腿同时提拉、单腿提拉或交替提拉；10~15次为一组，练习3~6组。

图 7-91　瑞士球练习（开始）　　　　图 7-92　瑞士球练习（结束）

（三）直体弹力带提拉

1. 稳定性练习

（1）场地与器材：开阔的平地、弹力带、肋木等。

（2）目的与任务：主要发展屈髋肌群力量。

（3）动作方法：运动员直体单脚站立，另一只脚踝系弹力带，弹力带的另一头系在肋木上，两脚前后分立，以屈髋肌群发力，牵拉弹力带至大腿与地面平行（单腿/交替），大小腿呈 90 度，然后还原到初始姿势（图 7-93，图 7-94）。身体核心部位稳定，躯干挺直，两手自然下垂（或叉腰）。

（4）训练建议：提拉的方向可以是直线、斜线，提拉方式可以是单腿提拉或交替提拉；10~15 次为一组，练习 3~6 组。

图 7-93　弹力带练习（开始）　　　　图 7-94　弹力带练习（结束）

2. 非稳定性练习

（1）场地与器材：开阔的平地、弹力带、肋木、bosu 球和平衡盘。

（2）目的与任务：主要发展屈髋肌群力量。

（3）动作方法：运动员直体单脚站立在 bosu 球/平衡盘上，另一只脚踝系弹力带，弹力带的另一头系在肋木上，两脚前后分立，以屈髋肌群发力，牵拉弹力带至大腿与地面平行，大小腿呈 90 度，然后还原到初始姿势（图 7-95，图 7-96）。身体核心部位稳定，躯干挺直，两手自然下垂（或叉腰）。

（4）训练建议：提拉的方向可以是直线、斜线方向，可以是单腿提拉或交替提拉；10~15 次为一组，3~6 组；适合稳定性较好的运动员，注意对踝关节的保护。

图 7-95　平衡盘练习（开始）　　　　图 7-96　平衡盘练习（结束）

（四）杠铃/壶铃硬拉

1. 稳定性练习

（1）场地与器材：开阔的平地、杠铃、壶铃。

（2）目的与任务：主要发展臀部、大腿前部肌群、股后肌群力量，以及腿部蹬地力量和全身协调性。

（3）动作方法：双手持握杠铃于膝关节下端，快速蹬地、伸髋，双臂保持直臂，还原成准备姿势并重复练习（图 7-97，图 7-98）。保持腰背挺直，挺胸直臂可以有效预防运动损伤，练习时要求臀部发力，切勿用腰部力量提拉杠铃。

（4）训练建议：可采用基本准备姿势、深蹲姿势、半蹲姿势为初始姿势，也可采用壶铃等其他器械进行练习；6~10 次为一组，练习 3~6 组。

图 7-97　杠铃硬拉（开始）　　　　图 7-98　杠铃硬拉（结束）

2. 非稳定性练习

（1）场地与器材：开阔的平地、杠铃、壶铃、平衡盘、弹力带。

（2）目的与任务：主要发展臀部爆发力、腿部蹬地力量和全身协调性与稳定性。

（3）动作方法：

① 平衡盘练习。双脚站立在平衡盘上，双手持握杠铃于膝关节下端，快

速蹬地、伸髋，双臂保持直臂，还原成准备姿势并重复练习（图7-99，图7-100）。

②弹力带练习。练习方法同平衡盘练习方法，但在动作过程中，练习者腰间系弹力带，由同伴/教练员通过弹力带向练习者施加多方向的外力。

保持腰背挺直，挺胸直臂可以有效的预防运动损伤；要求臀部发力，切勿用腰部力量提拉杠铃。

（4）训练建议：可采用基本准备姿势、深蹲姿势、半蹲姿势为初始姿势，也可采用壶铃等其他器械进行练习；6~10次为一组，练习3~6组，该练习适合协调性较好的练习者，练习时注意对踝关节、膝关节和腰部的保护。

图7-99　平衡盘/弹力带练习（开始）　　　图7-100　平衡盘/弹力带练习（结束）

（五）杠铃/壶铃/哑铃罗马尼亚硬拉

1. 稳定性练习

（1）场地与器材：开阔的平地、壶铃、哑铃和杠铃。

（2）目的与任务：主要发展臀部爆发力，腿部蹬地力量和全身协调性与稳定性。

（3）动作方法：双手/单手持哑铃，或者双手持杠铃，单腿支撑，稍微弯曲站立，躯干挺直、非支撑腿伸直，基本与地面平行；臀肌收紧，上体抬起，然后还原成起始姿势（图7-101，图7-102）。练习过程中，上体和腿部必须同步移动，前倾时要通过非支撑腿的蹬伸动作来动员臀部肌群共同参与运动。

图7-101　罗马尼亚硬拉（开始）　　　图7-102　罗马尼亚硬拉（结束）

（4）训练建议：可以双手或单手持哑铃，单手持哑铃时支撑腿可以是同侧腿也可以是异侧腿；6~10次为一组，练习3~6组。

2. 非稳定性练习

（1）场地与器材：开阔的平地、杠铃、壶铃、平衡盘和弹力带。

（2）目的与任务：主要发展臀部爆发力，腿部蹬地力量和全身协调用力。

（3）动作方法：双手/单手持哑铃，或者双手持杠铃，单腿支撑，站立在平衡盘上，稍微弯曲站立，躯干挺直、非支撑腿伸直，基本与地面平行；通过臀肌的收紧和上体直体抬起，还原成起始姿势（图7-103，图7-104）。在练习过程中，上体和腿部必须同步移动，前倾时要通过非支撑腿的蹬伸动作来动员臀部肌群共同参与运动。

（4）训练建议：可以单腿支撑或双腿支撑，也可以双手或单手持哑铃；单手持哑铃时，支撑腿可以是同侧腿也可以是异侧腿。6~10次为一组，练习3~6组，该练习适合协调性好的练习者，练习时应注意对踝关节、膝关节和腰部的保护。

图7-103　平衡盘练习（开始）　　　　图7-104　平衡盘练习（结束）

（六）仰卧瑞士球挺髋

1. 稳定性练习

（1）场地与器材：开阔的平地、瑞士球等。

（2）目的与任务：主要发展伸髋肌群和背部肌群力量。

（3）动作方法：仰卧，将双脚放在瑞士球上，双臂放在身体两侧，借臀肌发力充分伸髋，做到肩、髋、膝呈一条直线，尽量避免身体晃动，动作过程中保持脚的位置不动（图7-105，图7-106）。

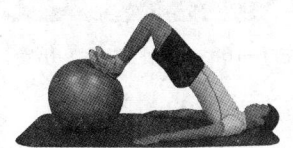

图7-105　瑞士球挺髋（开始）　　　　图7-106　瑞士球挺髋（结束）

（4）训练建议：可以进行双腿练习、单腿练习，6~10 次为一组，练习3~6 组，该练习适合协调性较好的练习者，练习时应注意对腰部的保护。

2. 非稳定性练习

（1）场地与器材：开阔的平地、瑞士球、悬吊带、平衡盘等。

（2）目的与任务：主要发展伸髋肌群和背部肌群力量。

（3）动作方法：仰卧在平衡盘上，将双脚放在瑞士球上，双臂放在身体两侧，臀部着地，借臀肌发力充分伸髋，做到肩、髋、膝呈一条直线，尽量避免身体晃动，动作过程中保持脚的位置不动（图7-107）。

图 7-107　瑞士球挺髋

（4）训练建议：可以进行双腿练习、单腿练习，6~10 次为一组，练习3~6 组；该练习适合协调性较好的练习者，练习时应注意对腰部的保护。

二、膝关节主导动作

（一）俯姿跪起

1. 稳定性练习

（1）场地与器材：开阔的平地。

（2）目的与任务：主要发展股后肌群、臀部肌群力量。

（3）动作方法：练习者俯姿直体，两手交叉、放在腰部，同伴/教练员将手放在练习者脚踝以固定住其的双脚，练习者通过臀部和股后肌群的收缩使上体直立，然后还原到初始姿势（图7-108，图7-109）。整个过程中上体挺直，臀大肌、股后肌群收紧发力。

（4）训练建议：支撑面可与地面平行（平面），也可与地面呈一定角度（斜面）；3~5 次为一组，练习 3~6 组。

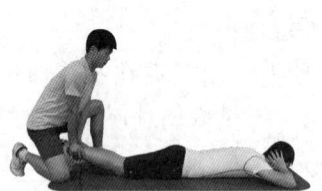

图 7-108　仰卧跪起（开始）

图 7-109　仰卧跪起（结束）

2. 非稳定性练习

（1）场地与器材：开阔的平地、平衡盘。

（2）目的与任务：主要发展股后肌群、臀部肌群力量，以及下肢稳定性。

（3）动作方法：练习者俯姿直体，两手交叉互握，放在腰部，同伴/教练员将手放在练习者脚踝以固定住其的双脚；膝关节下方放置平衡盘，练习者通过臀部和股后肌群的收缩使上体直立，然后还原到初始姿势（图7-110，图7-111）。整个过程中上体挺直，臀大肌、股后肌群收紧发力。

（4）训练建议：支撑面可与地面平行（平面）也可与地面呈一定角度（斜面）；3~5 次为一组，练习 3~6 组。

图 7-110　平衡盘练习（开始）　　　　图 7-111　平衡盘练习（结束）

（二）俯卧屈膝提拉

1. 稳定性练习

（1）场地与器材：开阔的平地、弹力带。

（2）目的与任务：发展股后肌群、臀部肌群力量。

（3）动作方法：练习者俯姿直体，将弹力带系在单脚/双脚脚踝上，以臀部和股后肌群发力，牵拉弹力带至大腿与小腿夹角呈 90 度，然后还原到初始姿势（图7-112，图7-113）。

（4）训练建议：可以是双腿、单腿或者交替练习；10~15 次为一组，练习 3~6 组。

图 7-112　俯卧屈膝练习（开始）　　　　图 7-113　俯卧屈膝练习（结束）

2. 非稳定性练习

（1）场地与器材：开阔的平地、瑞士球、平衡盘和弹力带。

（2）目的与任务：主要发展股后肌群、臀部肌群力量，以及下肢稳定性。

（3）动作方法：练习者俯姿直体斜卧在瑞士球上，将弹力带系在单脚/双脚脚踝上，以臀部和股后肌群发力，牵拉弹力带至大腿与小腿夹角呈 90 度，然后还原到初始姿势（图7-114，图7-115）。

（4）训练建议：可以是双腿、单腿或者交替练习，若要增加练习难度可使双手伸直，与地面平行；10~15 次为一组，练习 3~6 组。

图 7-114　瑞士球练习（开始）

图 7-115　瑞士球练习（结束）

（三）滑板仰卧挺髋

1. 稳定性练习

（1）场地与器材：开阔的平地、滑板。

（2）目的与任务：主要发展屈膝肌群、伸髋肌群和背部肌群力量。

（3）动作方法：直体仰卧，将双脚放在滑板上，双臂放在身体两侧，由臀肌、股后肌群发力，屈膝、伸髋，屈膝至大小腿夹角呈 90 度，做到肩、髋、膝呈一条直线，尽量避免身体晃动，动作过程中保持脚的位置不动（图 7-116，图 7-117）。

（4）训练建议：可以进行双腿练习、单腿练习，6~10 次为一组，练习3~6 组。

图 7-116　滑板仰卧挺髋（开始）

图 7-117　滑板仰卧挺髋（结束）

2. 非稳定性练习

（1）场地与器材：开阔的平地、滑板、平衡盘。

（2）目的与任务：主要发展屈膝肌群、伸髋肌群和背部肌群力量。

（3）动作方法：直体仰卧在平衡盘上，将双脚放在滑板上，双臂放在身体两侧，由臀肌、股后肌群发力，屈膝、伸髋，屈膝至大小腿夹角呈 90 度，做到肩、髋、膝呈一条直线，尽量避免身体晃动，动作过程中保持脚的位置不动（图 7-118，图 7-119）。

（4）训练建议：可以进行双腿练习、单腿练习，6~10 次为一组，练习3~6 组。

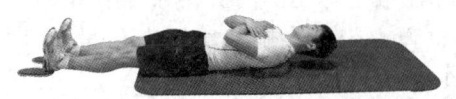
图 7-118　滑板仰卧挺髋（开始）

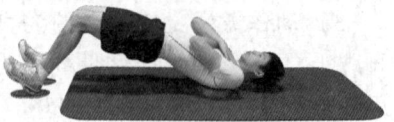
图 7-119　滑板仰卧挺髋（结束）

 **复习思考题**

1. 下肢力量动作模式包括哪些内容？

2. 下肢力量动作模式的进阶顺序如何？

3. 请结合运动专项设计下肢推、拉的力量动作模式。

 **推荐阅读文献**

1. 师文月. 初论竞技运动训练之运动链、运动弱链及其功能危机 [J]. 山东体育学院学报，2013，29（1）：100～103.

2. 姜宏斌. 功能性训练与人体功能链的若干训练学问题研究述评 [J]. 体育学刊，2013，20（6）：98～105.

3. 尹军，张启凌，陈洋. 乒乓球运动员身体运动功能训练 [M]. 北京：北京体育大学出版社，2013.

4. 张英波. 现代体能训练方法 [M]. 北京：北京体育大学出版社，2006.

（崔运坤　泰山学院体育学院）

（郝　磊　上海体育职业学院）

第八章
躯干支柱力量动作模式

▲ 本章导语

　　人体的动作是通过躯干支柱进行控制和整合的。躯干支柱力量不仅包括双肩、躯干和髋部肌群及韧带的力量，而且还包括对四肢动作的控制，它是对所有动作控制的一种整合。本章从躯干支柱动作模式练习的锻炼价值、动作模式原理和躯干支柱力量练习方法等内容进行论述。

第一节　躯干支柱力量动作模式的锻炼价值

现代身体功能训练揭示，在训练和比赛过程中，所有运动技术都是通过动作（movement）来表现的，而身体姿态的控制和动作质量的表现则以躯干支柱力量（pillar strength）为基础。加强躯干支柱力量动作模式练习主要有以下锻炼价值：

一、降低躯干运动的损伤

肌肉力量为关节提供了动态稳定性。通过躯干力量动作模式训练，能够有效提高躯干支柱的力量。提高躯干核心区域的力量和躯干核心部位的稳定，一方面可以加强对脊柱这一人体薄弱环节的保护；另一方面，还能够通过核心部位的枢纽作用为上下肢的发力建立稳定的支点，减小和缓冲末端肢体和关节的负荷，达到预防损伤的目的。以腰椎为例，髋关节似乎对关节或关节上部产生了影响。如果髋关节不能移动，腰椎就会移动，髋关节是为灵活性而设计的，而腰椎需要稳定性。当需要灵活性的关节不再灵活，会使稳定性关节强行移动，产生代偿，变得不稳定，进而产生疼痛。因此，强化躯干核心支柱区域的肌肉力量水平和肌肉力量的平衡可以有效降低躯干运动的损伤。

二、提高躯干动作的效率

躯干力量动作模式训练可以有效提高躯干及其关联部位肌肉的力量和韧带的韧度，进而使躯干支柱部位力量增强，有效地预防能量泄露，将四肢发达的肌肉力量充分运用到专项运动中，提高力量的整体发挥和专项力量的实际应用率。运动效率不同是优秀运动员与普通运动员之间的主要区别。研究表明，力量训练是改善运动效率的主要手段。

三、提高躯干动力链传递的效率

躯干常常被认为是人体的中心部位，是产生力量的中心，很多运动都与其功能状况密切相关，它不仅为上肢的运动提供支撑，也是下肢力量传递到上肢的必经环节。躯干核心区域被视为人体运动链的枢纽，将躯干支柱部位的力量看作肢体运动的主要动力源。当躯干的所有结构都完整、平衡及功能正常时，躯干便是动力链传递中的一个强有力的动力结构，对运动技术具有关键的支持作用。研究表明，专项技术的优劣主要取决于参与运动的肌肉之间的协作水平和对高速运动中身体重心的控制能力。躯干支柱部位力量强大、均衡，可为能量的有效传递和末端环节的加速提供保障。

第二节 躯干支柱力量动作模式原理

躯干动作模式主要包括躯干的前屈、后伸、旋转以及对角运动等，这些基本模式的完成主要是通过相关肌肉的收缩作用，以关节为支点，以骨骼为杠杆，引起的一系列动作表现。因此，要深入了解躯干动作模式，首先要了解它的人体解剖学结构和动力链传递原理等基础知识。

一、躯干支柱与四肢的解剖学特征

躯干支柱（truk pruars）主要由肌肉、骨骼、关节和关节间的韧带构成，包括肩部、胸部、脊柱、骨盆及其周围的肌肉、韧带和软组织等。骨骼、关节、韧带的结构正常、关节位置正常，是维持躯干核心区稳定性的基本条件，对维持核心区的稳定性极为重要。

（一）骨骼

从图 8-1 中可以看出，躯干柱主要包括的骨骼有肩部（锁骨、肩胛骨）、胸部（胸骨、肋骨）、脊柱部（颈椎、胸椎、腰椎、骶骨）和骨盆部（髂骨）等，上面肩部与肱骨连接，下端与股骨连接，形成人体运动链。

1. 肩部骨骼

肩胛骨、锁骨和肱骨构成肩关节。肩胛骨上有许多与肱骨相连的肌肉，如肩胛下肌、冈下肌、小圆肌、肱三头肌长头和三角肌等。肩胛骨可以完成上提、下抑、外旋、内旋、外展及内收 6 种运动。与锁骨相连的肌肉包括三角肌、斜方肌、胸锁乳突肌和胸大肌等。锁骨支持肩胛骨，使上肢骨与胸廓保持一定距离，有利于上肢的灵活运动。

2. 胸部骨骼

胸骨是胸大肌的主要附着点。人体肋骨左右各 12 条，是胸小肌、前锯肌、肋间肌等的主要附着点，有助于保护肺、心脏和肝等器官。

3. 脊柱

脊柱包括 7 颈椎、12 胸椎、5 腰椎、一块骶骨和尾骨。成人的脊柱在矢状面成双 S 形弯曲，从脊柱侧面看，有颈、胸、腰、骶 4 个生理性弯曲，这些生理弯曲能维持身体直立和缓冲震动。脊柱上的突起是多裂肌、竖脊肌腱膜、胸腰部筋膜后层、椎间韧带和脊前韧带的附着点，因此，脊椎的突起给了作用在腰椎上的力一个很好的"杠杆"。

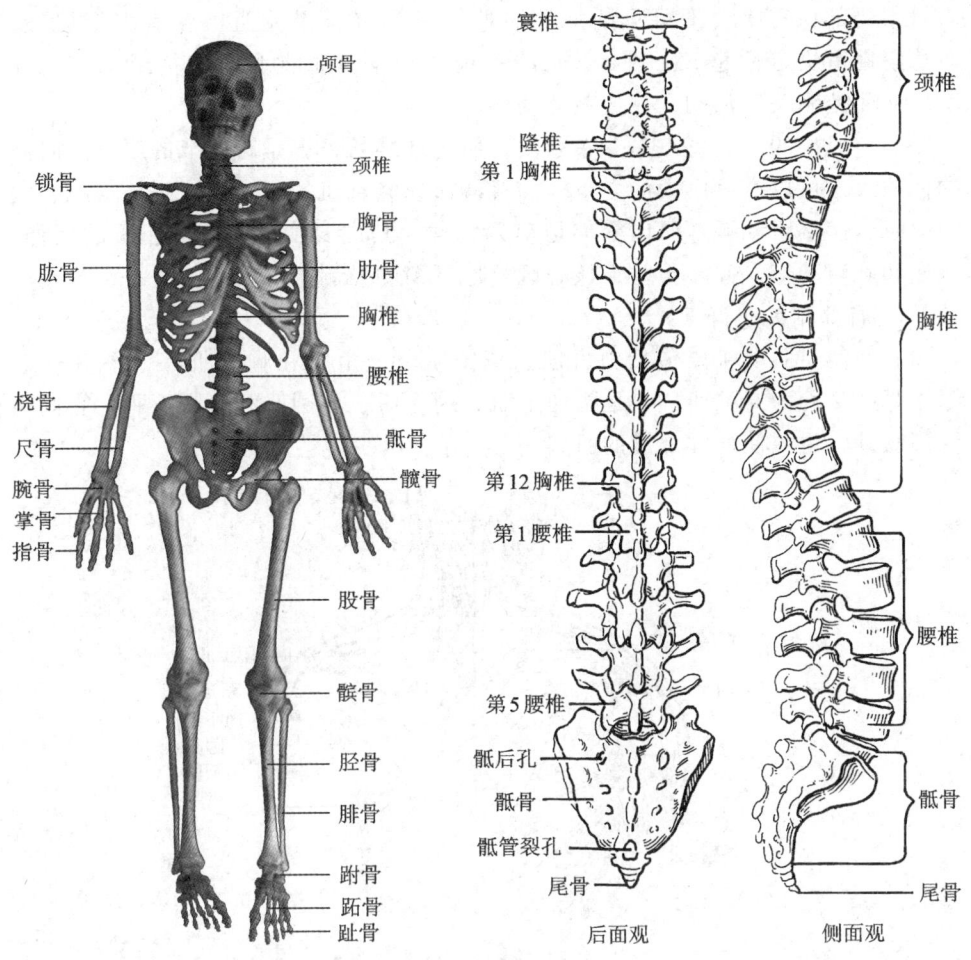

图 8-1　躯干部分骨骼及脊椎

4. 骨盆部

骨盆主要有髋骨、骶骨和尾骨，三者形成骶髂关节、耻骨联合及髋关节。

（二）肌肉

肌肉系统从功能上可以分为两部分，即维持稳定的肌群和产生动力的肌群。

稳定肌群又可分为局部稳定肌群和整体稳定肌群。局部稳定肌群的主要特点是多分布在深层，多是单关节肌，肌群小、肌纤维短，如脊椎之间、腰骶之间、骶髂之间的小肌群，主要功能是维持椎体之间、骶髂之间的稳定性。整体稳定肌群主要由相对表浅的、肌纤维长的、跨关节的肌肉构成，如腹直肌、腹外斜肌、腹内斜肌和竖脊肌等。整体稳定肌（表面可见的肌肉）产生运动和力量，局部稳定肌（不可见的深层肌群）分布在关节附近，含有多个肌梭，对稳定性有决定性意义；神经－肌肉系统整合本体感觉和运动神经的传入冲动，从而控制关节活动，完成肢体动作。

动力肌群的主要特点是分布表浅，肌肉纤维长，多是跨关节的肌群，肌肉的体积大，可以产生巨大的力量。如背阔肌、竖脊肌、腹直肌、腹外斜肌、腹内斜肌、髂腰肌和臀部肌肉等都是动力肌群，其主要功能是完成躯干的屈伸、侧屈和旋转动作，并参与躯干核心区整体平衡的控制。

1. 肩部相关肌群

肩部浅层肌群主要包括斜方肌、背阔肌、三角肌和胸大肌等（图8-2），深层肌群又称为肩袖肌群，是指冈上肌、冈下肌、小圆肌和肩胛下肌，它们是稳定肱骨，主要使肩部外旋的肌肉。

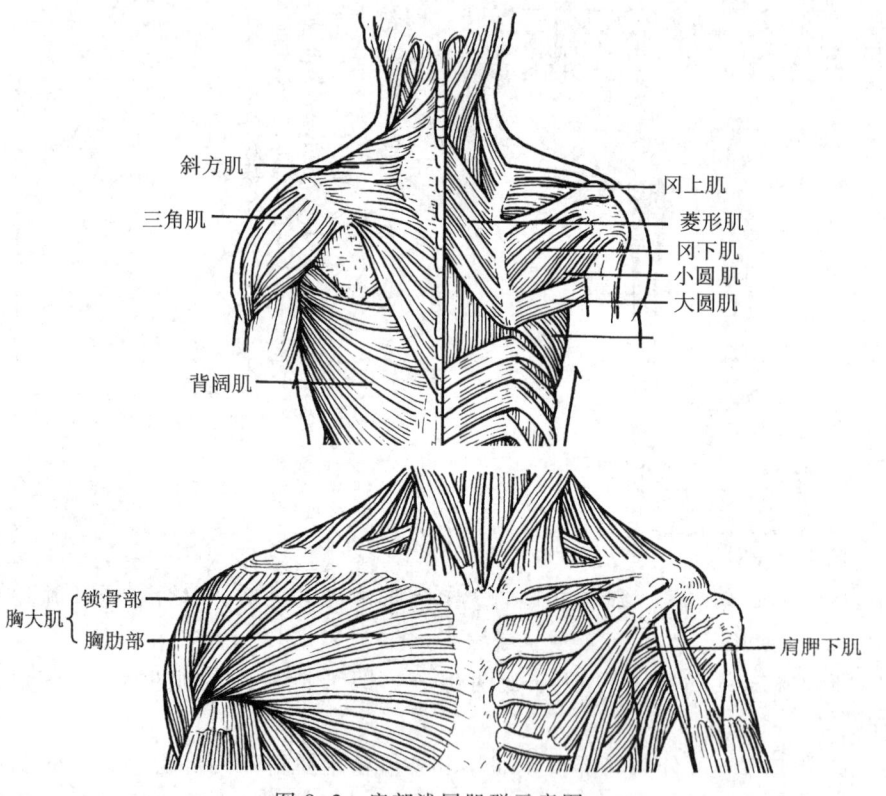

图8-2　肩部浅层肌群示意图

2. 腹部周围的肌群

腹部筋膜系统包括被筋膜包裹的肌肉（成对的腹直肌）与附着于筋膜上的肌肉（腹横肌、腹内斜肌及腹外斜肌）（图8-3）。

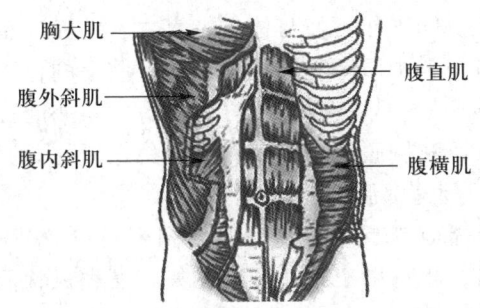

图 8-3　腹部浅层肌群示意图

　　腹直肌具有使脊柱前屈或侧屈的功能，它能平衡竖脊肌的力量，保持骨盆平衡（过度前倾的骨盆使腰椎更向前凸，可导致腰痛）。腹横肌的肌纤维由脊柱到白线横行包绕腰部，可以最大程度减小作用于脊柱的作用力，是腰椎关键的稳定肌，具有增加腹内压的作用。腹外斜肌、腹内斜肌协同工作，具有使脊柱前屈、侧屈、向对侧旋转和支撑腹内脏器的作用。

　　3. 脊柱周围的肌群

　　脊柱周围主要有竖脊肌、多裂肌和腰方肌等主要肌肉（图 8-4）。

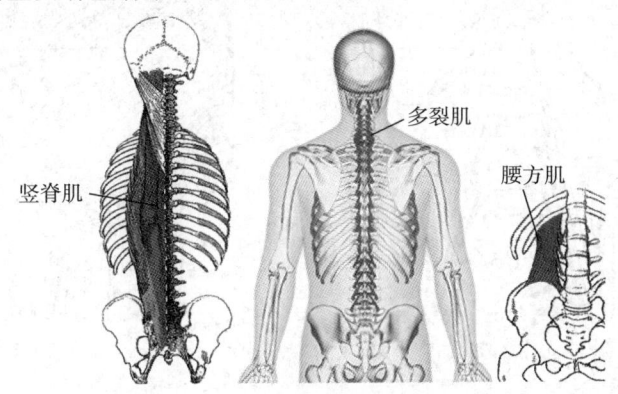

图 8-4　脊柱周围的竖脊肌、多裂肌、腰方肌

　　竖脊肌为脊柱后方的长肌，以总腱起自骶骨背面、腰椎棘突、髂嵴后部和胸腰筋膜，向上分为三部分：外侧为髂肋肌、中间为最长肌、内侧为棘肌。竖脊肌两侧同时收缩可使脊柱后伸，是维持人体直立姿势的重要结构。一侧竖脊肌收缩，可使躯干向同侧侧屈。竖脊肌受全部脊神经后支支配。这些肌连接骶骨、髂骨、脊柱和颅骨，并有稳定功能和运动功能。

　　多裂肌是横突棘肌群的一部分，连接在整个脊柱上，腰椎部最发达。多裂肌为脊柱的伸展提供了很好的杠杆作用，也起到了稳定和控制各椎体的作用，协同维持脊柱稳定和控制各个椎体。

　　腰方肌与竖脊肌协同工作可使身体保持直立，并完成精细的侧向运动和背伸。站立时，腰方肌与臀中肌一起维持躯干在下肢上的位置关系；行走时，身体重量由一只脚转移至另一只脚时，腰方肌与臀中肌一起控制骨盆的稳定，腰方肌与髂腰肌、腰大肌和侧腹肌协同工作可以稳定脊柱。

　　4. 与下肢相连的骨盆部肌群

　　（1）髂腰肌：是髂肌和腰大肌的合称（图8-5）。髂腰肌是髋关节强大的屈肌和外旋肌。同时，也有助于维持腰椎在矢状面和冠状面的稳定。

　　（2）臀肌：主要包括臀大肌、臀中肌、臀小肌，是身体中最有力的肌肉（图8-6）。臀大肌发挥着动态伸展髋关节的作用，当远固定时，臀大肌可以挺直躯干，并与腘绳肌群一起协同工作，将骨盆推送至膝和足的前方；臀中肌发挥着外展、屈曲、内旋、外旋和伸展髋关节的多种功能；臀小肌发挥着屈曲和内旋髋关节的作用。

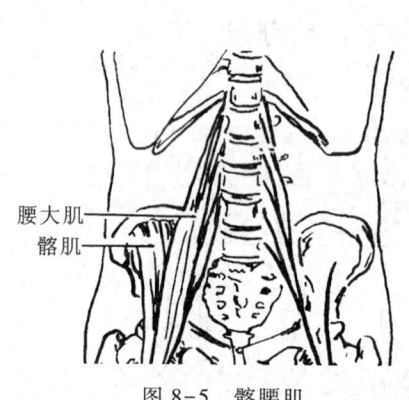

图8-5　髂腰肌

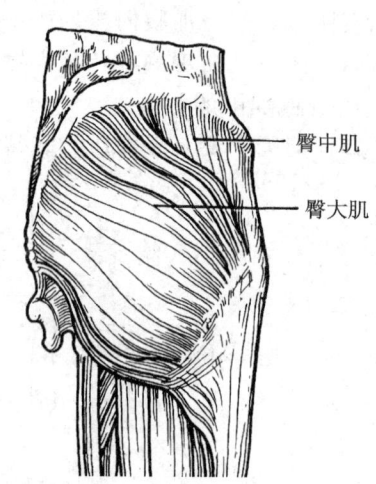

图8-6　臀大肌和臀中肌

　　（3）髋关节深部外旋肌：其功能是使髋关节外旋、内收（图8-7）。当下肢悬空时，使股骨转向外侧；下肢承重时，这些肌肉可阻止股骨内旋，有利于抱膝。梨状肌是最表浅的一块，也是唯一与坐骨神经紧密相关的肌肉，这些肌肉紧张时会压迫坐骨神经，导致下肢疼痛、无力和感觉异常。

　　（4）耻骨部与下肢骨相连的肌肉：主要包括耻骨肌、短收肌、长收肌、股薄肌和大收肌等，其主要作用是使髋关节内收、屈曲和伸展（图8-8）。由于各肌肉的起止的不同，其功能也略有差异。例如，股薄肌起于耻骨下支，止于胫骨干内侧，较其他肌肉有更强的屈髋作用。

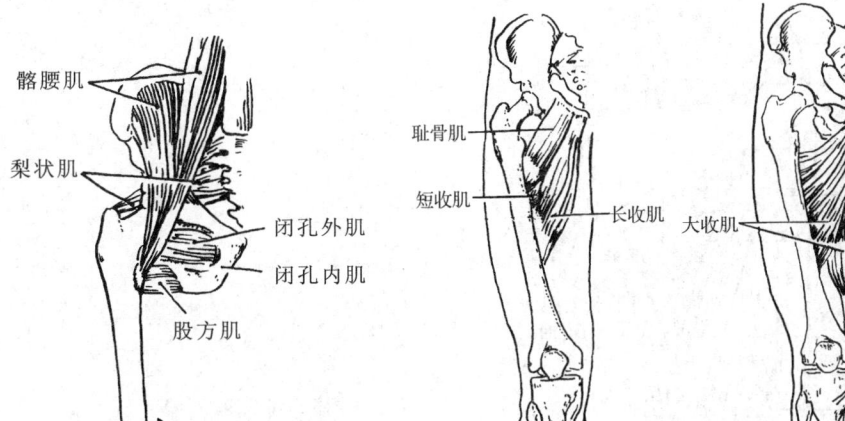

图 8-7 髋关节深部外旋肌   图 8-8 耻骨部与下肢骨相连肌肉

（5）与躯干柱相关联的下肢肌：主要包括股四头肌、阔筋膜张肌和缝匠肌等（图 8-9）。股四头肌中，股直肌是唯一一块跨越髋关节的肌肉，具有屈曲髋关节、伸展膝关节的作用，另外三个头分别为股外肌、股内肌、股中肌，此三块肌肉功能较单一，主要是伸膝。与阔筋膜相连的大而厚实的髂胫束是下肢非常重要的稳定结构，维持髂胫束的柔韧性以及髋部内收肌和外展肌的力量平衡，有助于预防膝关节疾病。缝匠肌是人体最长的肌组织，其结构决定了功能的多样性，具有屈髋、外旋和外展髋关节以及屈膝和内旋膝关节的作用。

大腿后群主要是腘绳肌，包括股二头肌、半腱肌和半膜肌（图 8-9）。股二头肌功能是使髋关节屈曲、外展以及膝关节屈曲，当膝关节微屈时，还具有外旋膝关节的作用。半腱肌和半膜肌有使髋关节伸展和内旋以及膝关节屈曲的功能，当膝关节微屈时，还具有内旋膝关节的作用。在网球、橄榄球、篮球运动中都体现出屈曲膝关节时的旋转作用。

（三）韧带

1. 肩部主要韧带

（1）和锁骨相连：喙锁韧带连接锁骨下面和肩胛骨喙突之间，胸锁韧带连接胸骨柄和锁骨内侧端。

（2）和肩胛骨相连：喙肩韧带连接喙突和肩峰，盂肱韧带使肱骨和肩胛骨紧密连接，喙肱韧带使肱骨和喙突紧密连接。

2. 脊椎部主要韧带

脊柱横突间韧带连接相邻横突，限制脊柱侧屈；位于椎体前面的前纵韧

腰大肌 —— 腰小肌
髂肌

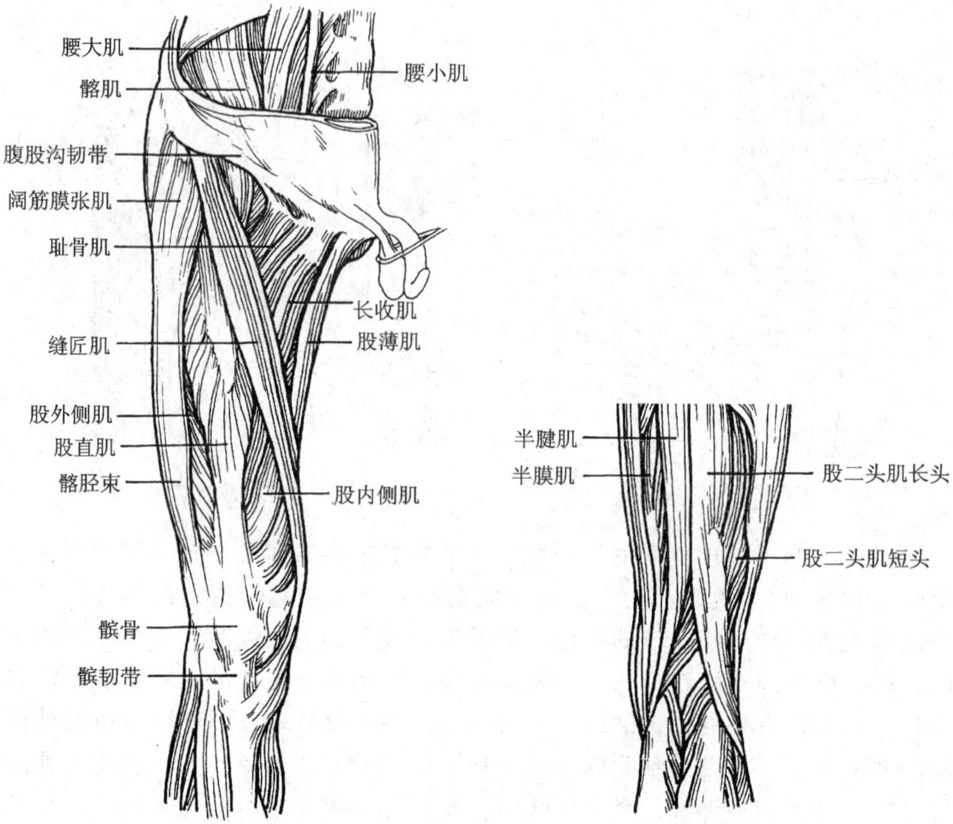

腹股沟韧带
阔筋膜张肌
耻骨肌
长收肌
缝匠肌 —— 股薄肌
股外侧肌
股直肌
髂胫束 —— 股内侧肌
半腱肌
半膜肌 —— 股二头肌长头
股二头肌短头
髌骨
髌韧带

图 8-9　股四头肌、阔筋膜张肌、缝匠肌和腘绳肌

带，由颈部垂直下行至骶骨部；后纵韧带附着于椎间盘，纵贯椎体；棘间韧带和棘上韧带连接相邻棘突，是颈椎项韧带的延续，限制脊柱前屈；黄韧带连接相邻椎弓根前部，限制脊柱屈曲，并协助脊柱恢复到正常位置。

3. 肋骨与椎骨相连韧带

肋横突韧带有助于稳定肋横突关节；肋横突上韧带有助于稳定肋椎关节；肋横突侧韧带有助于稳定肋横突关节和肋椎关节。肋结节韧带也有助于稳定肋横突关节。

（四）特殊的结缔组织

脊柱椎体间是由椎间盘连接的，椎间盘纤维的主要成分是胶原蛋白纤维、蛋白聚糖和水，纤维环和髓核协同工作来承受压力（图 8-10）。髓核的结构使得受力通过纤维环向四周扩散，纤维环受力增加，从而稳定了椎间盘。因此，椎间盘的纤维环起到了限制脊柱运动的作用。

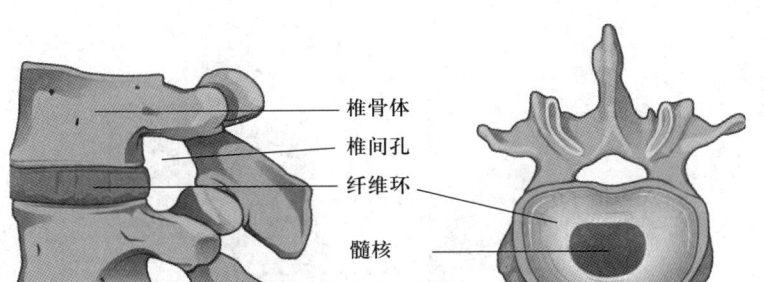

图 8-10　人体脊柱椎体及椎间结构

Adams 和 Hutton（1980）研究指出：直立姿势中，施加在腰椎上的压力有86%由椎间盘承担，另14%由关节突关节承担。腰椎屈曲和伸展的角度对压力有重大的改变作用。腰椎屈曲更多时，关节突关节所受压力就小，同时，椎间盘所受压力就大。腰椎伸展增加了关节面之间的压力，并且压迫椎间盘的后部，造成椎骨前面的切面在下面椎骨之上。因此，在设计和执行躯干支柱力量训练计划时，要充分考虑每个因素。

二、躯干支柱与人体动力链传递的关系

运动链是探索人体运动时骨骼、关节及相关肌肉的相互作用、理化特性的变化及功能转化规律的科学模式。人体的各个部分联在一起，组成一个类似于链条联接的系统，在这个系统中，身体的一部分产生的能量或力，能够被有效地传至下一个环节，这种运动能量/力的传递，就是动力链（kinetic chain）。人体在完成技术动作过程中，将参与完成动作的肢体连成一个"链"，身体的每个部分，则是链上的一个环节，技术动作的完成，依靠动量在各个环节的传递实现。例如，摆腿、挥臂、鞭打等单个动作及复杂的掷标枪、大力发球、跳起扣球、足球掷界外球等，都涉及人体动力链。

人体运动是运动链的多关节运动，牵一发而动全身，所有的动作都是通过人体环节之间相互作用完成的（图8-11）。投掷挥动类的动作特别典型，整个链中最著名的就是腿-脚-地面构成的环和自锁窝到指尖形成的肩臂环。以乒乓球击球为例，比赛中的快速击球以蹬地旋转为支撑，利用人体动力链传递的效能，将下肢发出的力量通过髋部、躯干、上肢并最终传递到球拍上，充分表现出动力链传递的特性。

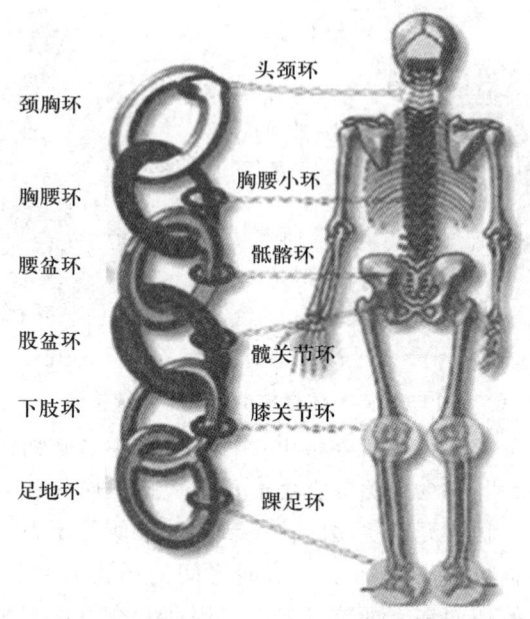

图 8-11　构成人体动力链的关节环

　　运动链的第二层含意是任何运动都是具有一定顺序性的，严格遵守动力链的动量传递原理。即神经系统发放冲动，经传出神经到达支配的骨骼肌，引起骨骼肌收缩，在骨杠杆的作用下引起环节的运动（图 8-12）。肌肉之间的协调性直接限制了动作的效率。

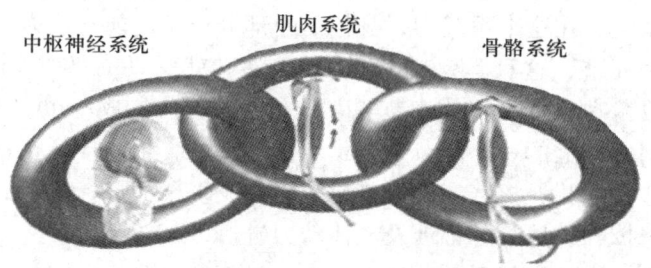

图 8-12　构成人体运动动力链的执行系统

　　脊柱和运动系统的行为一般服从于力学定律。脊柱由前凸、后凸和关节组成，其运动由韧带、肌肉和关节面所决定。脊柱以特定的方式发挥链式作用，导致运动系统的其他部分与之相适应。研究表明：躯干的运动与四肢的运动是紧密联系的，躯干的运动发生在四肢的运动之前。通常躯干肌肉的协调收缩，使中轴骨骼成为上下肢运动的稳定平台。结合躯干支柱的功能运动模式，主要作用包括：一是躯干肌肉活动的协调和精确控制模式为脊柱和骨盆处于最佳位置提供了帮助；二是力矩模式为四肢骨杠杆产生最佳力矩和力量的传导提供了可能性。由此可见，躯干支柱是人体运动链的重要环节。

三、躯干肌肉链的传动效应

人体肌肉筋膜链是由前表线、后表线、体侧线、螺旋线、前伸线和手臂线六大肌肉链相连（图8-13）。这些肌肉链会直接影响人体的结构、功能和体态等，通过熟悉这些肌肉链，提升弱化的肌肉链和放松过于紧张的肌肉链，可以有效地改善由此带来的各种身体问题，从而提升动作模式的效率。

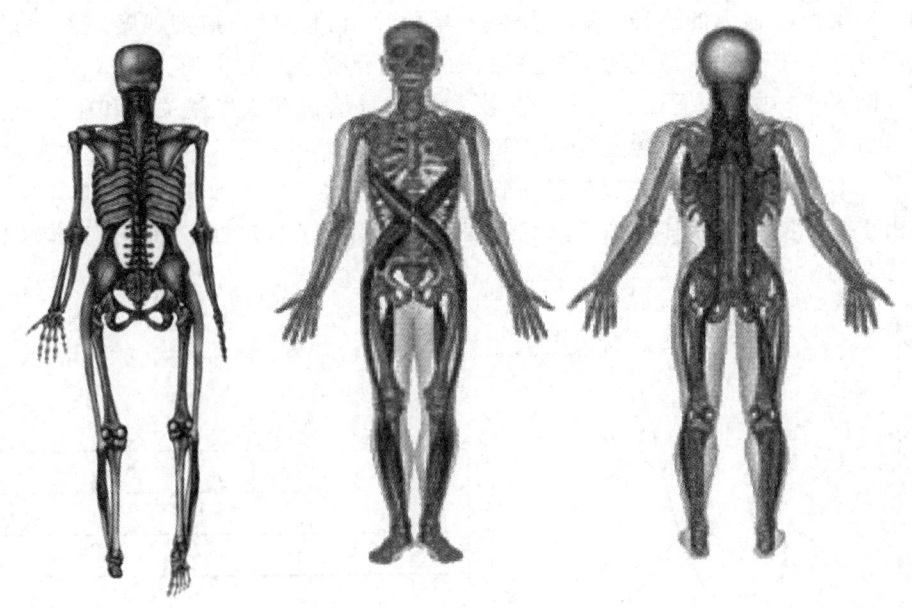

图 8-13　人体肌肉筋膜链示意图

尹军研究指出，乒乓球运动是依靠人体蹬踏地面产生的反作用力，通过踝、膝、髋、肩、肘、腕关节等组成的"动力链"来传递能量，通过控制球拍与球的摩擦将球回到设想位置，从而有效地进行攻防转换。也有文献指出，在高尔夫挥杆过程中，核心有三个主要功能：产生力量、传递力量和控制力量。有了身体力量做基础，有了核心的稳定性作为发力的支点，要制造出强悍的挥杆，还必须有一个正确的运动链才能在击球一瞬间将所有身体这些力量传递到球上。根据高尔夫运动的专项特点进行分析，从力量的运动链传导角度，身体核心部位至少存在二个重要环点，分别为：臀部（髋关节）和腰腹部位。这两者的肌肉起止点至少有一个在传统意义上的核心——腰盆处，而肩部由于其仍与躯干相关联，并在高尔夫挥杆力量传导中的起着极其重要的作用，可以把它称为"次核心"。在高尔夫的挥杆过程中,这三个核心位置相互叠加,组成了一个运动链,称之为"斜向系统",它就像斜挎包一样在身体前后组成一个"X"形的运动链。在上杆和下杆击球时,我们衣服的折痕和这个斜向系统工作的表现一致。在上杆和下杆过程中,力量在身体每个运动链是呈规律性的依次叠加转移,从而使杆头到达击球位时,力量为最大程度的释放。强大、稳定的挥杆力量的基点实质上来源于地面,在从上杆顶点下杆时由地面给予力量,通过下肢传导至核心,身体三个核心臀部、腰腹部和肩部依次往上,利用斜向系统最后由手臂传递到杆头。这样的运动链形成的力量叠加是最有效率的,能够产生强大的旋转扭矩。如果只是单纯用到手臂、肩部或腰腹的力量,或者这几者形成的扭矩无法有效叠加,很多力量就会自我抵消。

图 8-14 中可以看出,三关节依次加速和减速,动量经髋关节和躯干,上传至肩关节,肩关节再传递到手臂和腕关节,保证了出手瞬间达到最大速度。但是,右图中运动员髋关节在肩关节速度下降时,有一个加速,经分析,主要是由于左侧支撑腿蹬伸增加了垂直速度,从而引起了合速度增加。但动作整体仍符合动量传递原理。

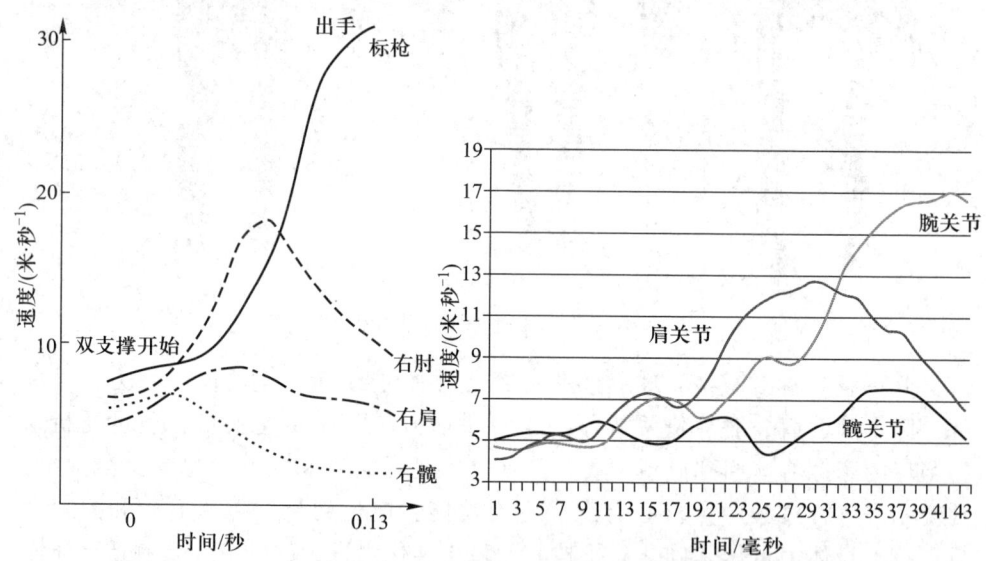

图 8-14 掷标枪最后用力阶段的三关节速度变化图

图 8-15 中可以看出铅球和身体重心的速度变化关系,同样存在依次加速和减速的动量传递。类似的项目还很多,例如:掷垒球、棒球的投手投球、网球正手击球,等等。

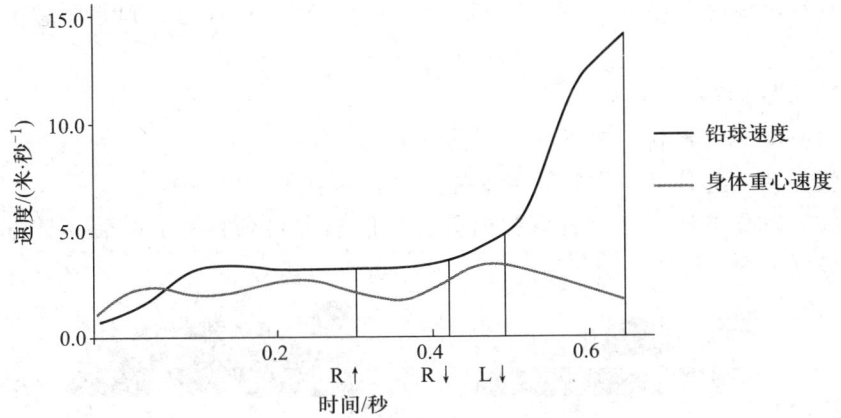

图 8-15　推铅球动作中的速度曲线图

第三节　躯干支柱力量练习方法

为了强化躯干支柱力量，有很多的练习方法，可以根据是否负重分为徒手自由体重类和器械类等，也可以根据动作形式分为稳定支撑类、非稳定支撑类和发展类等，在负荷安排上整体遵守循序渐进、负荷渐增的原则。

一、稳定支撑的躯干支柱力量练习

（一）俯桥

1. 膝支撑俯桥

（1）场地与器材：垫子。

（2）目的与任务：发展躯干支柱力量。

（3）动作方法：练习者以双膝和双肘撑于地面，身体呈桥的姿势（图 8-16）。

（4）训练建议：腹肌收紧，每组练习 30~60 秒，练习 1~3 组，间歇时间 10~30 秒。

图 8-16　膝支撑俯桥

2. 并腿俯桥

（1）场地与器材：垫子。

（2）目的与任务：发展躯干支柱力量。

（3）动作方法：练习者双腿合并，以双脚和双肘撑于地面，身体呈桥的姿势（图 8-17）。

（4）训练建议：练习时要保持臀肌、腹肌收紧，身体呈直线。每组练习

30~60秒，练习1~3组，间歇时间10~30秒。若负重练习，则相应减少练习
时间。

3. 分腿俯桥

（1）场地与器材：垫子。

（2）目的与任务：发展躯干支柱力量。

（3）动作方法：练习者双腿略分开，以双脚和双肘撑于地面，身体呈桥
的姿势（图8-18）。

图8-17　并腿俯桥　　　　　　　　图8-18　分腿俯桥

（4）训练建议：练习时要保持臀肌、腹肌收紧，身体呈直线。每组练习
30~60秒，练习1~3组，间歇时间10~30秒。若负重练习，则相应减少练习
时间。

4. 双臂交替支撑俯桥

（1）场地与器材：垫子，也可使用橡皮带以增加训练难度。

（2）目的与任务：发展肩部、躯干支柱力量。

（3）动作方法：练习者在分腿俯桥的基础上，双臂有节奏地交替上举或
侧举并略有停顿（图8-19，图8-20）。

（4）训练建议：练习时要始终保持身体呈直线，手臂伸展时应克服身体
倾斜。每次双臂交替上举或侧举时停顿3~5秒，每组每侧练习10~15次，练
习1~3组，间歇时间30~60秒。若使用橡皮带练习，则相应减少练习次数。

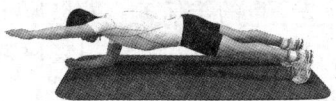

图8-19　双臂交替撑俯桥准备姿势　　　图8-20　双臂交替撑俯桥

5. 双脚交替支撑俯桥

（1）场地与器材：垫子，也可使用迷你弹力带以增加难度。

（2）目的与任务：发展臀部、躯干支柱力量。

（3）动作方法：练习者在并腿俯桥的基础上，双腿伸直，有节奏地交替
上举并略有停顿（图8-21，图8-22）。

（4）训练建议：练习时要始终保持身体呈直线，脚上抬时臀肌收紧。每
次双腿交替上举时停顿3~5秒，每组每侧练习10~15次，练习1~3组，间歇

时间 30~60 秒。若使用迷你带练习，则相应减少练习次数。

 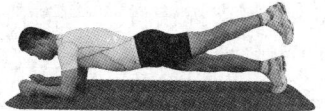

图 8-21　双脚交替撑俯桥准备姿势　　　图 8-22　双脚交替撑俯桥

6. 手-肘推起俯桥

（1）场地与器材：垫子。

（2）目的与任务：发展腕部、肩部及躯干支柱力量。

（3）动作方法：练习者在分腿俯桥的基础上，双臂依次有节奏地将身体推起，适时停顿并重复练习（图 8-23~图 8-27）。

（4）训练建议：动作应有明显的节奏感和适时停顿，练习过程中应克服身体倾斜。每组练习 10~15 次，练习 1~3 组，间歇时间 10~30 秒。

图 8-23　手肘推起俯桥准备姿势　　　图 8-24　左手肘推起俯桥

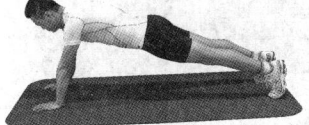 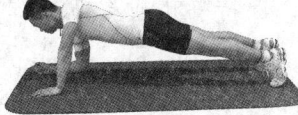 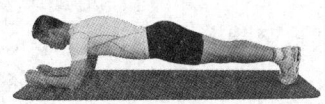

图 8-25　双手推起俯桥　　图 8-26　右手肘推起俯桥　图 8-27　手肘推起俯桥还原姿势

7. 单臂支撑俯桥——静止或动态

（1）场地与器材：垫子，也可使用橡皮带以增加训练强度。

（2）目的与任务：发展肩部、躯干支柱力量。

（3）动作方法：练习者在分腿俯桥的基础上，单肘或单手撑于地面，对侧手臂静止或有节奏地上举（图 8-28，图 8-29）。

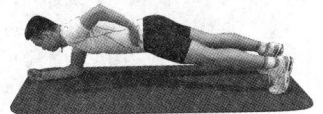 

图 8-28　右臂支撑俯桥　　　图 8-29　单臂支撑俯桥

（4）训练建议：练习时要始终保持身体呈直线，动态上举时身体保持稳定。若做静态练习，每组 30 秒；做动态练习，每组 10~15 次，练习 1~3 组，间歇时间 30~60 秒。若使用橡皮带则相应减少练习时间或次数。

8. 单脚支撑俯桥——静止或动态

（1）场地与器材：垫子，也可使用迷你带以增加训练强度。

（2）目的与任务：发展臀部、躯干支柱力量。

（3）动作方法：练习者在并腿俯桥的基础上，单脚撑于地面，对侧腿静止或有节奏地上举（图 8-30，图 8-31）。

（4）训练建议：练习时要始终保持身体呈直线，动态上举时身体保持稳定。若做静态练习，每组 30 秒；做动态练习，每组 10~15 次，练习 1~3 组，间歇时间 30~60 秒。若使用迷你带则相应减少练习时间或次数。

图 8-30　单脚支撑俯桥准备姿势

图 8-31　单脚支撑俯桥

9. 手脚对侧交替支撑俯桥——静止或动态

（1）场地与器材：垫子。

（2）目的与任务：发展肩部、臀部及躯干支柱力量。

（3）动作方法：练习者以对侧单肘单脚支撑于地面，身体呈桥的姿势，保持静止或有节奏地交替上举（图 8-32）。

图 8-32　单手单脚交替撑俯桥

（4）训练建议：练习时要始终保持身体呈直线，腹肌、臀肌收紧并保持稳定。若做静态练习，每组 15~30 秒；做动态练习，每组 10~15 次，练习 1~3 组，间歇时间 60~90 秒。

10. 单手平板提拉

（1）场地与器材：壶铃、哑铃等。

（2）目的与任务：发展肩背部及躯干支柱力量。

（3）动作方法：练习者手持哑铃撑于地面，在分腿俯桥的基础上有节奏地提起重物（图 8-33，图 8-34）。

图 8-33　单手平板提拉准备姿势

图 8-34　单手平板提拉

（4）训练建议：练习时要始终保持臀肌、腹肌收紧，练习过程中身体保持稳定，克服倾斜。每组练习 8~12 次，练习 1~3 组，间歇时间 60~90 秒。

（二）侧桥

1. 膝肘侧撑

（1）场地与器材：垫子。

（2）目的与任务：发展躯干支柱力量。

（3）动作方法：练习者以肘、膝支撑，双腿自然弯曲，髋部抬起，身体呈直线（图 8-35）。

（4）训练建议：腹部收紧，躯干整体发力。每组练习 30~60 秒，练习 1~3 组，间歇时间 10~30 秒。

图 8-35　膝肘侧撑

2. 分脚侧桥——肘撑或手撑

（1）场地与器材：垫子。

（2）目的与任务：发展躯干支柱力量，手支撑可发展腕部力量。

（3）动作方法：练习者双脚前后叉开，以肘或手配合双脚支撑，髋部抬起，身体呈直线（图 8-36，图 8-37）。

（4）训练建议：腹部收紧，躯干整体发力。每组练习 30~60 秒，练习 1~3 组，间歇时间 10~30 秒。

图 8-36　分腿肘侧桥撑

图 8-37　分腿手侧桥撑

3. 并脚侧桥——肘撑或手撑

（1）场地与器材：垫子。

（2）目的与任务：发展躯干支柱力量。

（3）动作方法：练习者双脚合并，以肘或手配合双脚支撑，髋部抬起，身体呈直线（图 8-38，图 8-39）。

图 8-38　并脚肘侧桥撑

图 8-39　并手肘侧桥撑

（4）训练建议：腹部收紧，躯干整体发力。每组练习 30~60 秒，练习 1~3 组，间歇时间 10~30 秒。

4. 并脚侧桥——动态

（1）场地与器材：垫子。

（2）目的与任务：发展躯干支柱力量。

（3）动作方法：练习者在并脚侧桥的基础上，有节奏地抬起髋部，身体呈直线后适时停顿，还原并重复练习（图 8-40，图 8-41）。

（4）训练建议：腹部收紧，躯干整体发力，适时停顿。每组练习 10~15 次，练习 1~3 组，间歇时间 30~60 秒。

图 8-40　并脚动态侧桥准备姿势　　　图 8-41　并脚肘侧桥撑

5. 静态分腿侧桥

（1）场地与器材：垫子，也可使用迷你弹力带以增加训练强度。

（2）目的与任务：发展臀中肌、躯干支柱力量。

（3）动作方法：练习者在并脚侧桥的基础上，另侧腿向上抬起并保持静止（图 8-42）。

（4）训练建议：腹部、臀中肌收紧，躯干整体发力。将迷你弹力带置于脚踝或膝关节处，以增加练习强度。每组练习 15~30 秒，练习 1~3

图 8-42　动态分腿侧桥

组，间歇时间 60~90 秒。若使用迷你带则相应减少练习时间。

6. 动态分腿侧桥

（1）场地与器材：垫子，也可使用迷你弹力带以增加训练强度。

（2）目的与任务：发展臀中肌、躯干支柱力量。

（3）动作方法：练习者在并脚侧桥的基础上，另侧腿有节奏地向上抬起，还原并重复练习（图 8-43~图 8-45）。

图 8-43　并脚肘侧桥撑　　　图 8-44　单脚肘侧桥撑　　　图 8-45　并脚肘侧桥撑

（4）训练建议：腹部、臀中肌收紧，躯干整体发力，身体呈直线。将迷你弹力带置于脚踝或膝关节处，以增加练习强度。每组练习 10~15 次，练习 1~3 组，间歇时间 60~90 秒。若使用迷你带则相应减少练习次数。

7. 静态侧桥——橡皮带

（1）场地与器材：垫子、弹力带。

（2）目的与任务：发展肩背部、躯干支柱力量。

（3）动作方法：练习者在并脚侧桥或前后开脚侧桥的基础上，使用橡皮带以增加练习难度（图 8-46）。

（4）训练建议：腹部收紧，身体呈直线，保持稳定。每组练习 30~60 秒，练习 1~3 组，间歇时间 30~60 秒。

图 8-46 静态侧桥

8. 动态侧桥——橡皮带

（1）场地与器材：垫子、橡皮带。

（2）目的与任务：发展肩背部、躯干支柱力量。

（3）动作方法：在并脚侧桥或前后开脚侧桥的基础上，使用橡皮带有节奏地伸展手臂（图 8-47，图 8-48）。

（4）训练建议：腹部收紧，身体呈直线，保持稳定。每组练习 10~15 次，练习 1~3 组，间歇时间 30~60 秒。

图 8-47 并脚肘侧支撑侧桥

图 8-48 并脚肘侧支撑侧桥拉弹力带

（三）背桥

1. 静态背桥

（1）场地与器材：垫子。

（2）目的与任务：发展臀肌、躯干支柱力量。

（3）动作方法：练习者以肩背部和双脚后跟触地，髋部抬起，身体呈直线（图 8-49）。

（4）训练建议：练习时保持臀肌紧张。每组练习 30~60 秒，练习 1~3

组，间歇时间 10~30 秒。

2. 直体背桥

（1）场地与器材：跳箱或卧推凳。

（2）目的与任务：发展躯干支柱力量。

（3）动作方法：练习者肩背部触地，双脚跟置于跳箱或卧推凳上，身体呈直线（图 8-50）。

图 8-49　静态背桥　　　　　　　　　图 8-50　静态直体背桥

（4）训练建议：练习时保持臀肌紧张，每组练习 30~60 秒，练习 1~3 组，间歇时间 10~30 秒。

3. 重力球背桥

（1）场地与器材：重力球等重物。

（2）目的与任务：发展臀肌、内收肌及躯干支柱力量。

（3）动作方法：在静态背桥的基础上，双膝内侧夹紧重力球等重物以增加练习强度（图 8-51）。

（4）训练建议：练习时保持臀肌紧张，身体呈直线，可用方形软垫折叠后代替重力球。每组练习 30~60 秒，练习 1~3 组，间歇时间 30~60 秒。

4. 迷你弹力带背桥

（1）场地与器材：迷你弹力带。

（2）目的与任务：发展臀肌、躯干支柱力量。

（3）动作方法：在静态背桥的基础上，将迷你弹力带置于膝关节上方，以增加练习强度（图 8-52）。

图 8-51　重力球背桥　　　　　　　　图 8-52　迷你弹力带背桥

（4）训练建议：练习时保持臀肌紧张，身体呈直线。每组练习 30~60 秒，练习 1~3 组，间歇时间 30~60 秒。

5. 单腿背桥

（1）场地与器材：垫子，也可使用迷你带以增加训练强度。

（2）目的与任务：发展臀肌、髂腰肌及躯干支柱力量。

（3）动作方法：练习者以肩背部和单脚后跟触地，髋部抬起，对侧腿屈曲，呈 90 度抬起（图 8-53，图 8-54）。

（4）训练建议：练习时保持支撑腿臀肌紧张，保持身体稳定并呈直线。将迷你带置于膝上方以增加训练强度。每组练习 30~60 秒，练习 1~3 组，间歇时间 30~60 秒。若使用迷你带则相应减少练习时间。

图 8-53　单腿支撑背桥　　　　　　　图 8-54　弹力带抬腿背桥

6. 腿交替支撑背桥

（1）场地与器材：垫子。

（2）目的与任务：发展臀肌、髂腰肌及躯干支柱力量。

（3）动作方法：练习者以肩背部和单脚后跟触地，髋部抬起，对侧腿抬起时呈 90 度，双腿交替支撑和抬起（图 8-55，图 8-56）。

（4）训练建议：练习时保持支撑腿臀肌紧张，保持身体稳定并呈直线。每次交替上举时停顿 3~5 秒，每组每侧 10~15 次，练习 1~3 组，间歇时间 30~60 秒。

图 8-55　右腿支撑背桥　　　　　　　图 8-56　左腿支撑背桥

7. 动态背桥

（1）场地与器材：垫子。

（2）目的与任务：发展躯干支柱力量，着重发展臀肌力量。

（3）动作方法：练习者在静态背桥的基础上，髋部抬起并适时停顿，还原并重复练习（图 8-57，图 8-58）。

（4）训练建议：练习时保持臀肌紧张，身体呈直线。每组练习 10~15 次，练习 1~3 组，间歇时间 10~30 秒。

图 8-57 双脚支撑背桥准备姿势

图 8-58 双脚支撑背桥

二、非稳定支撑的躯干支柱力量练习

（一）俯桥

1. 下肢非稳定支撑俯桥

（1）场地与器材：泡沫轴、重力球、瑞士球和悬吊带等。

（2）目的与任务：发展躯干支柱力量。

（3）动作方法：练习者双脚置于泡沫轴、重力球、瑞士球或悬吊带上，完成俯桥动作（图 8-59~图 8-62）。

（4）训练建议：练习时要保持臀肌、腹肌收紧，保持身体呈直线。每组练习 30~60 秒，练习 1~3 组，间歇时间 30~60 秒。

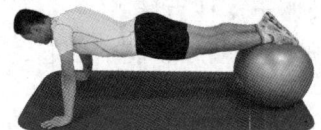

图 8-59 双脚瑞士球上俯球

图 8-60 双脚药球上俯桥

图 8-61 双脚泡沫轴上俯桥

图 8-62 双脚悬吊带上俯桥

2. 上肢非稳定支撑俯桥

（1）场地与器材：重力球、瑞士球和悬吊带。

（2）目的与任务：发展腕部、肩部及躯干支柱力量。

（3）动作方法：练习者双手或双肘撑于瑞士球、重力球或悬吊带上完成俯桥动作（图 8-63~图 8-66）。

（4）训练建议：练习时要保持臀肌、腹肌收紧，保持身体呈直线。每组练习 30~60 秒，练习 1~3 组，间歇时间 30~60 秒。

图 8-63　双手悬吊带支撑俯桥

图 8-64　双手扶瑞士球支撑俯球

图 8-65　双手药球支撑俯桥

图 8-66　双手瑞士球支撑俯桥

3. 重力球俯桥——单臂手撑

（1）场地与器材：重力球。

（2）目的与任务：发展腕部、肩部及躯干支柱力量。

（3）动作方法：练习者单手撑于重力球上，呈分脚俯桥的动作（图 8-67）。

（4）训练建议：练习时要保持臀肌、腹肌收紧，保持身体稳定并呈直线。每组练习 15~30 秒，练习 1~3 组，间歇时间 30~60 秒。

图 8-67　重力球单臂撑俯桥

4. 瑞士球俯桥——对侧收腿

（1）场地与器材：瑞士球。

（2）目的与任务：发展躯干支柱力量。

（3）动作方法：练习者双肘或直臂撑于瑞士球上，在分脚俯桥的基础上，单腿向上或向对侧收腿（图 8-68~图 8-71）。

图 8-68　瑞士球俯桥——左侧收腿

图 8-69　双手支撑瑞士球俯桥

图 8-70 瑞士球俯桥——右侧收腿

图 8-71 双手扶瑞士球俯桥

（4）训练建议：练习时要保稳定，髋部略微旋转。每次收腿时停顿 3~5 秒，每组每侧 10~15 次，练习 1~3 组，间歇时间 30~60 秒。

5. 瑞士球俯桥——旋转

（1）场地与器材：瑞士球。

（2）目的与任务：发展躯干支柱力量。

（3）动作方法：练习者双肘撑于地面，双脚夹住瑞士球，下身缓慢匀速转体（图 8-72，图 8-73）。

（4）训练建议：练习时注意控制动作速度，保持上身稳定。每组每侧练习 8~10 次，练习 1~3 组，间歇时间 30~60 秒。

图 8-72 瑞士球俯桥旋转准备姿式

图 8-73 瑞士球俯桥旋转

6. 上肢非稳定支撑俯桥——瑞士球俯桥前推

（1）场地与器材：瑞士球。

（2）目的与任务：发展肩部、躯干支柱力量。

（3）动作方法：练习者双肘撑于瑞士球，呈分腿俯桥，双肘缓慢前推至最大幅度，适时停顿并还原（图 8-74，图 8-75）。

（4）训练建议：练习时注意控制动作速度，保持身体稳定。每组练习 8~10 次，练习 1~3 组，间歇时间 60~90 秒。

图 8-74 瑞士球俯桥前推准备姿势

图 8-75 瑞士球俯桥前推

（二）侧桥

1. 下肢非稳定支撑侧桥

（1）场地与器材：悬吊带。

（2）目的与任务：发展躯干支柱力量和控制能力。

（3）动作方法：脚置于悬吊带内，双脚前
后接触呈侧桥（图8-76）。

（4）训练建议：练习时要保持臀肌、腹肌
收紧，保持身体稳定并呈直线。每组练习30~
60秒，练习1~3组，间歇时间10~30秒。

图8-76　上肢撑悬吊侧桥

2. 上肢非稳定支撑侧桥

（1）场地与器材：榴莲球、瑞士球、重力球等。

（2）目的与任务：发展躯干支柱力量。

（3）动作方法：肘撑于榴莲球、瑞士球上，或手撑于重力球、悬吊带上，
呈并脚或开脚侧桥（图8-77~图8-79）。

（4）训练建议：练习时要保持臀肌、腹肌收紧，保持身体稳定并呈直线。
每组练习30~60秒，练习1~3组，间歇时间10~30秒。

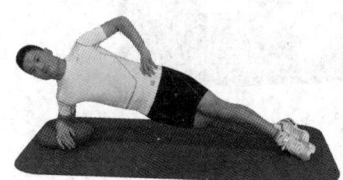 

图8-77　肘撑榴莲球侧桥　　　图8-78　肘撑瑞士球侧桥　　　图8-79　单手撑药球侧桥

（三）背桥

1. 瑞士球直体背桥——静止或动态

（1）场地与器材：瑞士球。

（2）目的与任务：发展躯干支柱力量和控制能力。

（3）动作方法：仰卧于地面，双脚置于瑞士球上，身体呈直线并保持静
止；髋部有节奏地匀速上抬，身体呈直线后还原并重复练习（图8-80~图
8-82）。

（4）训练建议：练习时要保持臀肌收紧、保持身体稳定。动态练习时注
意控制动作速度。若做静态练习，每组30~60秒；做动态练习，每组10~15
次，练习1~3组，间歇时间60~90秒。

图 8-80 瑞士球直体背桥　　图 8-81 瑞士球动态背桥　　图 8-82 瑞士球动态背桥

2. 非稳定支撑背桥——单腿或双腿练习

（1）场地与器材：平衡碗、泡沫轴、悬吊带和瑞士球。

（2）目的与任务：发展躯干支柱力量和控制能力。

（3）动作方法：在静态背桥的基础上，使用平衡碗、泡沫轴、悬吊带或瑞士球以增加训练难度（图 8-83~图 8-86）。

（4）训练建议：练习时要保持臀肌收紧、保持身体稳定。可以采用单腿练习进一步增加训练难度。每组练习 30~60 秒，练习 1~3 组，间歇时间 10~30 秒。若采用单腿练习则适当增加间歇时间。

图 8-83 双腿瑞士球支撑背桥　　　　图 8-84 单腿瑞士球支撑背桥

图 8-85 双腿药球支撑背桥　　　　图 8-86 双腿药球支撑背桥收腿

三、发展性躯干支柱力量练习

（一）稳定性练习

1. 卷腹

（1）场地与器材：垫子，也可使用药球、杠铃片、橡皮带等以增加练习强度。

（2）目的与任务：发展腹部肌肉力量。

（3）动作方法：练习者双腿屈膝仰卧于地面上，双手位于身体两侧，或手持重物于胸前；上身收腹抬起并适时停顿，还原后重复练习（图 8-87~图 8-92）。

（4）训练建议：上身抬起至最高处，还原时肩背部触地。每组练习 10~15 次，练习 1~3 组，间歇时间 60~90 秒，建议负荷范围在 5~15 公斤，间歇期间适当牵拉练习肌群。

图 8-87　卷腹准备姿势

图 8-88　卷腹

图 8-89　双手持弹力带卷腹准备姿势

图 8-90　双手持弹力带卷腹

图 8-91　双手持药球卷腹准备姿势

图 8-92　双手持药球卷腹

2. V 字仰卧起坐——正向或侧向

（1）场地与器材：垫子。

（2）目的与任务：发展腹直肌和腹外侧肌力量。

（3）动作方法：练习者仰卧于地面上，上身与双腿同时抬起呈 V 字形，还原并重复练习（图 8-93~图 8-96）。

图 8-93　正向仰卧起坐准备姿势

图 8-94　正向 V 字仰卧起坐

图 8-95　侧向仰卧起坐准备姿势　　　　　图 8-96　侧向 V 字仰卧起坐

（4）训练建议：双腿保持竖直，可手持负重以增加训练难度；此动作亦可侧向练习，以锻炼躯干侧面肌群。每组练习 10～15 次，练习 1～3 组，间歇时间 60～90 秒，间歇期间适当牵拉练习肌群。

3. 直体仰卧起坐

（1）场地与器材：垫子，也可使用药球、杠铃片以增加练习强度。

（2）目的与任务：发展腹部肌肉力量。

（3）动作方法：练习者双腿屈膝仰卧于地面，双臂交叉或手持重物于胸前；上身竖直抬起并适时停顿，还原后重复练习（图 8-97，图 8-98）。

（4）训练建议：上身抬起时保持竖直。每组练习 10～15 次，练习 1～3 组，间歇时间 60～90 秒，建议负荷范围在 5～15 公斤，间歇期间适当牵拉练习肌群。

图 8-97　双手持药球直体仰卧起坐准备姿势　　图 8-98　双手持药球直体仰卧起坐

4. 直腿仰卧举腿

（1）场地与器材：垫子，也可使用橡皮带增加练习强度。

（2）目的与任务：发展腹部肌肉力量。

（3）动作方法：练习者仰卧于地面上，直腿抬起并适时停顿，还原后重复练习（图 8-99，图 8-100）。

图 8-99　直腿仰卧举腿准备姿势　　　　图 8-100　直腿仰卧举腿

（4）训练建议：动作缓慢匀速。每组练习 10~15 次，练习 1~3 组，间歇时间 60~90 秒，间歇期间适当牵拉练习肌群。若使用橡皮带练习，则相应减少练习次数或增加间歇时间。

5. 屈腿仰卧收腿

（1）场地与器材：垫子，也可使用橡皮带增加练习强度。

（2）目的与任务：发展腹部肌肉力量。

（3）动作方法：练习者直腿微抬，仰卧于地面上，屈腿向腹部收腿，还原并重复练习（图 8-101，图 8-102）。

（4）训练建议：最大幅度收腿，动作缓慢匀速。可采用卧推凳或跳箱以增加训练难度（图 8-103，图 8-104）。每组练习 10~15 次，练习 1~3 组，间歇时间 60~90 秒，间歇期间适当牵拉练习肌群。若使用橡皮带练习，则相应减少练习次数或增加间歇时间。

图 8-101　屈腿仰卧收腿准备姿势

图 8-102　屈腿仰卧收腿

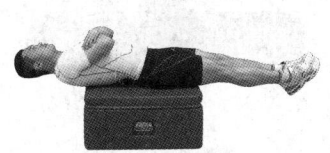

图 8-103　跳箱上屈腿仰卧收腿准备姿势

图 8-104　跳箱上屈腿仰卧收腿

6. 仰卧屈腿触脚

（1）场地与器材：垫子。

（2）目的与任务：发展腹部外侧肌肉力量。

（3）动作方法：练习者双腿屈膝，仰卧于地面上，双手位于身体两侧，上身左、右侧向收腹，手触及脚跟，还原并重复练习（图 8-105，图 8-106）。

图 8-105　仰卧屈腿右手触脚

图 8-106　仰卧屈腿左手触脚

（4）训练建议：微抬头，上身平直，紧贴地面。每组练习 10～15 次，练习 1～3 组，间歇时间 30～60 秒。

7. 坐姿旋转

（1）场地与器材：垫子，也可使用药球、杠铃片增加练习强度。

（2）目的与任务：发展腹部外侧肌肉力量。

（3）动作方法：练习者双腿屈膝坐于地面上，双手自然放置于胸前或持重物，上身左、右收腹旋转（图 8-107～图 8-112）。

（4）训练建议：练习时双腿合并转体，上身保持平直。每组练习 8～12 次，练习 1～3 组，间歇时间 60～90 秒，建议负荷范围在 5～15 公斤。若使用负重练习，则相应减少练习次数或增加间歇时间。

图 8-107　坐姿

图 8-108　坐姿右侧旋转

图 8-109　坐姿左侧旋转

图 8-110　坐姿持药球

图 8-111　坐姿持药球右侧旋转

图 8-112　坐姿持药球左侧旋转

8. 仰卧对角收腹

（1）场地与器材：垫子。

（2）目的与任务：发展腹外侧肌肉力量。

（3）动作方法：练习者屈腿 90 度仰卧，单腿向腹部收腿的同时，上身转体使对侧肘部和膝部相触及，转换方向并重复练习（图 8-113，图 8-114）。

（4）训练建议：练习时背部保持平直。每组每侧练习 10～20 次，练习 1～

3 组，间歇时间在 90 秒以上，间歇期间适当牵拉练习肌群。

图 8-113　仰卧右臂左脚对角收腹　　　图 8-114　仰卧左臂右脚对角收腹

9. 俯卧两头起

（1）场地与器材：垫子，也可使用杠铃片增加练习强度。

（2）目的与任务：发展背部肌肉力量。

（3）动作方法：练习者直体俯卧于地面上，双手抱头或持重物于背部。背部和腿有节奏地向上抬起，还原并重复练习（图 8-115，图 8-116）。

（4）训练建议：练习时臀部收紧，动作匀速。每组练习 10~20 次，练习 1~3 组，间歇时间 60~90 秒。若使用负重练习，则相应减少练习次数或增加间歇时间。

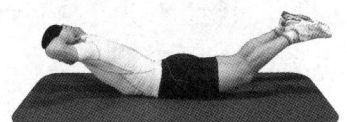

图 8-115　俯卧两头起准备姿势　　　　图 8-116　俯卧两头起

10. 对侧旋转背起

（1）场地与器材：垫子，也可使用杠铃片增加练习强度。

（2）目的与任务：发展背部肌肉力量。

（3）动作方法：练习者直体俯卧于地面上，双手抱头，背部和腿有节奏地向对侧抬起（图 8-117~图 8-119）。

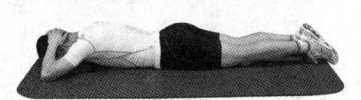
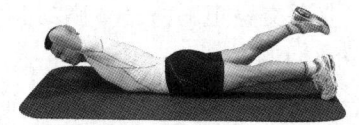

图 8-117　俯卧对角两头起准备姿势　　图 8-118　俯卧左肩右腿对角两头起

图 8-119　俯卧右肩左腿对角两头起

（4）训练建议：练习时臀部收紧，上身全幅度旋转，动作匀速。每组每侧练习 10~20 次，练习 1~3 组，间歇时间 60~90 秒。

（二）非稳定性练习

1. 坐姿手臂上举

（1）场地与器材：垫子，也可手持哑铃等重物增加练习难度。

（2）目的与任务：发展躯干稳定性。

（3）动作方法：练习者上身平直，屈腿坐于地面上，双腿触地，双手放置于身体两侧；双臂缓慢向上抬起至最高处，还原并重复练习（图 8-120，图 8-121）。

（4）训练建议：练习时可通过调整身体角度、双脚是否离开地面或手持负重以增加练习难度。每组练习 10~15 次，练习 1~3 组，间歇时间 30~60 秒，建议负荷范围在 0.5~2.5 公斤之间。

图 8-120　坐姿臂上举准备姿势　　　　图 8-121　坐姿臂上举

2. 不稳定单腿屈腿收腹

（1）场地与器材：垫子、泡沫轴。

（2）目的与任务：发展腹横肌力量。

（3）动作方法：将泡沫轴竖直放置，练习者上身躺于泡沫轴上，双脚跟触地，双手交叠至胸前，单腿缓慢屈曲，向上抬起，还原并重复练习（图 8-122~图 8-124）。

（4）训练建议：练习时下腹部收紧，保持身体稳定。每组练习 5~10 次，练习 1~3 组，间歇时间 30~60 秒。

图 8-122　泡沫轴上仰卧收腿准备姿势　　　　图 8-123　泡沫轴上仰卧收右腿

图 8-124　泡沫轴上仰卧收左腿

3. 非稳定前推——跪姿、站姿

（1）场地与器材：推轮、悬吊带。

（2）目的与任务：发展躯干支柱力量。

（3）动作方法：练习者站立或双膝跪于地面上，手持滑轮手柄或悬吊带，身体向前推送至最大幅度，还原并重复练习（图 8-125～图 8-128）。

（4）训练建议：练习时要保持身体平直，动作速度缓慢。可变换成站姿以增加训练难度。每组练习 8～12 次，练习 1～3 组，间歇时间 60～90 秒，间歇期间适当牵拉练习肌群。

图 8-125　跪姿推轮准备姿势

图 8-126　跪姿推轮

图 8-127　直体推车轮准备姿势

图 8-128　直体推车轮

4. 屈腿

（1）场地与器材：推轮、瑞士球和悬吊带。

（2）目的与任务：发展躯干支柱力量和股后肌群力量。

（3）动作方法：在直体背桥的基础上收腿，还原后重复练习（图 8-129～图 8-132）。

（4）训练建议：练习时要保持身体稳定，动作缓慢匀速。使用瑞士球、悬吊带时可采用单腿练习以增加难度。每组练习 8～12 次，练习 1～3 组，间歇时间 60～90 秒。若采用单腿练习，则相应减少练习次数或增加间歇时间。

图 8-129　车轮上仰卧收腿准备姿势

图 8-130　车轮上仰卧收腿

图 8-131　瑞士球上仰卧收腿准备姿势

图 8-132　瑞士球上仰卧收腿

5. 瑞士球卷腹

（1）场地与器材：瑞士球，也可使用重物增加练习强度。

（2）目的与任务：发展腹部肌肉力量。

（3）动作方法：练习者双腿屈膝，下背部卧于瑞士球上，双手交叉，放置于胸前或持重物，上身收腹抬起并适时停顿，还原并重复练习（图 8-133～图 8-136）。

图 8-133　瑞士球上仰卧

图 8-134　瑞士球正向卷腹

图 8-135　瑞士球上仰卧

图 8-136　瑞士球对角卷腹

（4）训练建议：还原时，上身需完全置于瑞士球上，此练习可以在卷腹时旋转，以锻炼腹外侧肌群。每组练习 8～12 次，练习 1～3 组，间歇时间 60～

90 秒，建议负荷范围在 5~10 公斤之间。若负重练习，则相应减少练习次数或增加间歇时间。

6. 非稳定收腹

（1）场地与器材：瑞士球、悬吊带。

（2）目的与任务：发展腹部肌肉力量。

（3）动作方法：练习者双手俯地支撑，双脚分别放于瑞士球或悬吊带上，双腿向腹部屈曲，还原并重复练习（图 8-137，图 8-138）。

（4）训练建议：练习时保持身体稳定。每组练习 8~12 次，练习 1~3 组，间歇时间 60~90 秒，间歇期间适当牵拉练习肌群。

图 8-137 悬吊带手撑收腹准备姿势   图 8-138 悬吊带手撑收腹

7. 非稳定收腿

（1）场地与器材：瑞士球、悬吊带。

（2）目的与任务：发展腹部肌肉力量。

（3）动作方法：练习者双手俯地支撑，双脚分别放于瑞士球或悬吊带上，髋部向上抬起至最高处，还原并重复练习（图 8-139，图 8-140）。

（4）训练建议：练习时保持身体稳定。每组练习 8~12 次，练习 1~3 组，间歇时间 60~90 秒。

图 8-139 悬吊带手撑收腿准备姿势   图 8-140 悬吊带手撑收腿

8. 瑞士球侧向卷腹

（1）场地与器材：瑞士球，也可使用重物增加练习强度。

（2）目的与任务：发展腹部外侧肌肉力量。

（3）动作方法：练习者前后开脚，固定支撑，髋部侧卧于瑞士球上，双手抱头或持重物，上身收腹抬起并适时停顿，还原并重复练习（图 8-141，图

8-142）。

（4）训练建议：注意控制身体，匀速练习，每组练习 8~12 次，练习 1~3 组，间歇时间 60~90 秒，建议负荷范围在 5~10 公斤之间。若负重练习，则相应减少练习次数或增加间歇时间。

图 8-141　瑞士球侧向卷腹准备姿势　　　　图 8-142　瑞士球侧向卷腹

9. 仰卧瑞士球转体

（1）场地与器材：瑞士球，也可使用哑铃、药球和橡皮带等增加练习强度。

（2）目的与任务：发展腹部外侧肌肉力量。

（3）动作方法：练习者上背部仰卧于瑞士球上，手持重物双臂竖直，上身转体至与地面垂直，还原并重复练习（图 8-143，图 8-144）。

（4）训练建议：转体时应避免瑞士球大幅度滚动，注意控制身体稳定和动作速度。每组每侧练习 8~12 次，练习 1~3 组，间歇时间 60~90 秒，建议负荷范围在 2.5~5 公斤之间。

图 8-143　瑞士球仰卧双手持药球　　　图 8-144　瑞士球仰卧双手持药球转体

10. 瑞士球俯卧背伸——下肢稳定

（1）场地与器材：瑞士球。

（2）目的与任务：发展背部和臀肌力量。

（3）动作方法：腹部置于瑞士球上，上身抬起，身体呈直线后适时停顿，还原并重复练习（图 8-145，图 8-146）。

（4）训练建议：臀部收紧，注意控制平衡和动作速度。每组练习 10~15 次，练习 1~3 组，间歇时间 60~90 秒。

图 8-145　瑞士球俯卧背伸准备姿势　　　　图 8-146　瑞士球俯卧背伸

11. 瑞士球背起——上肢稳定

（1）场地与器材：瑞士球。

（2）目的与任务：发展背部和臀肌力量。

（3）动作方法：腹部置于瑞士球上，双腿抬起，身体呈直线后适时停顿，还原并重复练习（图 8-147，图 8-148）。

（4）训练建议：臀部收紧，注意控制平衡和动作速度。每组练习 10~15 次，练习 1~3 组，间歇时间 60~90 秒。

图 8-147　瑞士球俯卧举腿准备姿势　　　　图 8-148　瑞士球俯卧举腿

 复习思考题

1. 简述加强躯干支柱练习对提高动作效率有哪些帮助。

2. 结合一个动作练习，试分析其主要动员的肌肉群有哪些。

3. 简述俯桥类动作的共同特点。

4. 举例说明发展性躯干力量练习的目的与任务，以及具体练习方法。

5. 从训练内容和负荷等方面考虑，设计一个针对预防伤病和提高运动表现能力的训练方案。

 **推荐阅读文献**

1. 尹军. 躯干支柱力量与动力链的能量传递 [J]. 中国体育教练员, 2012, 03.

2. Gray Cook. 动作——功能动作训练体系 [M]. 张英波, 等, 译. 北京: 北京体育大学出版社, 2011.

（曹可强　李玉章　上海体育学院）
（郝　磊　上海体育职业学院）

第九章
旋转爆发力动作模式

▲ 本章导语

　　人们在完成技术动作过程中都会涉及旋转和对抗旋转，旋转发力相较于直线发力，参与的肌群更多，参与收缩的肌肉初长度更长，因此旋转发力可以获得更大的加速度和动作表现力。本章系统介绍了旋转爆发力的相关理论和练习方法，希望学习者能够对旋转爆发力训练的理论体系有客观的认识，掌握旋转爆发力练习的正确方法。

⠿ 第一节　旋转爆发力的锻炼价值 ◢

近年来随着体育运动的不断发展，旋转爆发力训练越来越受到国内外专家、学者和教练员的重视。旋转爆发力训练能够提高运动员的动作表现和运动成绩，因为几乎所有运动项目都涉及某种程度的扭转和对抗旋转，旋转爆发力训练可以作为所有运动项目的基本力量训练。

一、动员更多的肌肉参与运动

旋转爆发力训练是在保持腰椎和腰骶关节面稳定的前提下，通过旋转髋关节和胸椎实现全身旋转爆发力的动作模式，髋关节和胸椎的灵活性是实现旋转爆发力训练的基础，躯干支柱的稳定性是实施旋转爆发力训练的关键。

从解剖学的角度来说，人体的大部分肌群是纵向排列的，另外一部分是斜向排列的，如梨状肌、臀大肌、腹外斜肌、前锯肌、斜方肌和腰方肌等，这种复杂的排列结构使躯干能够产生屈伸和扭转运动的动力，而人体的各种复杂动作（包括竞技动作）都是人体功能性动作的组合，这些动作有推、拉、屈、伸和旋转，这些动作都是在两个或两个以上的平面内完成的动作。人体在运动过程中由于四肢的动作，使身体在水平面、额状面、矢状面不断产生偏转力矩。根据物理学关于转动力矩在封闭的个体中保持恒定的原理，下肢产生一个向前的转动力矩，其他部位必然要产生一个相反的转动力矩，这样才能平衡。身体躯干部位斜向排列的肌肉在对抗偏转力矩过程中担负着稳定重心、环节发力和传导力量等作用，对上下肢的协同工作及整合用力起着承上启下的枢纽作用。躯干得到稳固的支持，四肢的应力也能够随之减少，肢体才能够游刃有余地协调完成技术动作。身体在旋转发力和对抗旋转时，躯干尤其是腰椎和腰骶关节周围的肌群要协同工作，以对抗偏转力矩，所以旋转爆发力训练能够动员更多的肌肉来实现旋转和对抗旋转。

旋转爆发力训练主要以髋关节和胸椎的旋转来完成身体的旋转，当髋关节和胸椎灵活性不足时，就无法完成正确的旋转动作，以致出现代偿性动作，引起慢性损伤。所以在旋转爆发力训练前，通过合理的拉伸训练能够有效拉长肌肉，增大关节的活动范围，增加肌肉间协调工作的能力，增大动作幅度。所以髋关节和胸椎具备较高的灵活性是获得旋转爆发力的前提。

二、提高动作的速率和功率

在传统的力量训练中，练习者都是在单一平面内完成屈、伸和推、拉的动作模式，每一个动作都有特定的神经通路，通过单一平面内练习而提高的力量，因为神经通路与运动实践相差太远，力量提高的效果很难迁移到运动实践当中，所以采用传统力量练习方式的运动员往往在场上表现出有劲使不出，动作显得缓慢而笨拙。旋转爆发力训练都是多维空间里进行的功能性动作，更接近于运动实践，力量提高的效果能更好地迁移到运动实践当中。

相对传统力量训练，旋转爆发力训练首先对目标肌群进行离心收缩，适当地拉长了目标肌群收缩前的肌肉初长度，从而提高了目标肌群的做功的距离和收缩的力量，旋转爆发力训练利用肌肉弹性、肌梭和腱器官的牵张反射作用提高了目标肌群收缩的速度，并且缩短了目标肌群做功的时间。所以旋转爆发力训练能更好地提高动作速率和功率，进而提高场上的表现能力。

三、有效预防运动损伤

在绝大多数运动项目中，练习者在三维的空间内进行多关节的运动，运动方式包括屈、伸、推、拉和旋转等多维运动，传统的力量训练常常是在平坦的支撑面上进行单维运动练习，而躯干的侧屈、扭转肌群没有得到相应的加强，必然导致身体躯干核心肌群中原动机、对抗肌过于发达，固定肌和协同肌相对薄弱。力量之间的不均衡，必然造成躯干不稳定或关节位置的偏离，导致损伤发生，而且伤痛导致肌肉不能正常发力，因而肌肉力量减弱，体能下降，由此又进入一个力量下降、伤痛加重的恶性循环中。旋转爆发力训练从解剖结构特点和生物力学功能出发，引入斜向和旋转方式以屈伸、旋转结合在一起的复合运动形式，精心设计出针对项目特点、多关节、多维的练习方法，使躯干每一块肌肉都参与进来，保证了肌肉均衡发展。

坐姿、跪姿和弓箭步练习，主要是为了提高练习者对身体局部的控制能力，这些练习主要是上肢和胸椎的旋转运动。在实际运动中，绝大多数旋转在站立姿势下进行，如站姿实心球练习锻炼了整个身体核心区域，发展了身体动态稳定性和平衡性，有助于提高运动员对重心的控制能力，同时也可以提高运动速度，减少受伤风险；网球选手利用滑轮装置模拟发球动作，发展力量练习，使髋、腰、手臂的力量得到全面提高，使各关节和肌肉的协调发力更有效。

第二节 旋转爆发力练习方法

旋转爆发力的训练方法众多，从身体姿势来看，包括坐姿、跪姿、站姿和卧姿；从外部环境看，包括稳定状态下练习和不稳定状态下练习；从训练器械来看，可采用实心球、气动器械、弹力带、杠铃等器械。

一、稳定支撑的旋转爆发力练习

（一）坐姿稳定支撑旋转爆发力练习

1. 坐姿斜下拉气动器械

动作方法：练习者身体侧对气动器械，两腿分开，坐在凳子上，大腿下压，保持身体重心的平稳，双手握住器械手柄于内侧肩上。练习开始时，髋关节保持稳定，胸椎充分旋转，双手沿着身体转动的趋势向斜下方快速下拉器械手柄，练习过程中身体姿态保持稳定。还原成起始姿势后，再重复练习（图9-1，图9-2）。

训练建议：8~12次为1组，练习4~6组，每组间隔时间为2~3分钟。

图9-1 起始姿势

图9-2 结束姿势

2. 坐姿斜上拉气动器械

动作方法：练习者身体侧对气动器械，两腿分开坐在凳子上，躯干收紧，大腿下压，保持身体重心的平稳，双手握住器械手柄置于内侧腰际。练习开始时，髋关节保持稳定，胸椎充分旋转，双手沿着身体转动的趋势向斜上方快速上拉器械手柄，练习过程中身体姿态保持稳定。还原成起始姿势后，再重复练习（图9-3，图9-4）。

训练建议：8~12次为1组，练习4~6组，每组间隔时间为2~3分钟。

图9-3　起始姿势　　　　　　　　图9-4　上拉结束姿势

3. 坐姿推拉气动器械

动作方法：练习者身体侧对气动器械，两腿分开坐在练习凳上，躯干收紧，大腿下压，保持身体重心的平稳，两手一前一后握住器械手柄。练习开始时，髋关节保持稳定，胸椎充分旋转，双手沿着身体转动的趋势向对侧快速推拉器械手柄，练习过程中身体姿态保持稳定。还原成起始姿势后，再重复上一次动作（图9-5，图9-6）。

训练建议：8~12次为1组，练习4~6组，每组间隔时间为2~3分钟。

图9-5　准备姿势　　　　　　　　图9-6　推拉结束姿势

4. 坐姿正对斜抛实心球

动作方法：练习者身体正对投掷墙，距墙约1米，坐在练习凳上。双手握住实心球，旋转躯干并将实心球摆至髋关节外侧，使躯干形成扭紧姿势。练习开始时，以躯干发力为主，双手借助身体转动的惯性顺势把球抛向墙面，球弹回后双手接球，利用球的反弹力扭紧身体，还原成基本准备姿势，再重复上一动作。在练习过程中，挺胸抬头，后背收紧，时刻保持腰椎稳定，抛球时手臂伸直（图9-7，图9-8）。

训练建议：8~12次为1组，练习4~6组，每组间隔时间为2~3分钟。

图 9-7　起始姿势

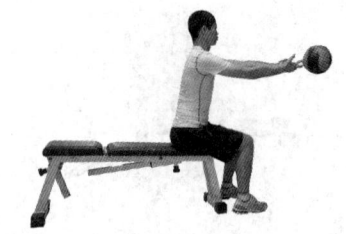

图 9-8　正对斜抛实心球结束姿势

5. 坐姿侧对斜抛实心球

动作方法：练习者身体侧对投掷墙，距墙约 1 米，坐在练习凳上。双手握住实心球，旋转躯干并将实心球摆至髋关节外侧，使躯干形成扭紧姿势。练习开始时，以躯干发力为主，双手借助身体转动的惯性顺势把球抛向墙面，球弹回后双手接球，利用球的反弹力扭紧身体，还原成基本准备姿势，再重复上一动作。练习过程中，挺胸抬头，后背收紧，时刻保持腰椎稳定，抛球时手臂伸直（图 9-9，图 9-10）。

训练建议：8~12 次为 1 组，练习 4~6 组，每组间隔时间为 2~3 分钟。

图 9-9　起始姿势

图 9-10　侧对斜抛实心球结束姿势

6. 坐姿背对斜抛实心球

动作方法：练习者身体背对投掷墙，距墙约 1 米，坐在练习凳上。双手握住实心球，旋转躯干并将实心球摆至髋关节外侧，使躯干形成扭紧姿势。练习开始时，以躯干发力为主，双手借助身体转动的惯性顺势把球抛向墙面，球弹回后双手接球，利用球的反弹力扭紧身体，还原成基本准备姿势，再重复上一动作。练习过程中，挺胸抬头，后背收紧，时刻保持腰椎稳定，抛球时手臂伸直（图 9-11，图 9-12）。

训练建议：8~12 次为 1 组，练习 4~6 组，每组间隔时间为 2~3 分钟。

图 9-11　起始姿势

图 9-12　背对斜抛实心球

7. 坐姿肩上轮摆壶铃

动作方法：练习者两腿分开，坐在练习凳上，躯干收紧，大腿下压，保持身体重心的平稳，双手于胸前握住壶铃手柄。练习开始时，腰部保持稳定，胸椎充分旋转，双手持壶铃从胸前经左侧肩上、头顶、右侧肩上至胸前结束，练习过程中身体姿态保持稳定。还原成起始姿势后，从右侧重复上一次动作（图 9-13~图 9-16）。

训练建议：8~12 次为 1 组，练习 4~6 组，每组间隔时间为 2~3 分钟。

图 9-13　起始姿势

图 9-14　坐姿右侧肩上抡

图 9-15　坐姿头顶肩上抡

图 9-16　坐姿左侧肩上抡

（二）跪姿稳定支撑旋转爆发力练习

1. 跪姿斜下拉气动器械

动作方法：身体侧对器械，呈基本跪姿。双手握住器械手柄，置于身体内侧（器械方向）肩上方，身体向内侧扭紧。练习开始时，髋关节保持稳定，胸椎向外侧充分旋转，双手沿着身体转动的趋势，向斜下方快速下拉器械手柄。练习过程中，挺胸抬头，后背收紧，髋关节保持稳定。还原成起始姿势后，再重复上一次动作（图9-17，图9-18）。

训练建议：8~12次为1组，练习4~6组，每组间隔时间为2~3分钟。

图9-17 起始姿势　　　　　　　　图9-18 斜下拉结束姿势

2. 跪姿正对斜抛实心球

动作方法：练习者身体正对投掷墙，距墙约1米，双腿呈跪姿。双手握住实心球，旋转躯干并将实心球摆至髋关节外侧，使躯干形成扭紧姿势。练习开始时，以扭紧一侧臀肌发力为主，双手借助身体转动的惯性，顺势把球抛向墙面，球弹回后双手接球，利用球的反弹力扭紧身体，还原成基本准备姿势，再重复上一动作。练习过程中，挺胸抬头，后背收紧，时刻保持腰椎稳定，抛球时手臂伸直（图9-19，图9-20）。

训练建议：8~12次为1组，练习4~6组，每组间隔时间为2~3分钟。

图9-19 准备姿势　　　　　　　图9-20 正对斜抛实心球结束姿势

3. 跪姿侧对斜抛实心球

动作方法：练习者身体侧对投掷墙，距墙约1米，双腿呈跪姿。双手握住实心球，旋转躯干并将实心球摆至髋关节外侧，使躯干形成扭紧姿势。练习开始时，以扭紧一侧臀肌发力为主，双手借助身体转动的惯性，顺势把球抛向墙面，球弹回后双手接球，利用球的反弹力扭紧身体，还原成基本准备姿势，再重复上一动作。练习过程中，挺胸抬头，后背收紧，时刻保持腰椎稳定，抛球时手臂伸直（图 9-21，图 9-22）。

训练建议：8~12 次为 1 组，练习 4~6 组，每组间隔时间为 2~3 分钟。

图 9-21　准备姿势　　　　　　图 9-22　侧对斜抛实心球结束姿势

4. 跪姿背对斜抛实心球

动作方法：练习者身体背对投掷墙，距墙约 1 米，双腿呈跪姿。双手握住实心球，旋转躯干并将实心球摆至髋关节外侧，使躯干形成扭紧姿势。练习开始时，以扭紧一侧臀肌发力为主，双手借助身体转动的惯性，顺势把球抛向墙面，球弹回后双手接球，利用球的反弹力扭紧身体，还原成基本准备姿势，再重复上一动作。练习过程中，挺胸抬头，后背收紧，时刻保持腰椎稳定，抛球时手臂伸直（图 9-23，图 9-24）。

训练建议：8~12 次为 1 组，练习 4~6 组，每组间隔时间为 2~3 分钟。

图 9-23　起始姿势　　　　　　图 9-24　背对斜抛实心球结束姿势

5. 半跪姿斜下"砍"（异侧）

动作方法：身体侧对气动器械，两腿前后分开，呈半跪姿势，前后支撑腿的大小腿夹角均为 90 度左右，内侧（器械方向）臀大肌收紧，外侧大腿下压，保持骨盆水平面的平稳，双手握住器械手柄于内侧肩上方，身体向内侧扭紧。练习开始时，髋关节保持稳定，胸椎充分旋转，双手沿着身体转动的趋势，向斜下方快速下"砍"，练习过程中身体姿态保持稳定。还原成起始姿势后，再重复上一次动作（图 9-25，图 9-26）。

训练建议：8~12 次为 1 组，练习 4~6 组，每组间隔时间为 2~3 分钟。

图 9-25　起始姿势　　　　　　图 9-26　半跪姿斜下"砍"
　　　　　　　　　　　　　　　　　　（异侧）结束姿势

6. 跪姿斜下"砍"（同侧）

动作方法：身体侧对气动器械，两腿前后分开呈跪姿，前支撑腿的大小腿夹角为 90 度左右，后支撑腿的小腿与地面接近平行，外侧臀大肌收紧，内侧大腿下压，保持骨盆水平面的平稳，双手握住器械手柄，置于内侧肩上方，身体向内侧扭紧。练习开始时，髋关节保持稳定，胸椎充分旋转，双手沿着身体转动的趋势，向斜下方快速下"砍"，练习过程中身体姿态保持稳定。还原成起始姿势后，再重复上一次动作（图 9-27，图 9-28）。

训练建议：8~12 次为 1 组，练习 4~6 组，每组间隔时间为 2~3 分钟。

图 9-27　起始姿势　　　　　　图 9-28　跪姿斜下"砍"
　　　　　　　　　　　　　　　　　　（同侧）结束姿势

7. 单腿半跪姿正对斜抛实心球（异侧）

动作方法：练习者身体正对投掷墙，距墙约 1 米，两腿前后分开，呈单腿半跪姿势，前后支撑腿的大小腿夹角均为 90 度左右。双手握住实心球，身体向后支撑腿方向扭转，将实心球摆至髋关节外侧，使躯干形成扭紧姿势。练习开始时，以躯干发力为主，双手借助身体转动的惯性，顺势把球抛向墙面，球弹回后双手接球，利用球的反弹力扭紧身体，还原成基本准备姿势，再重复上一动作。练习过程中，挺胸抬头，后背收紧，时刻保持腰椎稳定，抛球时手臂伸直（图 9-29，图 9-30）。

训练建议：8~12 次为 1 组，练习 4~6 组，每组间隔时间为 2~3 分钟。

图 9-29　准备姿势　　　　图 9-30　单腿半跪姿斜抛

实心球（异侧）结束姿势

8. 单腿半跪姿侧对斜抛实心球（异侧）

动作方法：练习者身体侧对投掷墙，距墙约 1 米，两腿前后分开，呈单腿
半跪姿势，前后支撑腿的大小腿夹角均为 90 度左右。双手握住实心球，身体
向后支撑腿方向扭转，将实心球摆至髋关节外侧，使躯干形成扭紧姿势。练习
开始时，以躯干发力为主，双手借助身体转动的惯性，顺势把球抛向墙面，球
弹回后双手接球，利用球的反弹力扭紧身体，还原成基本准备姿势，再重复上
一动作。练习过程中，挺胸抬头，后背收紧，时刻保持腰椎稳定，抛球时手臂
伸直（图 9-31，图 9-32）。

训练建议：8~12 次为 1 组，练习 4~6 组，每组间隔时间为 2~3 分钟。

图 9-31　准备姿势　　　　图 9-32　单腿半跪姿侧对斜抛

实心球（异侧）结束姿势

9. 单腿半跪姿背对斜抛实心球（异侧）

动作方法：练习者身体正对投掷墙，距墙约 1 米，两腿前后分开，呈单腿
半跪姿势，前后支撑腿的大小腿夹角均为 90 度左右。双手握住实心球，身体
向后支撑腿方向扭转，将实心球摆至髋关节外侧，使躯干形成扭紧姿势。练习
开始时，以躯干发力为主，双手借助身体转动的惯性，顺势把球抛向墙面，球
弹回后双手接球，利用球的反弹力扭紧身体，还原成基本准备姿势，再重复上
一动作。练习过程中，挺胸抬头，后背收紧，时刻保持腰椎稳定，抛球时手臂
伸直（图 9-33，图 9-34）。

训练建议：8~12 次为 1 组，练习 4~6 组，每组间隔时间为 2~3 分钟。

图 9-33　准备姿势　　　　　　　　图 9-34　单腿半跪姿背对斜抛
　　　　　　　　　　　　　　　　　实心球（异侧）结束姿势

10. 单腿半跪姿正对斜抛实心球（同侧）

动作方法：练习者身体正对投掷墙，距墙约 1 米，两腿前后分开呈单腿半跪姿势，前后支撑腿的大小腿夹角均为 90 度左右。双手握住实心球，身体向前支撑腿方向扭转，将实心球摆至髋关节外侧，使躯干形成扭紧姿势。练习开始时，以躯干发力为主，双手借助身体转动的惯性，顺势把球抛向墙面，球弹回后双手接球，利用球的反弹力扭紧身体，还原成基本准备姿势，再重复上一动作。练习过程中，挺胸抬头，后背收紧，时刻保持腰椎稳定，抛球时手臂伸直（图 9-35，图 9-36）。

训练建议：8~12 次为 1 组，练习 4~6 组，每组间隔时间为 2~3 分钟。

图 9-35　准备姿势　　　　　　　　图 9-36　单腿半跪姿正对斜抛
　　　　　　　　　　　　　　　　　实心球（同侧）结束姿势

11. 单腿半跪姿侧对斜抛实心球（同侧）

动作方法：练习者身体侧对投掷墙，距墙约 1 米，两腿前后分开，呈单腿半跪姿势，前后支撑腿的大小腿夹角均为 90 度左右。双手握住实心球，身体向前支撑腿方向扭转，将实心球摆至髋关节外侧，使躯干形成扭紧姿势。练习开始时，以躯干发力为主，双手借助身体转动的惯性，顺势把球抛向墙面，球弹回后双手接球，利用球的反弹力扭紧身体，还原成基本准备姿势，再重复上一动作。练习过程中，挺胸抬头，后背收紧，时刻保持腰椎稳定，抛球时手臂伸直（图 9-37，图 9-38）。

训练建议：8~12 次为 1 组，练习 4~6 组，每组间隔时间为 2~3 分钟。

图 9-37　准备姿势　　　　　　图 9-38　单腿半跪姿侧对斜抛
实心球（同侧）结束姿势

12. 单腿半跪姿侧背对斜抛实心球（同侧）

动作方法：练习者身体背对投掷墙，距墙约 1 米，两腿前后分开，呈单腿半跪姿势，前后支撑腿的大小腿夹角均为 90 度左右。双手握住实心球，身体向前支撑腿方向扭转，将实心球摆至髋关节外侧，使躯干形成扭紧姿势。练习开始时，以躯干发力为主，双手借助身体转动的惯性，顺势把球抛向墙面，球弹回后双手接球，利用球的反弹力扭紧身体，还原成基本准备姿势，再重复上一动作。练习过程中，挺胸抬头，后背收紧，时刻保持腰椎稳定，抛球时手臂伸直（图 9-39，图 9-40）。

训练建议：8~12 次为 1 组，练习 4~6 组，每组间隔时间为 2~3 分钟。

图 9-39　准备姿势　　　　　　图 9-40　单腿半跪姿背对斜抛
实心球（同侧）结束姿势

13. 半跪姿斜上"劈"（异侧）

动作方法：身体侧对气动器械，两腿前后分开呈半跪姿势，前后支撑腿的大小腿夹角均为 90 度左右，内侧（器械方向）臀大肌收紧，外侧大腿下压，保持骨盆水平面的平稳，双手握住器械手柄，置于内侧腰际，身体向内侧扭紧。练习开始时，髋关节保持稳定，胸椎充分旋转，双手沿着身体转动的趋势向斜上方快速上"劈"，练习过程中身体姿态保持稳定。还原成起始姿势后，再重复上一次动作（图 9-41，图 9-42）。

训练建议：8~12 次为 1 组，练习 4~6 组，每组间隔时间为 2~3 分钟。

图 9-41　准备姿势

图 9-42　单腿半跪姿斜上
"劈"（异侧）结束姿势

14. 弓箭步单腿跪姿侧拉气动器械（异侧）

动作方法：身体侧对气动器械，两腿前后分开，呈弓箭步姿势，前支撑腿的大小腿夹角为 90 度左右，后支撑腿跪于地面，内侧臀大肌收紧，外侧大腿下压，保持骨盆水平面的平稳，双手握住器械手柄并置于身体内侧的腰部位置，身体向内扭紧。练习开始时，髋关节保持稳定，胸椎充分旋转，双手沿着身体转动的轨迹顺势向外、向后拉动手柄，练习过程中身体姿态保持稳定。还原成起始姿势后，再重复上一次动作（图 9-43，图 9-44）。

训练建议：8~12 次为 1 组，练习 4~6 组，每组间隔时间为 2~3 分钟。

图 9-43　准备姿势

图 9-44　单腿跪姿侧拉
气动器械（异侧）结束姿势

（三）站姿的稳定支撑旋转爆发力练习

1. 站姿斜下"砍"

动作方法：身体侧对器械，呈基本准备姿势站立。双手握住器械手柄，置于内侧（器械方向）肩上方，身体向内侧扭紧。练习开始时，以内侧臀肌发力为主，下肢做快速蹬地、转髋和伸髋等动作，髋关节、膝关节、踝关节快速充分蹬直，双手沿着身体转动的趋势，向斜下方快速下"砍"，练习过程中身体姿态保持稳定。还原成起始姿势后，再重复上一次动作（图 9-45，图 9-46）。

训练建议：8~12 次为 1 组，练习 4~6 组，每组间隔时间为 2~3 分钟。

图 9-45　准备姿势　　　　　图 9-46　站姿斜下"砍"结束姿势

2. 站姿斜上拉

动作方法：身体侧向器械，呈基本准备姿势站立。外侧手握住器械手柄并置于内侧（器械方向）膝关节上方，身体向内侧扭紧。练习开始时，以内侧臀肌发力为主，下肢做快速蹬地、转髋和伸髋等动作，髋关节、膝关节、踝关节快速充分蹬直，外侧手沿着下肢转动的轨迹，顺势向斜上方提拉器械手柄至外侧腰部，练习过程中身体姿态保持稳定。还原成起始姿势后，再重复上一次动作（图 9-47，图 9-48）。

训练建议：8~12 次为 1 组，练习 4~6 组，每组间隔时间为 2~3 分钟。

图 9-47　起始姿势　　　　　图 9-48　站姿斜上拉结束姿势

3. 站姿斜拉上举

动作方法：身体侧对器械，呈基本准备姿势站立。双手握住器械手柄，身体向内侧（器械方向）扭紧，练习开始时，以内侧臀肌发力为主，下肢做快速蹬地、转髋和伸髋等动作，髋关节、膝关节、踝关节快速充分蹬直，双手沿着下肢转动的轨迹，顺势向斜上方提拉器械手柄，手柄超过胸部时顺势上举。练习过程中身体姿态保持稳定，还原成起始姿势后，再重复上一次动作（图 9-49，图 9-50）。

训练建议：8~12 次为 1 组，练习 4~6 组，每组间隔时间为 2~3 分钟。

图 9-49 准备姿势

图 9-50 站姿斜拉上举结束姿势

4. 站姿推拉

动作方法：身体侧对气动器械，呈基本准备姿势站立。双手各握住一个器械手柄。练习开始时，下肢以臀肌为主导快速蹬伸，髋关节、膝关节、踝关节快速充分蹬直，上肢一侧持器械手柄快速前推，另一侧快速后拉。练习过程中身体姿态保持稳定，还原成起始姿势后，再重复上一次动作（图 9-51，图 9-52）。

训练建议：8~12 次为 1 组，练习 4~6 组，每组间隔时间为 2~3 分钟。

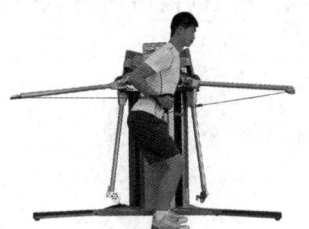

图 9-51 准备姿势

图 9-52 站姿推拉结束姿势

5. 站姿侧拉

动作方法：身体侧对器械，呈基本准备姿势站立。双手握住器械手柄，身体向内侧（器械方向）扭紧，练习开始时，以内侧臀肌发力为主，下肢做快速蹬地、转髋和伸髋等动作，髋关节、膝关节、踝关节快速充分蹬直，双手沿着下肢转动的轨迹，顺势向外拉动器械手柄，手柄超过胸部时顺势上举。练习过程中身体姿态保持稳定，还原成起始姿势后，再重复上一次动作（图 9-53，图 9-54）。

训练建议：8~12 次为 1 组，练习 4~6 组，每组间隔时间为 2~3 分钟。

图 9-53　准备姿势　　　　　　　　图 9-54　站姿侧拉结束姿势

6. 站姿正对斜抛实心球

动作方法：练习者身体正对投掷墙，距墙约 1 米，呈基本准备姿势站立。双手握住实心球，旋转躯干并将实心球摆至髋关节外侧，使躯干形成扭紧姿势。练习开始时，以扭紧一侧臀肌发力为主，下肢做快速蹬地、转髋和伸髋等动作，双手借助身体转动的惯性，顺势把球抛向墙面，球弹回后双手接球，利用球的反弹力扭紧身体，还原成基本准备姿势，再重复上一动作。练习过程中，膝关节不要超过脚尖，挺胸抬头，后背收紧，强调髋关节发力，髋、膝、踝关节充分伸展；旋转过程中保持腰椎稳定，胸椎旋转充分，抛球时手臂伸直（图 9-55，图 9-56）。

训练建议：通常 8~12 次为 1 组，练习 4~6 组，每组间隔时间为 2~3 分钟。

图 9-55　准备姿势　　　　　　　　图 9-56　站姿斜抛实心球

7. 站姿侧对斜抛实心球

动作方法：练习者身体侧对投掷墙，距墙约 1 米，双手握住实心球，旋转躯干并将球摆至外侧髋关节，使躯干形成扭紧姿势。练习开始时，以扭紧一侧臀肌发力为主，下肢做快速蹬地、转髋和伸髋等动作，双手借助身体转动的惯性，顺势把球抛向墙面，球弹回后双手接球，利用球的反弹力扭紧身体，还原成基本准备姿势，再重复上一动作。练习过程中，膝关节不要超过脚尖，挺胸抬头，后背收紧，强调髋关节发力，髋、膝、踝关节充分伸展；旋转过程中保持腰椎稳定，胸椎旋转充分，抛球时手臂伸直（图 9-57，图 9-58）。

训练建议：8~12次为1组，练习4~6组，每组间隔时间为2~3分钟。

图 9-57　准备姿势　　　　　图 9-58　站姿侧对斜抛实心球结束姿势

8. 站姿背对斜抛实心球

动作方法：练习者身体背对投掷墙，距墙约1米，双手握住实心球，旋转躯干并将球摆至外侧髋关节，使躯干形成扭紧姿势。练习开始时，以扭紧一侧臀肌发力为主，下肢做快速蹬地、转髋和伸髋等动作，双手借助身体转动的惯性，顺势把球抛向墙面，球弹回后双手接球，利用球的反弹力扭紧身体，还原成基本准备姿势，再重复上一动作。练习过程中，膝关节不要超过脚尖，挺胸抬头，后背收紧，强调髋关节发力，髋、膝、踝关节充分伸展；旋转过程中保持腰椎稳定，胸椎旋转充分，抛球时手臂伸直（图9-59，图9-60）。

训练建议：8~12次为1组，练习4~6组，每组间隔时间为2~3分钟。

图 9-59　准备姿势　　　　　图 9-60　站姿背对斜抛实心球结束姿势

9. 弓箭步斜下拉（异侧）

动作方法：身体侧对气动器械，两腿前后分开，呈弓箭步姿势，前后支撑腿的大小腿夹角均为90度左右，内侧（器械方向）臀大肌收紧，外侧大腿下压，保持骨盆水平面的平稳，双手握住器械手柄，置于内侧肩上方，身体向内侧扭紧。练习开始时，髋关节保持稳定，胸椎充分旋转，双手沿着身体转动的趋势，向斜下方快速下拉器械手柄，练习过程中身体姿态保持稳定。还原成起始姿势后，再重复上一次动作（图9-61，图9-62）。

训练建议：8~12次为1组，练习4~6组，每组间隔时间为2~3分钟。

图 9-61　准备姿势 　　　　图 9-62　弓箭步斜下拉
　　　　　　　　　　　　　　　　（异侧）结束姿势

10. 弓箭步斜上拉（同侧）

动作方法：身体侧对气动器械，两腿前后分开，呈弓箭步姿势，前后支撑腿的大小腿夹角均为 90 度左右，外侧臀大肌收紧，内侧大腿下压，保持骨盆水平面的平稳，双手握住器械手柄于内侧腰际，身体向内侧扭紧。练习开始时，髋关节保持稳定，胸椎充分旋转，双手沿着身体转动的趋势向斜上方快速上拉器械手柄。练习过程中身体姿态保持稳定。还原成起始姿势后，再重复上一次动作（图 9-63，图 9-64）。

训练建议：8~12 次为 1 组，练习 4~6 组，每组间隔时间为 2~3 分钟。

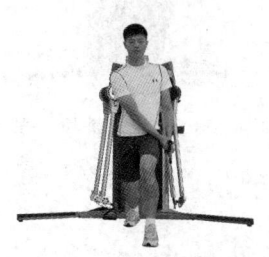

图 9-63　准备姿势 　　　　图 9-64　弓箭步斜上拉
　　　　　　　　　　　　　　　　（同侧）结束姿势

11. 弓箭步斜拉上提（异侧）

动作方法：身体侧对气动器械，两腿前后分开，呈弓箭步姿势，前后支撑腿的大小腿夹角均为 90 度左右，内侧（器械方向）臀大肌收紧，外侧大腿下压，保持骨盆水平面的平稳，双手握住器械手柄于内侧腰际，身体向内侧扭紧。练习开始时，髋关节保持稳定，胸椎充分旋转，双手沿着身体转动的趋势，向斜上方快速上拉前推器械手柄。练习过程中身体姿态保持稳定，还原成起始姿势后，再重复上一次动作（图 9-65，图 9-66）。

训练建议：8~12 次为 1 组，练习 4~6 组，每组间隔时间为 2~3 分钟。

图 9-65　起始姿势

图 9-66　弓箭步斜拉上提
（异侧）结束姿势

12. 弓箭步推拉（异侧）

动作方法：身体侧对气动器械，两腿前后分开，呈弓箭步姿势，前支撑腿的大小腿夹角为 90 度左右，后支撑腿的小腿与地面接近平行，内侧臀大肌收紧，外侧大腿下压，保持骨盆水平面的平稳，双手各握住一个器械手柄。练习开始时，上肢一侧持器械手柄快速前推，另一侧快速后拉。练习过程中身体姿态保持稳定，还原成起始姿势后，再重复上一次动作（图 9-67，图 9-68）。

训练建议：8~12 次为 1 组，练习 4~6 组，每组间隔时间为 2~3 分钟。

图 9-67　准备姿势

图 9-68　弓箭步推拉（异侧）
结束姿势

13. 弓箭步侧对斜抛实心球（异侧）

动作方法：练习者身体侧对投掷墙，距墙约 1 米，两腿前后分开，呈弓箭步姿势，内侧（靠近墙体）支撑腿的大腿下压，膝关节角度为 90 度左右，外侧支撑腿的臀肌收紧，小腿与地面接近平行。身体向外侧扭转，双手持实心球置于外侧髋关节后侧方，使躯干形成扭紧姿势。练习时，以躯干发力为主，双手借助身体转动的惯性，顺势把球抛向墙面，球弹回后双手接球利用球的反弹力扭紧身体，还原成基本准备姿势，再重复上一动作。练习过程中，挺胸抬头，后背收紧，时刻保持腰椎稳定，抛球时手臂伸直（图 9-69，图 9-70）。

训练建议：8~12 次为 1 组，练习 4~6 组，每组间隔时间为 2~3 分钟。

图 9-69　准备姿势　　　　　　　图 9-70　弓箭步侧对斜抛
　　　　　　　　　　　　　　　　实心球（异侧）结束姿势

14. 弓箭步侧对斜抛实心球（同侧）

动作方法：练习者身体侧对投掷墙，距墙约 1 米，两腿前后分开，呈弓箭步姿势，外侧（远离墙体）支撑腿的大腿下压，内侧支撑腿的臀肌收紧。身体向外侧扭转，双手持球置于外侧髋关节后侧方，使躯干形成扭紧姿势。练习时，以躯干发力为主，双手借助身体转动的惯性，顺势把球抛向墙面，球弹回后双手接球，利用球的反弹力扭紧身体，还原成基本准备姿势，再重复上一动作。练习过程中，挺胸抬头，后背收紧，时刻保持腰椎稳定，抛球时手臂伸直（图 9-71，图 9-72）。

训练建议：8~12 次为 1 组，练习 4~6 组，每组间隔时间为 2~3 分钟。

图 9-71　准备姿势　　　　　　　图 9-72　弓箭步侧对斜抛
　　　　　　　　　　　　　　　　实心球（同侧）结束姿势

15. 弓箭步背对斜抛实心球（异侧）

动作方法：练习者身体背对投掷墙，距墙约 1 米，两腿前后分开，呈弓箭步姿势，左侧支撑腿臀肌收紧，右侧支撑腿大腿下压，保持身体稳定。身体向左侧扭转，双手持实心球置于左侧髋关节后侧方，使躯干形成扭紧姿势。练习时，以躯干发力为主，双手借助身体转动的惯性，顺势把球抛向墙面，球弹回后双手接球，利用球的反弹力扭紧身体，还原成基本准备姿势，重复上一动作。练习过程中，挺胸抬头，后背收紧，时刻保持腰椎稳定，抛球时手臂伸直（图 9-73，图 9-74）。

训练建议：8~12 次为 1 组，练习 4~6 组，每组间隔时间为 2~3 分钟。

图 9-73　准备姿势　　　　　　　　图 9-74　弓箭步背对斜抛
实心球（异侧）结束姿势

16. 弓箭步背对斜抛实心球（同侧）

动作方法：练习者身体背对投掷墙，距墙约 1 米，两腿前后分开，呈弓箭步姿势，右侧支撑腿臀肌收紧，左侧支撑腿大腿下压，保持身体稳定。身体向左侧扭转，双手持实心球置于左侧髋关节后侧方，使躯干形成扭紧姿势。练习时，以躯干发力为主，双手借助身体转动的惯性，顺势把球抛向墙面，球弹回后双手接球，利用球的反弹力扭紧身体，还原成基本准备姿势，再重复上一动作。练习过程中，挺胸抬头，后背收紧，时刻保持腰椎稳定，抛球时手臂伸直（图 9-75，图 9-76）。

训练建议：8~12 次为 1 组，练习 4~6 组，每组间隔时间为 2~3 分钟。

图 9-75　准备姿势　　　　　　　　图 9-76　弓箭步背对斜抛
实心球（同侧）结束姿势

17. 单腿站姿斜上拉（异侧）

动作方法：身体侧对气动器械，内侧腿单腿支撑站立，内侧腿膝关节、髋关节的角度均为 120 度左右，内侧腿抬离地面维持平衡；躯干伸直，肩关节放松下沉，双手握住器械手柄，置于内侧腰际，身体向内侧扭紧。练习开始时，下肢以支撑腿臀肌发力并向外旋转躯干，双手沿着身体转动的趋势，向斜上方快速下拉器械手柄，练习过程中身体姿态保持稳定。还原成起始姿势后，再重复上一次动作（图 9-77，图 9-78）。

训练建议：8~12 次为 1 组，练习 4~6 组，每组间隔时间为 2~3 分钟。

图 9-77　准备姿势

图 9-78　单腿站姿斜上拉
（异侧）结束姿势

18. 单腿站姿斜下"砍"（同侧）

动作方法：身体侧对气动器械，外侧腿单腿支撑站立，外侧腿膝关节、髋关节的角度均为 120 度左右，内侧腿抬离地面维持平衡；躯干伸直，肩关节放松下沉，双手握住器械手柄，置于内侧肩上方，身体向内侧扭紧。练习开始时，下肢以支撑腿臀肌发力并向外旋转躯干，双手沿着身体转动的趋势，向斜下方快速下"砍"。练习过程中身体姿态保持稳定，还原成起始姿势后，再重复上一次动作（图 9-79，图 9-80）。

训练建议：8~12 次为 1 组，练习 4~6 组，每组间隔时间为 2~3 分钟。

图 9-79　准备姿势

图 9-80　单腿站姿斜下"砍"
（同侧）结束姿势

二、非稳定支撑的旋转爆发力练习

（一）站姿非稳定支撑旋转爆发力练习

1. 平衡盘站姿斜下"砍"

动作方法：身体侧对气动器械，两腿左右分开，两脚站在平衡盘上，呈基本准备姿势站立。双手握住器械手柄，置于内侧（器械方向）肩上方，身体向内侧扭紧。练习开始时，以内侧臀肌发力为主，下肢做快速蹬地、转髋和伸髋等动作，髋关节、膝关节、踝关节快速充分蹬直，双手沿着身体转动的趋势，向斜下方快速下"砍"。练习过程中身体姿态保持稳定，还原成起始姿势后，再重复上一次动作（图9-81，图9-82）。

训练建议：在保持稳定的前提下，8~12次为1组，练习4~6组，每组间隔时间为2~3分钟。

图9-81　准备姿势

图9-82　平衡盘站姿斜下
"砍"结束姿势

2. 平衡盘站姿斜上"劈"

动作方法：身体侧对气动器械，两腿左右分开，两脚站在平衡盘上呈基本准备姿势站立。外侧手握住器械手柄并置于内侧膝关节上方，身体向内侧扭紧。练习开始时，以内侧臀肌发力为主，下肢做快速蹬地、转髋和伸髋等动作，髋关节、膝关节、踝关节快速充分蹬直，外侧手沿着下肢转动的轨迹，顺势向斜上方提拉器械手柄至外侧腰部。练习过程中身体姿态保持稳定，还原成起始姿势后，重复上一次动作（图9-83，图9-84）。

训练建议：在保持稳定的前提下，8~12次为1组，练习4~6组，每组间隔时间为2~3分钟。

图9-83　准备姿势

图9-84　平衡盘站姿斜上
"劈"结束姿势

3. 平衡盘斜拉上提

动作方法：身体侧对气动器械，双脚站在平衡盘上呈准备姿势，双手握住器械手柄于内侧腰际，身体向内侧扭紧。练习开始时，髋关节保持稳定，胸椎充分旋转，双手沿着身体转动的趋势，向斜上方快速上提。练习过程中身体姿态保持稳定，还原成起始姿势后，再重复上一次动作（图 9-85，图 9-86）。

训练建议：8~12 次为 1 组，练习 4~6 组，每组间隔时间为 2~3 分钟。

图 9-85　准备姿势　　　　　图 9-86　平衡盘斜拉
上提结束姿势

4. 平衡盘站姿推拉

动作方法：身体侧对气动器械，双脚站在平衡盘上，呈基本准备姿势站立，双手各握住一个器械手柄。练习开始时，下肢以臀肌为主导快速蹬伸，髋关节、膝关节、踝关节快速充分蹬直，上肢一侧持器械手柄快速前推，另一侧快速后拉。练习过程中身体姿态保持稳定，还原成起始姿势后，再重复上一次动作（图 9-87，图 9-88）。

训练建议：8~12 次为 1 组，练习 4~6 组，每组间隔时间为 2~3 分钟。

图 9-87　准备姿势　　　　　图 9-88　平衡盘站姿
推拉结束姿势

5. 平衡盘站姿正对斜抛实心球

动作方法：练习者身体正对投掷墙，距墙约 1 米，呈基本准备姿势，站于平衡盘上。双手握住实心球，旋转躯干并将实心球摆至髋关节外侧，使躯干形成扭紧姿势。练习开始时，以扭紧一侧臀肌发力为主，下肢做快速蹬地、转髋和伸髋等动作，双手借助身体转动的惯性，顺势把球抛向墙面，球弹回后双手接球，利用球的反弹力扭紧身体，还原成基本准备姿势，再重复上一动作。练习过程中，膝关节不要超过脚尖，挺胸抬头，后背收紧，强调髋关节发力，髋、膝、踝关节充分伸展，旋转过程中保持腰椎稳定，胸椎旋转充分，抛球时手臂伸直（图9-89，图9-90）。

训练建议：在保持稳定的前提下，8~12次为1组，练习4~6组，每组间隔时间为2~3分钟。

图9-89　准备姿势　　　　　　图9-90　平衡盘站姿斜抛
　　　　　　　　　　　　　　　　　　实心球结束姿势

6. 平衡盘弓箭步斜下"砍"（异侧）

动作方法：身体侧对气动器械，前腿踩在平衡盘上，两腿前后分开，呈半跪姿势，前后支撑腿的大小腿夹角均为90度左右，内侧（器械方向）臀大肌收紧，外侧大腿下压，保持骨盆水平面的平稳，双手握住器械手柄于内侧肩上方，身体向内侧扭紧。练习开始时，髋关节保持稳定，胸椎充分旋转，双手沿着身体转动的趋势，向斜下方快速下"砍"。练习过程中身体姿态保持稳定，还原成起始姿势后，再重复上一次动作（图9-91，图9-92）。

训练建议：8~12次为1组，练习4~6组，每组间隔时间为2~3分钟。

图9-91　准备姿势　　　　　　图9-92　平衡盘弓箭步斜下
　　　　　　　　　　　　　　　　　"砍"（异侧）结束姿势

7. 平衡盘弓箭步正对斜抛实心球（异侧）

动作方法：练习者身体正对投掷墙，距墙约 1 米，两腿前后分开，呈弓箭步姿势，前支撑腿的大小腿夹角为 90 度左右，后支撑腿的小腿与地面接近平行。前支撑腿置于平衡盘上，双手握住实心球，身体向后支撑腿方向扭转，将实心球摆至髋关节外侧，使躯干形成扭紧姿势。练习开始时，以躯干发力为主，双手借助身体转动的惯性，顺势把球抛向墙面，球弹回后双手接球，利用球的反弹力扭紧身体，还原成基本准备姿势，再重复上一动作。练习过程中，挺胸抬头，后背收紧，时刻保持腰椎稳定，抛球时手臂伸直（图 9-93，图 9-94）。

训练建议：在保持稳定的前提下，8~12 次为 1 组，练习 4~6 组，每组间隔时间为 2~3 分钟。

图 9-93　准备姿势　　　　图 9-94　平衡盘弓箭步姿正对斜抛
　　　　　　　　　　　　　　（异侧）结束姿势

8. 平衡盘弓箭步背对斜抛实心球（异侧）

动作方法：练习者身体背对投掷墙，距墙约 1 米，两腿前后分开，呈弓箭步姿势，前支撑腿的大小腿夹角为 90 度左右，后支撑腿的小腿与地面接近平行，前支撑腿置于平衡盘上。双手握住实心球，身体向左侧扭转，将实心球摆至髋关节外侧，使躯干形成扭紧姿势。练习开始时，以躯干发力为主，双手借助身体转动的惯性，顺势把球抛向墙面，球弹回后双手接球，利用球的反弹力扭紧身体，还原成基本准备姿势，再重复上一动作。练习过程中，挺胸抬头，后背收紧，时刻保持腰椎稳定，抛球时手臂伸直（图 9-95，图 9-96）。

图 9-95　准备姿势　　　　图 9-96　平衡盘弓箭步背对斜抛
　　　　　　　　　　　　　　实心球（异侧）结束姿势

训练建议：在保持稳定的前提下，8~12 次为 1 组，练习 4~6 组，每组间隔时间为 2~3 分钟。

（二）站跪姿的非稳定支撑旋转爆发力练习

1. 平衡盘跪姿斜下"砍"

动作方法：身体侧对器械，两膝跪在平衡盘上，呈基本跪姿。双手握住器械手柄于内侧（器械方向）肩上方，身体向内侧扭紧。练习开始时，髋关节保持稳定，胸椎充分旋转，双手沿着身体转动的趋势，向斜下方快速下"砍"。练习过程中身体姿态保持稳定，还原成起始姿势后，再重复上一次动作（图9-97，图9-98）。

训练建议：在保持稳定的前提下，8~12 次为 1 组，练习 4~6 组，每组间隔时间为 2~3 分钟。

图 9-97　准备姿势

图 9-98　平衡盘跪姿斜下
"砍"结束姿势

2. 平衡盘半跪姿斜下"砍"（异侧）

动作方法：身体侧对气动器械，两腿前后分开，呈半跪姿势，前支撑脚置于平衡盘上，前后支撑腿的大小腿夹角均为 90 度左右，内侧（器械方向）臀大肌收紧，外侧大腿下压，保持骨盆水平面的平稳，双手握住器械手柄于内侧肩上方，身体向内侧扭紧。练习开始时，髋关节保持稳定，胸椎向外侧充分旋转，双手沿着身体转动的趋势，向斜下方快速下"砍"。练习过程中身体姿态保持稳定，还原成起始姿势后，再重复上一次动作（图9-99，图9-100）。

图 9-99　准备姿势

图 9-100　平衡盘半跪姿斜下
"砍"（异侧）结束姿势

训练建议：在保持稳定的前提下，8~12 次为 1 组，练习 4~6 组，每组间隔时间为 2~3 分钟。

3. 平衡盘半跪姿斜下"砍"（同侧）

动作方法：身体侧对气动器械，两腿前后分开，呈半跪姿势，前支撑脚置于平衡盘上，前后支撑腿的大小腿夹角均为 90 度左右，外侧臀大肌收紧，内侧大腿下压，保持骨盆水平面的平稳，双手握住器械手柄于内侧肩上方，身体向内侧扭紧。练习开始时，髋关节保持稳定，胸椎向外侧充分旋转，双手沿着身体转动的趋势，向斜下方快速下"砍"。练习过程中身体姿态保持稳定，还原成起始姿势后，再重复上一次动作（图 9-101，图 9-102）。

训练建议：在保持稳定的前提下，8~12 次为 1 组，练习 4~6 组，每组间隔时间为 2~3 分钟。

图 9-101　准备姿势　　　　　　图 9-102　平衡盘半跪姿斜下
　　　　　　　　　　　　　　　　　　"砍"（同侧）结束姿势

（三）坐姿的非稳定支撑旋转爆发力练习

1. 瑞士球坐姿斜下"砍"

动作方法：练习者身体侧对气动器械，两腿分开坐在瑞士球上，臀大肌收紧，大腿下压，保持身体重心的平稳，双手握住器械手柄于内侧肩上方，身体向内侧扭紧。练习开始时，髋关节保持稳定，胸椎充分旋转，双手沿着身体转动的趋势，向斜下方快速下"砍"。练习过程中身体姿态保持稳定，还原成起始姿势后，再重复上一次动作（图 9-103，图 9-104）。

图 9-103　准备姿势　　　　　图 9-104　瑞士球坐姿斜下"砍"结束姿势

训练建议：8~12 次为 1 组，练习 4~6 组，每组间隔时间为 2~3 分钟。

2. 瑞士球坐姿斜上"劈"

动作方法：练习者身体侧对气动器械，两腿分开坐于瑞士球上，臀大肌收紧，大腿下压，保持身体重心的平稳，双手握住器械手柄于内侧腰间，身体向内侧扭紧。练习开始时，髋关节保持稳定，胸椎充分旋转，双手沿着身体转动的趋势，向斜上方快速上"劈"。练习过程中身体姿态保持稳定，还原成起始姿势后，再重复上一次动作（图 9-105，图 9-106）。

训练建议：8~12 次为 1 组，练习 4~6 组，每组间隔时间为 2~3 分钟。

图 9-105　准备姿势　　　　图 9-106　瑞士球坐姿斜上"劈"结束姿势

3. 瑞士球坐姿推拉

动作方法：练习者身体侧向气动器械，两腿分开坐于瑞士球上，臀大肌收紧，大腿下压，保持身体重心平稳，一只手握住器械手柄于身前，另一只手握住器械手柄于身后。练习开始时，髋关节保持稳定，胸椎充分旋转，双手沿着身体转动的趋势向对侧快速推拉器械手柄，练习过程中身体姿态保持稳定。还原成起始姿势后，再重复上一次动作（图 9-107，图 9-108）。

训练建议：8~12 次为 1 组，练习 4~6 组，每组间隔时间为 2~3 分钟。

图 9-107　准备姿势　　　　图 9-108　瑞士球坐姿推拉结束姿势

4. 瑞士球坐姿侧对斜抛实心球

动作方法：练习者身体侧对投掷墙，距墙约 1 米，练习者坐在瑞士球上。双手握住实心球，旋转躯干并将实心球摆至髋关节外侧，使躯干形成扭紧姿势。练习开始时，以躯干发力为主，双手借助身体转动的惯性，顺势把球抛向墙面，球弹回后双手接球，利用球的反弹力扭紧身体，还原成基本准备姿势。再重复上一动作，练习过程中，挺胸抬头，后背收紧，时刻保持腰椎稳定，抛球时手臂伸直（图9-109，图9-110）。

训练建议：8~12次为1组，练习4~6组，每组间隔时间为2~3分钟。

图9-109　准备姿势　　　图9-110　瑞士球坐姿侧对斜抛结束姿势

5. 瑞士球坐姿背对斜抛实心球

动作方法：练习者身体背对投掷墙，距墙约1米，练习者坐在瑞士球上。双手握住实心球，旋转躯干并将实心球摆至髋关节外侧，使躯干形成扭紧姿势。练习开始时，以躯干发力为主，双手借助身体转动的惯性，顺势把球抛向墙面，球弹回后双手接球，利用球的反弹力扭紧身体，还原成基本准备姿势，再重复上一动作。练习过程中，挺胸抬头，后背收紧，时刻保持腰椎稳定，抛球时手臂伸直（图9-111，图9-112）。

训练建议：8~12次为1组，练习4~6组，每组间隔时间为2~3分钟。

图9-111　准备姿势　　　图9-112　瑞士球坐姿正对斜抛结束姿势

6. 瑞士球坐姿轮摆壶铃

动作方法：练习者两腿分开，坐在瑞士球上，躯干收紧，大腿下压，保持身体重心的平稳，双手握住壶铃手柄于胸前。练习开始时，腰部保持稳定，胸椎充分旋转，双手持壶铃从胸前经左侧肩上、头顶、右侧肩上至胸前结束。练习过程中身体姿态保持稳定，还原成起始姿势后，从右侧重复上一次动作（图9-113~图9-116）。

训练建议：8~12次为1组，练习4~6组，每组间隔时间为2~3分钟。

图 9-113　起始姿势

图 9-114　坐姿右侧肩上抢

图 9-115　坐姿头顶肩上抢

图 9-116　坐姿左侧肩上抢

 复习思考题

1. 腰椎有损伤的运动员能否进行旋转爆发力训练?

2. 如何指导篮球运动员利用气动器械提高突破速度?

3. 如何指导网球运动员利用实心球练习提高发球速度?

 推荐阅读文献

1. 尹军. 乒乓球运动员身体运动功能训练 [M]. 北京体育大学出版社, 2013, 11月.

2. 尹军. 躯干支柱力量与动力链的能量传递 [J]. 中国体育教练员, 2012, 3: 16~18.

（刘　军　山东体育学院）

（徐春毅　上海大学）

第十章
最大速度与多方向移动动作模式

▲ 本章导语

　　本章通过简单适用的练习手段，力求使运动员实现最大速度及多向变向速度的提高。速度的提高又会反过来影响速度的各种生理指标，强化了各运动器官的功能，其最终目标就是通过功能的改变影响结构，提高机体完成动作的能力与质量。本章的学习重点是各种动作节奏的变化，而动作拓展内容与身体姿态的保持，尤其是核心区的稳定性是动作练习时的难点。

第一节　直线速度与多方向移动的锻炼价值

速度指人体快速完成动作的能力，主要有反应速度、动作速度、移动速度等表现形式，它们分别用来衡量练习者对信号的应答能力、完成动作的快慢，以及机体通过规定距离所需的时间。速度能力是人们活动时提高效率和保障质量的一项重要指标，通过学习会有效地提高人们的工作效率。

通过专项训练，位移速度的发展和改善是无止境的。而且发展位移速度适用于各个项目，同时对其他技能的学习也具有促进作用，速度较快的运动员一般发散思维和想象力较强，还具有较强的主动的和创造性的思考能力，如技能主导类隔网对抗型项目，要求运动员具有判断快、反应快、起动快、移动快、动作快的特点，这样才能对比赛场上瞬间的变化做出相应动作，这就要求运动员必须具有对运动客体的反应能力（包括球的速度、方向和落点等）和快速的位移能力。

一、提高神经系统的灵活性

神经活动的灵活性主要指运动神经中枢兴奋与抑制之间快速地转换能力，以及神经与肌肉之间的协调能力。快速的位移能力是靠感觉神经的敏感程度和大脑皮质对刺激所做出的快速应答来体现的，所以提高神经系统的灵活性是发展位移速度的前提，位移速度的提高也改善神经系统的灵活性。通过直线和变向移动能改善和提高神经系统的反应能力，使大脑皮质内部兴奋与抑制能力转换更加集中，选择和调节运动神经元更加精确，还可以募集更多肌纤维参与运动，实现高速、高频率的运动。虽然传统的训练方法具有安全性、可行性和可操作性的特点，对位移速度的提高有很好的效果，但是多数只是通过发展下肢爆发力来提高位移速度，要想从长远角度来提高位移速度有些不适用，所以为了提高训练的有效性和科学性，就要通过多方向、多角度移动速度练习来提高机体的灵活性和大脑支配肢体的能力，使练习者在位移速度提高的同时有利于技术动作的学习。

二、提高应急反应和变向能力

应急反应是指当机体遭遇紧急情况时，交感神经−肾上腺髓质系统发生的适应性反应，应急反应多出现在运动员在多变的情况下，临场发挥出来应急和应变能力，适用于技能主导类同场对抗和隔网对抗类项目。如网球运动员，除了具有基本的反应速度、灵敏性、爆发力、动作速度、心理素质等能力，还应

具有快速起动、急停和速度变向等能力。直线与多方向移动练习能增强交感神经系统及肾上腺素的活动能力，使练习者中枢神经系统的兴奋性提高，呼吸系统和血液循环系统的功能增强，能量代谢加强，从而有利于动员其机体内潜在的力量来应对环境的剧变，提高机体的应答和适应能力。

三、提高起动和加速能力

位移速度包括起动速度、加速度、最高速度和速度耐力，多方向移动练习的衔接过程就是一个接一个的起动、加速、、减速控制和再起动的过程。通过变向和不同负荷的刺激来提高机体身体变向及调节能力、脚步的快速协调能力及身体控制能力，从而提高练习者短距离加速和变速移动的能力。

四、提高动作的速率与频率

人体快速移动的能力与单位时间内肢体运动的速率、频率及协调性有关，运动频率的快慢取决于神经过程的灵活性及神经肌肉的协调性，通过直线与多方向移动能提高大脑皮质运动中枢的灵活性和各中枢间的协调性，使机体神经过程的灵活性提高、兴奋与抑制转换速度更快，还可以改善各肌肉群间协调关系、减少因对抗肌紧张而产生的阻力，从而提高动作速率和频率，位移速度也随之提高。

五、提高缓冲与制动能力

缓冲与制动能力主要指在快速跑动中急停、急转及在各种球类比赛中突然转换速度和方向的能力，是影响运动员在跑动中速度转换快慢的主要影响因素。如球类项目本身具有突然改变动作的方向和速度的特点，经常出现短暂的、反复的冲刺跑，因此缓冲和制动是发展球类项目位移速度的重要因素。直线与多方向移动练习，通过改变速度和方向来提高练习者在跑动中控制身体、缓冲和控制速度的能力，有利于各种技术动作的完成。

第二节　直线速度与多方向移动的原理

一、直线速度和多方向移动的运动力学原理

从运动力学角度来看，技术动作的最优化是提高速度的一个关键因素，正确的动作技术可以保证运动员合理的用力程序和效果，并可以减少无谓的能量消耗，能使机体获得较好的运动效果并能提高工作效率。

　　直线速度和多方向移动属于位移速度的两种形式，位移速度是指在周期性运动中，人体在单位时间内通过的距离。以跑为例，周期性运动的位移速度主要取决于步长和步频两个变量，而步长和步频又受多种生物力学因素的制约。

（一）步长因素

　　步长是两脚相邻着地点之间的距离，主要取决于肌力的大小、肢体的长度及髋关节的柔韧性。步长的大小在腿长、后蹬的力量与角度、髋关节的灵活性，以及身体各部分的协调配合等方面有着充分的体现。腿长受身高制约，具有较大的先天性，通过锻炼，增强腿的力量和髋关节的灵活性，改进后蹬角度和全身各部分的协调性，都可以增大步长。

（二）步频因素

　　步频即脚步的频率，是两腿在单位时间内交替的次数。其快慢主要取决于人体神经过程的灵活性与快肌（白肌）纤维在肌肉中的百分比，神经过程的灵活性好，兴奋与抑制转换速度快，是肢体动作迅速交替的前提。运动器官的协调性，肌肉力量及收缩速度等，是一个先天性较强的因素，被列为田径运动员选材的重要指标之一。通过科学的训练，步频可以提高。

（三）技术环节影响因素

　　由于位移速度包括起动速度、加速度、最高速度和速度耐力，因此，我们在分析位移速度的影响因素时，应该从以下几方面入手：

1. 起跑速度和加速度

　　起跑速度和加速度主要是结合动作结构学和动作能量学变化，以达到提高专项的起跑速度和加速度的能力，它包括如何实现机体在运动中的加速能力和达到何种速度的最高速度水平。

2. 最高速度和速度耐力

　　最高速度和速度耐力主要是指在运动训练过程中，人体所能达到的最大位移速度的水平和对最高速度水平的持续时间。因此，专项起跑和加速是最高速度和速度耐力的基础，而后者又对前者起到了积极的促进作用，二者的水平决定着位移速度的整体水平。

3. 技术掌握水平与身体各方面能力素质相结合

　　身体素质水平的高低直接影响着专项技术水平的高低，专项技术水平的高低又制约着身体的表现能力。身体能力的整体性只能由专项技术水平去体现。把影响人体位移速度的素质和技术看作两个因素，那么这两个因素就必须存在高度的协同关系。

二、直线速度和多方向移动的运动生理学原理

从生理学角度讲，速度指肌肉工作时，用最短的时间完成动作的能力。无论是哪种形式的速度，在完成动作时都会由反应开始，并经过一定的位置移动，而整个过程的外部表现快慢就是动作速度。

（一）反应速度的生理学基础

机体反应的结构性基础为反射弧，因此凡能影响反射弧 5 个环节中任意环节的因素都会影响反应速度。反应速度的快慢主要取决于兴奋通过反射弧所需时间的长短。

1. 反射的复杂程度与中枢延搁

人体反应的产生是从感受器接受刺激产生兴奋，并沿着反射弧传递开始，到引起效应器发生应激作用为止，其所经历的时间称为反应时。在构成反射弧的 5 个环节中，传入神经和传出神经的传导速度基本上是固定的，研究认为很难改变。所以，反应时间的长短主要取决于感受器接受刺激的敏感程度，神经中枢分析、加工并处理的快慢（即延搁），以及效应器做出应激的兴奋程度。其中中枢延搁通常是最重要的，因为反射活动越复杂，历经的突触越多，反应时越长。

2. 中枢神经系统的机能状态

中枢神经系统的机能状态与反应速度有密切关系。良好的兴奋状态能够加速有机体对刺激的反应，使效应器由相对安静状态或抑制状态迅速转入活动状态。

3. 动作技能的熟练程度

动作技能是后天形成的、完成某些动作的特殊能力。从其生理学原理上讲，根据熟练程度的不同可分为若干阶段，而其最为熟练的阶段被称为自动化阶段，这个阶段的特点之一是完成动作时可以是无意识或下意识的，因此反应速度加快。有研究发现，通过训练，反应速度可以缩短 $11\% \sim 25\%$。

（二）动作速度的生理学基础

动作速度主要是由肌纤维类型的百分组成及面积、肌肉力量、肌肉组织的兴奋性和运动条件反射的巩固程度等因素所决定。

1. 肌纤维类型

肌肉中快肌纤维占优势是速度素质重要的物质基础之一，快肌纤维百分比越高，肌肉收缩速度越快。

2. 肌肉力量

力量是速度的基础，在阻力负荷相同时，力量越大，加速度也越大，从而

缩短完成动作的时间，凡能影响肌肉力量的因素也必将影响动作速度。

3. 肌肉组织机能状态

肌肉组织兴奋性高时，较低刺激强度和较短的作用时间就能引起肌组织兴奋。

4. 运动条件的反射

动作技能的生理学机制是链锁的条件反射。在完成动作过程中，运动技能越熟练，动作速度越快。此外，动作速度还与神经系统对主动肌、协调肌和对抗肌的调节能力有关，并与肌肉的无氧代谢能力有密切关系。

（三）位移速度

位移速度主要取决于步长和步频。步长和步频又受多种生物学因素的制约。步长主要取决于肌力的大小、肢体的长度及髋关节的柔韧性；步频主要取决于大脑皮质运动中枢的灵活性和各中枢间的协调性，以及快肌纤维的百分比和肥大程度。神经系统的灵活性好，兴奋与抑制转换速度快，是肢体动作迅速交替的前提，而各肌群间协调关系的改善，可以减少因对抗肌群紧张而产生的阻力，有利于更好地发挥速度。所以，在周期性运动中，肌肉放松能力的改善也是提高速度的一个重要因素。

（四）多向速度的特殊性

多向速度表现的是不定向的位移变化能力，具体体现在外界条件突然变化时，机体能迅速做出反应并向需要的角度或方向移动，而这种机体迅速改变体位、转换动作和随机应变的能力又可以用灵敏性来描述。因此多向速度的生理学原理与灵敏素质密切相关，灵敏素质的发生机制直接影响到多向速度的完成效果。

正如我们所知道的那样，灵敏是一项复杂的综合素质，它与机体的力量、反应、速度、爆发力和协调性密切相关。因此，灵敏性的生理学基础主要涉及神经、感觉和骨骼肌的结构与功能状态。

1. 大脑皮质的机能状态

大脑皮质是接受、分析来自运动机体各类感觉信息的中枢。在激烈的对抗性运动中，如球类、击剑、摔跤等，随着运动形式的变化，动作的性质、强度均会发生相应的变化，大脑皮质只有处在良好的功能状态下，才能迅速地对变化的情况作出准确的分析和判断，并当机立断地下达指令，调控运动器官完成相应的动作。同时，运动中的突然启动、急停、动作的迅速转换等，均要求大脑皮质神经的兴奋、抑制过程迅速转换，如皮质中枢功能不良则难以完成快速的转换、不能适应运动场上瞬息万变的情况。

2. 感觉器官和肌肉的功能状态

各种感觉器官和外周神经功能的改善，特别是运动分析器的敏感程度、兴奋在神经肌肉传导的快慢，以及肌肉的收缩速度、力量等均可直接影响运动机体的灵敏性。当它们处于良好的功能状态时，可以提高人体在运动过程中空间和时间上的定向定时能力，使得动作准确、变换迅速。因此，灵敏的发展与各种分析器技能的改善密切相关。另外，运动前充分做好准备，适度降低肌紧张度，也可以增强人体的灵敏性。

3. 运动技能的熟练程度

灵敏是多种运动技能和身体素质在运动中的综合表现。运动技能掌握得越多、越牢固，机体运动时动作会更加协调、稳定，而且易达到高度的自动化，表现出灵活而省力的特点。按照条件反射学说，运动技能本身是在多种感觉器官的参与下，与大脑皮质有关中枢间建立的暂时性神经联系，这种暂时联系建立得越多，当环境条件改变需要作出反应时，大脑皮质有关中枢间暂时神经联系的接通就越迅速、准确，并能在原有条件反射的基础上创造出更多的新颖动作和作出更完善的协调反应。

4. 机体的自然条件与状态

人的灵敏性还与年龄、性别、体重和整个机体功能状态等有关。从儿童开始到成熟期，灵敏性逐步提高，其中青春期灵敏性发展迅速。青春期前，男孩稍优于女孩；青春期后，男孩的灵敏性远好于女孩。体重会明显影响人的灵敏性，体重过大会使身体各部分的惯性加大，增大了肌肉收缩的负荷，在进行改变方向的动作时，速度必然减慢。人在疲劳时，爆发力、动作速度、反应速度、协调性都会下降，灵敏性必然显著降低。另外，灵敏性还与力量、速度和柔韧性密切相关。

（五）提高速度的生理学原理

1. 以 ATP-CP 功能系统为主

体育运动中，表现为直线速度和多方向位移特点的体育项目有很多，如篮球和足球中的带球变向过人，要求短时间、大强度和快速地完成动作，由于机体中 ATP-CP 的能量供给速度最快，所以在运动中最先消耗 ATP-CP，为维持 ATP 水平，保持能量的连续供应，CP 在肌酸激酶作用下，再合成 ATP。由于磷酸原供能系统的功能时间较短，一般为 6~8 秒，所以在训练过程中，要提高肌肉内磷酸原的储备量，重视提高 ATP 再合成的速率。

2. 利用不同肌纤维类型的特点

人体的每块肌肉中都分布着不同比例的快肌和慢肌纤维。针对体育动作中，快速、灵活的动作，主要是肌肉中的快肌纤维起作用。快肌纤维中参与无氧氧化过程的酶活性较慢肌纤维高。所以快肌纤维收缩的潜伏期短，收缩速度快，收缩时产生的张力大，但收缩不能持久，易疲劳。

3. 调动机体的兴奋程度

要引起骨骼肌的兴奋必须给予适度的刺激。刺激应满足刺激强度、刺激的作用时间、刺激强度变化率等条件。当外界刺激强度适宜时，整块肌肉中兴奋并参与收缩的肌纤维数目达到最大，肌肉将产生最大的收缩力量。以起跑为例，在准备阶段，不断地调整机体的兴奋性，力求达到最佳状态，等待鸣枪的刺激信号。当刺激信号发出后，肌肉会对刺激作出快速的反应，迅速转入活动状态，提高运动员大脑皮质的兴奋程度，缩短反应时。

4. 利用不同感觉器官的作用

感觉器官分为位觉器官、本体感受器和视觉器官。

（1）位觉器官即前庭器官，当人体进行旋转或直线变速运动，以及头部在空间位置和地心引力的方向出现相对的变化时，便会刺激前庭器官的感觉细胞产生神经冲动，经前庭神经送至中枢神经系统，引起身体的空间位置或变速感觉，并通过姿势反射来调整有关骨骼肌的张力，以维持身体平衡。

（2）本体感受器可感受肌肉张力、长度的变化和环节在关节处运动的刺激，并将这类刺激转变为神经冲动，传向大脑皮质感觉区，从而产生身体各部分相对位置和状态的感觉。机体运动时，本体感受器将运动刺激转变为神经冲动传入大脑皮质相应的中枢，通过综合分析，感知身体在空间的位置姿势，以及身体各部位肌肉的活动状态，使之产生正确的肌肉感觉。篮球、足球运动员在动作技能熟练后，有时不用视觉，仅靠运动觉即可控制球完成复杂动作。

（3）视觉器官是人体感知外界信息的重要感觉器官，视觉是外源信息在大脑的主观感觉。运动过程中，眼可以将周围环境和身体运动与运动方向的信息，传入大脑，结合本体感受器和位觉感受器传来的信息，调节有关骨骼肌张力，保持头位及正确的身体姿势。

5. 结合运动技能的掌握情况

（1）泛化阶段：只能对动作有一种感性认识，对技能的内在规律并不完全理解。人体内外的刺激通过感受器传到大脑皮质，引起大脑皮质细胞强烈兴奋，因为皮质内分化抑制尚未确立，所以大脑皮质中的兴奋和抑制都呈现扩散状态，使条件反射暂时联系不稳定，出现泛化现象。在这个过程中，肌肉工作的表现往往是动作僵硬，不协调，不该收缩的肌肉收缩，出现多余动作，而且做动作很费力。这些现象是大脑皮质细胞的兴奋扩散的结果。

（2）分化阶段：初学者对运动技能有一定的了解，一些不协调和多余的动作也逐渐消除。此时，大脑皮质运动中枢兴奋和抑制过程逐渐集中。由于抑制过程加强，特别是分化抑制得到发展，大脑皮质的活动由泛化阶段进入了分化阶段。

（3）巩固阶段：通过反复练习，运动条件反射系统已经巩固，建立了巩固的动力定型，大脑皮质的兴奋和抑制在时间和空间上更加集中和精确。有些技术不必有意识去控制而能顺利完成动作。

（4）自动化阶段：所谓自动化，就是练习某一套技术动作时，可以在无意识的条件下完成。其特征是，对整个动作或者是对动作的某些环节，暂时变为无意识的。对自动化的解释，是以巴甫洛夫高级神经活动的基本规律为基础的，即人类一切随意运动都必须在大脑皮质的参与下方能实现。

三、直线速度和多方向移动的动作模式

直线与多方向移动练习的动作模式是机体灵活性与稳定性共同参与的结果，通过不断破坏正确的动作模式来突破动作限制，从而发展运动员对动作顺序和路线、动作幅度、动作高度和方向，以及中央视觉辨别感知能力。多方向移动练习在球类项目应用中，应结合球类项目的特点，不断强化各种动力感觉，包括精确调节动作程序中动作力量、速度、路线和幅度等，发展机体控制能力。

第三节　直线速度练习方法　◀

本节通过各种形式跑的练习，旨在发展机体快速移动能力及快速反应能力，从而达到提高最大速度的目的，并通过快速能力的提高，为其他动作的学习做好准备。发展速度的主要练习方式是各种形式的跑，并借助于相关器材，提高练习效果，增强练习的趣味性。另外，改变条件的练习对于消除速度障碍也会产生积极的效果。

一、原地支撑摆腿

（一）场地与器材
平整、坚硬的路面或运动场跑道。
（二）目的和任务
提高步频及下肢肌肉群的蹬伸能力，提高蹬摆速度，发展腿部力量。
（三）动作方法
躯干保持正直，大腿积极高抬，约与地面齐平，支撑腿充分蹬直。上肢摆臂动作和下肢腿部动作协调一致（图10-1，图10-2）。

图 10-1　原地支撑摆腿一　　　　图 10-2　原地支撑摆腿二

（四）训练建议

1. 身体姿势

头颈部放松，肩带放松，小腿和大腿自然折叠，抬腿时避免躯干前倾。

2. 动作拓展

髋、膝、踝部位系弹力带，利用弹力势能增加阻力，增强蹬摆的效果。支撑脚踩平衡垫，在不稳定的条件下增强控制与协调能力，在本体感觉得到强化的基础上，有效地提高了核心部位的工作强度，进而为速度提高创造一个稳定基础。

二、跑的专门性练习

（一）后踢腿跑

1. 场地与器材

平整、坚硬的路面或运动场跑道。

2. 目的和任务

提高步频，体会后摆动作。

3. 动作方法

上体正直或稍前倾，两臂前后摆动，大小腿充分折叠（图 10-3，图 10-4）。

图 10-3　后踢腿跑一　　　　　　图 10-4　后踢腿跑二

4. 训练建议

（1）身体姿势：足跟尽量贴近臀部，躯干避免过分前倾，以减少臀部补偿性后移，完成折叠后，同侧髋积极前摆，以增强水平移动的效果。

（2）动作拓展：向外侧踢腿跑，提高髋、膝等部位外展的能力，增强其灵活性。向内踢小腿跑，提高髋、膝等部位内收的能力，增强其灵活性。

（二）小步跑

1. 场地与器材

平整、坚硬的路面或运动场跑道。

2. 目的和任务

提高频率，发展关节灵活性，改进落地技术。

3. 动作方法

上体正直或稍前倾，重心高抬，大腿积极下压，放松膝、踝关节，小腿顺势前摆，用前脚掌着地；完成"扒地"动作并迅速伸直髋、膝、踝三个关节，同时两臂配合腿前后摆动（图10-5，图10-6）。

图 10-5　小步跑一　　　　　　　图 10-6　小步跑二

4. 训练建议

（1）身体姿势：脚掌着地时不要过分向后发力，应柔和落地并无明显的擦地声音；切忌向前踢甩小腿，应以膝关节领先。

（2）动作拓展：利用绳梯踏标记，可适应频率与幅度的变化，提高关节灵活性。楼梯上下小步跑：可利用重力势能提高练习的效果。

三、起跑与加速跑

1. 场地与器材

平整、坚硬的路面或运动场跑道。

2. 目的和任务

练习反应能力，提高起跑速度；充分利用向前的冲力，在较短距离内尽快获得高速度。

3. 动作方法

双脚前后站立，相隔一脚到一脚半的距离，屈膝降重心，身体前倾，前腿异侧臂屈肘在前，后臂于身后；听到"跑"的信号后，两脚用力蹬地，迅速冲出，重心前移快速起动。摆动腿的膝关节迅速有力地向前上方摆出，支撑腿在摆动腿积极前摆配合下，快速有力地伸展髋、膝和踝关节；蹬离地面，支撑腿与摆动腿协调配合，头部正直，上体稍前倾，两臂前后摆动要轻快有力（图10-7，图10-8）。

图 10-7　起跑与加速跑一　　　　　　图 10-8　起跑与加速跑二

4. 训练建议

（1）身体姿势：前几步不宜过大，以免造成重心起伏而影响蹬地效果。加速跑前几步的着地点并不完全在一条直线的两侧，而是距离相对较宽，以增加身体的稳定性，进而增强蹬地的效果。

（2）动作拓展：双脚并立起跑，体会身体重心的利用。反向起跑，背对跑进方向，提高快速反应及灵活应变能力。小步跑、高抬腿、后蹬跑接起跑，提高运动中加速变速能力。上下坡起跑，利用重力势能提高频率或增强力量。

四、阻力跑

1. 场地与器材

平整、坚硬的路面或运动场跑道。

2. 目的和任务

促进蹬伸与摆动力量的增加，提高肌肉的收缩力量和收缩速度，发展髋关节伸肌力量，发展肌肉爆发力。

3. 动作方法

训练手段：牵引跑、上坡跑、拖重物跑、沙地跑、顶风跑、跑楼梯和水中跑等（图10-9，图10-10）。

图 10-9　牵引跑一

图 10-10　牵引跑二

4. 训练建议

（1）身体姿势：负荷不宜过大，否则容易建立错误动作定型，影响速度进一步发展。

（2）动作拓展：一切能够增加阻力负荷的手段都可用于练习。

第四节　多方向移动练习方法

本节通过各种形式的移动及各种规定图形练习，旨在提高各种身体姿态条件下，机体快速移动的能力，增强学习者不同角度发力的能力。练习的方式是日常动作学习中最为常见的动作单元，不同角度的下肢发力也需要机体核心部位做出相应的调整，练习过程中对核心部位的稳定性也起到了积极作用，同时不同方向的加速为各种动作学习与训练提供了全方位的支撑。

一、同向侧蹬平行移动

1. 场地与器材

平整、坚硬的路面或运动场跑道。

2. 目的和任务

发展连续的快速平行移动能力。

3. 动作方法

以向右侧平行移动为例，躯体向右侧方向倾斜，重心的转移在两腿之间，左脚内侧发力，左脚踝做快速蹬伸，抬起后向右脚靠拢，落地瞬间右脚外侧发力。右脚踝关节迅速蹬伸，脚尖略外展，抬起移动至略宽于肩的距离（图 10-11，图 10-12）。

图 10-11　同向侧蹬一

图 10-12　同向侧蹬二

4. 训练建议

（1）身体姿势：两脚开立，略宽于肩，移动时避免重心上下起伏，踝关节发力。

（2）动作拓展：可以进行左右两侧和前后两侧的动作，如击剑中进攻或防守后退的脚步移动，排球中平行移动垫球，羽毛球中的并步，篮球中人盯人防守时，防守队员的移动防守。以及足球运动中，防守队员用此动作防守，可防止进攻球员传球或射门。

二、背向转身加速跑

1. 场地与器材

平整、坚硬的路面或运动场跑道。

2. 目的和任务

发展快速转身和转身后加速跑动能力、反应能力。

3. 动作方法

两脚开立，膝关节微屈，听到口令后，迅速转身（以左转身为例），左脚后撤一小步，脚尖朝向左后方，同时上体左转，然后迈右脚，加速向前跑。在篮球运动中，可面对篮板，接中锋由篮下传来的球后，迅速转身，加速运球跑到后场（图 10-13，图 10-14）。

图 10-13　背向转身跑一

图 10-14　背向转身跑二

4. 训练建议

（1）身体姿势：转身前，支撑点置于重心投影点前，两脚左右分开，前后移动，重心平稳。

（2）动作拓展：网球运动员在进行网前截击时，遭遇对手挑后场高球后，转身跑回底线的练习；排球、篮球运动员球场内中线—底线以及中线—3米线—底线之间的往返跑等练习。

三、T字形变向跑

1. 场地与器材

平整、坚硬的路面或运动场跑道。

2. 目的和任务

发展直线运动时，快速变向能力、位移能力和反应速度。

3. 动作方法

直线运动过程中，摆动腿积极前摆下压，支撑腿的踝关节和膝关节快速伸直，支撑腿的前脚掌用力，两腿交替向前运动。变向过程中（以向右侧变向为例），重心向右侧转移，左脚的内侧发力，脚跟外展。膝关节弯曲内收，做向右侧快速蹬伸动作，右脚转踝，右膝外展，转髋做快速移动过人动作（图10-15~图10-17）。

图 10-15　T型变向跑一　　　　　　图 10-16　T型变向跑二

图 10-17　T型变向跑三

4. 训练建议

（1）身体姿势：重心较低，蹬地角度随变向幅度而变化。

（2）动作拓展：运动员可进行左右两侧移动、倒 T 字形变向跑等练习，如垒球中跑垒运动员，在各垒间的相互转换移动；篮球项目中，直线运球后突破过人；羽毛球和网球中，网前小球的左右转换；足球中，直线运球后，变向突破过人，以及手球运动中打门前的晃动变向。

四、S 型变向跑

1. 场地与器材

平整、坚硬的路面或运动场跑道。

2. 目的和任务

提高练习者在短距离内进行左右连续变向的协调性、灵敏性及脚步移动的能力。

3. 动作方法

在变向时变向的同侧脚先移动，另一侧脚作为支撑脚，蹬地发力向改变的方向移动，同时重心也由支撑脚一侧向变向一侧移动。注意在转移重心时应前脚掌着地，这样便于重心的转移和方向的改变，而且变向时重心要降低一些（图 10-18~图 10-21）。

图 10-18　S 型变向跑一

图 10-19　S 型变向跑二

图 10-20　S 型变向跑三

图 10-21　S 型变向跑四

4. 训练建议

（1）身体姿势：跑动时身体自然放松，上体稍前倾，步幅稍小，两臂屈肘自然摆动。

（2）动作拓展：足球、篮球运动员在进攻时，进行无球队员跑位练习，田径跳高运动员进行弧线助跑练习等动作。

五、米字型变向跑

1. 场地与器材

平整、坚硬的路面或运动场跑道。

2. 目的和任务

发展运动中多方向跑动能力和反应能力。

3. 动作方法

在场地中，以米字型摆放标志物，练习者站在标志物的中间，做好启动的准备。口令开始后，练习者交叉上步，触摸右上角标志物；然后退回起点，交叉上步，触摸左上角标志物；退回起点后，再次交叉上步，触摸右中标志物；以此类推，直到触摸完所有标志物结束练习（图 10-22~图 10-28）。

图 10-22　米字型变向跑一

图 10-23　米字型变向跑二

图 10-24　米字型变向跑三

图 10-25　米字型变向跑四

图 10-26　米字型变向跑五

图 10-27　米字型变向跑六

图 10-28　米字型变向跑七

4. 训练建议

（1）身体姿势：交叉步与跨步转换要快，步幅的大小应在保证后退快速的基础上尽可能的大，脚步要有弹性。

（2）动作拓展：进行网球、羽毛球等项目的步法练习。

六、放射型跑

1. 场地与器材

平整、坚硬的路面或运动场跑道。

2. 目的和任务

训练快速上步移动的能力。

3. 动作方法

在面前摆有 5 个标志物，标志物之间的距离和标志物与起点的距离可以根据自身的要求进行调整，听到口令后，运动员从起点跑到任何一侧的标志物处，触碰到标志物后，立即退回起点，再从起点跑到第二个标志物处，再返回起点，依次进行（图 10-29~图 10-35）。

图 10-29　放射型变向跑一

图 10-30　放射型变向跑二

图 10-31　放射型变向跑三

图 10-32　放射型变向跑四

图 10-33　放射型变向跑五

图 10-34　放射型变向跑六

图 10-35　放射型变向跑七

4. 训练建议

（1）身体姿势：身体自然放松，准备姿势时，重心置于两腿之间，后退时，身体重心不要过分向后，以保证再次向前移动时，能快速启动。

（2）动作拓展：进行网球、羽毛球等项目的步法练习。

七、阻力侧向并步移动

1. 场地与器材

平整、坚硬的路面或运动场跑道。

2. 目的和任务

提高快速侧向移动的能力。

3. 动作方法

准备姿势时，重心在双腿之间，向右侧移动时，左腿蹬地，右腿快速跨步，同时左腿快速跟上，身体的重心始终保持在两腿之间，双脚的距离始终保持一致（图 10-36，图 10-37）。

图 10-36　　　　　　　　　　　图 10-37

4. 训练建议

（1）身体姿势：身体自然放松，身体重心始终在两腿之间，双脚的距离始终保持一致。

（2）动作拓展：进行篮球、排球、网球、羽毛球等项目的步法练习。

八、阻力侧向交叉步移动

1. 场地与器材

平整、坚硬路面或运动场跑道。

2. 目的和任务

发展两腿交替用力和快速移动的能力。

3. 动作方法

以向右侧移动为例。躯干向移动方向倾斜，摆动腿（左腿）首先移动，脚内侧发力，身体重心不断移动至支撑腿（右腿），摆动腿处于腾空状态。支撑腿发力时，脚外侧用力，膝关节弯曲，踝关节和膝关节做快速蹬伸动作，摆动腿向移动方向快速转髋，摆动腿移动到与重心垂直的位置时成为支撑腿，完成一个交叉步动作（图 10-38～图 10-40）。

图 10-38　阻力侧向交叉一

图 10-39　阻力侧向交叉二

图 10-40　阻力侧向交叉三

4. 训练建议

（1）**身体姿势**：注意两脚不同的用力方式，摆动腿的转髋，以及摆动腿与支撑腿的转换时机要恰当。

（2）**动作拓展**：运动员可进行不同方向（左右两侧的交叉，左右侧斜后45度角）、不同形式（前交叉、后交叉及混合交叉）的运动。如排球侧向移动垫球时，交叉步是一种移动方式；羽毛球运动中，由中心点向后场移动击高远球，以及前场左右移动的网前搓球，后场高远球的左右移动；网球运动中的穿越球，防守队员回防的跑动方式；篮球运动中防守队员移动防守，以及田径运动中准备活动等。

 ## 复习思考题

1. 何谓速度？实践中通常有哪几种表现形式？
2. 直线速度与多方向移动练习主要有哪些锻炼价值？
3. 什么是步频？什么是步长？各自有哪些影响因素？
4. 动作速度的生理学基础主要有哪几方面？

 ## 推荐阅读文献

1. 刘致勇，朱立新，运动技能学［M］. 哈尔滨：东北林业大学出版社，2003.

2. 赵洪波. 对女大学生基本运动能力现状及其改进策略的研究［J］. 中国学校体育杂志，2014，1（4）：77.

3. 赵洪波. 体育教育专业大学生基本运动能力现状的调查研究［J］. 吉林体育学院学报，2014，34（4）：28.

（朱立新　哈尔滨师范大学）

（赵洪波　辽宁师范大学）

（施　宁　首都体育学院）

第十一章
能量代谢系统发展

▲ 本章导语

    本章介绍人体运动时能量的主要来源，能量代谢系统的组成、原理和特点，以及有关能量代谢系统的测评方法和能量代谢系统的训练方法。本章要求学生熟悉能量代谢系统的基本概念，运动时的能量消耗特征与主要来源；了解不同运动项目能量代谢系统的特征，掌握并运用能量代谢系统的监测与评价方法。

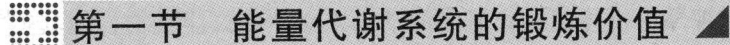

第一节　能量代谢系统的锻炼价值

人体的任何活动离不开能量的产生、转移和利用，该过程被称为能量代谢，参与人体能量的产生、转移和利用的有关组织器官系统被称为能量代谢系统。本节主要介绍能量代谢系统的概念，以及能量代谢系统的意义。

一、能量代谢系统的概念

人体与周围环境之间不断进行物质代谢的同时伴随着能量释放、转移和利用，这一过程称为能量代谢。从氧气供应的情况来看，能量代谢系统可以分为有氧代谢和无氧代谢，前者指在氧气供应充分的情况下，机体利用氧气完成能量的释放、转移和利用的过程；后者指在氧气供应不充分的情况下，机体通过其他途径完成能量的释放、转移和利用的过程。能量代谢系统的发展（metabolic conditioning）就是让供能物质在机体内快速动员、转移、利用和恢复的训练，其训练包括有氧代谢系统训练和无氧代谢系统训练。

能量代谢系统和体能素质中的耐力素质类似，所涉及的组织、器官和系统也基本相同，两者的区别在于能量代谢系统的提法突出了机体能量代谢的作用，更加强调机体能量的供应途径。因此，发展能量代谢系统等同于发展机体耐力素质。

二、发展能量代谢系统的意义

（一）提高有氧代谢能力

发展能量代谢系统可以有效提高机体的有氧代谢能力。有氧代谢能力，简称有氧能力或有氧耐力，是指机体在氧气供应比较充足的情况下，坚持长时间工作的能力，以有氧供能为主的运动被称为有氧代谢运动。

有氧能力是耐力素质的重要组成部分之一，是机体的基本素质，有氧能力的好坏不仅决定耐力素质的好坏，也是无氧代谢能力的基础。有氧代谢运动的特点是强度低、有节奏、不中断、持续时间长，并且方便易行，容易坚持。进行有氧代谢运动，一方面可以增加机体吸收、输送与运用氧气的能力；另一方面还能促进机体血液循环，改善微循环和内环境，增强新陈代谢，提高大脑和心肺等重要脏器的生理功能。有氧运动的能量供给主要来源于糖类和脂肪，如果肥胖者能持之以恒地进行有氧代谢运动，就可有效消耗体内多余的热量和脂肪，既可减肥又能起到降低血压、血脂、血糖和提高机体免疫力的作用，对预防动脉硬化、高血压、冠心病、脑中风、糖尿病和癌症等疾病也大有裨益。

（二）增强抗疲劳能力

疲劳是一种生理现象，机体经过长时间的活动，必然要产生疲劳，使其工作能力下降，限制了运动的时间及水平的发挥，这是有机体的一种自我保护。疲劳产生的原因是由多方面的因素所造成的，长时间的活动后，体内能量物质大量被消耗，又得不到及时补充，于是产生疲劳；活动后某些代谢产物（如乳酸、二氧化碳等）在肌肉中大量堆积使肌肉收缩能力下降，造成肌肉疲劳；活动后血液中 pH 下降，细胞外液水分和离子浓度以及渗透压发生变化，使内环境稳定性失调从而导致疲劳；由于以上因素的变化，使皮质神经细胞能力降低，神经活动过程抑制占主导地位，形成大脑皮质的保护性抑制，进而出现疲劳。

经过合理的发展能量代谢系统，使得机体内能源物质储备增加，大脑皮质中兴奋与抑制过程有节奏的交替能力也得到提高，同时机体的新陈代谢加快，有利于代谢废物更快的排除，维持机体血液的 pH 和内环境的稳定，进而提高机体的抗疲劳能力。

（三）提高恢复能力

能量代谢系统的发展，可以促进机体新陈代谢水平的提高，肺通气量的增加，心脏泵血能力的增强，以及丰富肌肉中的毛细血管网，这些共同促进机体摄氧能力的提高，进而使得机体清除体内代谢废物的能力得到加强，机体的恢复能力加快。

（四）提高持续运动能力

要想提高人体持续运动的能力，一方面需要提高机体对疲劳的抵抗能力，即延缓疲劳的发生，另一方面需要提高机体的恢复能力。合理的发展能量代谢系统，既能提高机体的抗疲劳能力，又能提高机体的恢复能力，从而延长人体的持续运动时间，提高其持续运动能力。

第二节　能量代谢系统的原理

能量代谢系统从本质上讲主要指人体三大供能系统，其能源物质来自糖、蛋白质和脂肪。因此，本节的主要目的在于了解人体三大供能系统的特征和能源物质。在此基础上，根据项目特点，来分析项目的能量代谢特征，使训练更具有针对性。

一、能源物质

自然界的所有能量来源于太阳能，植物的光合作用可将太阳的光能转化为化学能储存起来，人体则是通过食用植物以及草食动物来获得能量。食物的营

养是以糖、脂肪和蛋白质的形式储存在人体内，而这三大物质可被细胞分解，释放其储存的能量。三大物质的能量不能直接被人体所利用，而是把释放的能量储存在高能化合物 ATP 内，ATP 是人体的直接供能物质。

静止时，人体消耗的能量主要来自糖和脂肪的分解。大强度、短距离运动时，能量主要来自糖，脂肪供能很少；小强度、长时间运动时，能量主要来自糖和脂肪共同分解。蛋白质很少作为供能物质，其主要功能在于构成人体组织结构，或在某些体内的化学反应中参与催化作用。

（一）糖（碳水化合物）

运动中，糖的利用量不仅与糖的利用率有关，而且与肌肉糖代谢系统的发育程度有关。安静状态下，机体消化吸收的糖以糖原的形式储存在肌肉和肝脏内，而在血液当中随血液循环的糖为葡萄糖，是所有糖分解后的最小单位。肌糖原储存在肌细胞的胞浆内，机体需要时可分解为 ATP 的形式供能；肝糖原储存在肝脏内，在机体需要时可分解成葡萄糖随血液循环到活动的组织器官参与供能。

肌糖原和肝糖原的储量有限，在长时间、高强度运动中可能被耗竭。因此，机体非常依赖从食物中补充糖。

（二）脂肪

糖是机体的主要供能物质，但是其储量有限，而脂肪也是机体的供能物质，其主要表现在长时间、低强度的运动形式当中。人体的脂肪储量远远大于糖的储量。体脂含量较少的人和体脂含量较多的人其糖的储量基本相同，但是体内脂肪的储量可能会相差一倍多（表 11-1）。

表 11-1　机体能源物质（糖和脂肪）的储量和能量

类别	实际物质	克	千卡
糖	肌糖原	110	451
	肝糖原	500	2 050
	体液中的葡萄糖	15	62
	总量	625	2 563
脂肪	皮下和内脏	7 800	73 320
	肌肉内	161	1 513
	总量	7 961	74 833

注：数据的估算是基于 65 千克体重，12%体脂的机体。

脂肪不仅储量高于糖，其产能也大于糖。1 克脂肪分解能产生 9.4 千卡的能量，而 1 克糖分解仅能产生 4.1 千卡的能量。但是脂肪不能被人体细胞快速利用，其必须要从复杂的甘油三酯，分解成甘油和游能量肪酸，且只有脂肪酸才能被利用。此外，体内某些形式的脂肪不能提供能量，如磷脂是所有细胞膜的主要结构成分，也是神经纤维的保护性髓鞘；类固醇也存在于细胞膜内，且还是某些激素的原料。

（三）蛋白质

蛋白质不是机体的主要能源物质，但是也可以参与供能，其必须先转变成葡萄糖后才可以供能。在能量耗竭或非常饥饿的情况下，蛋白质还可以转化为游离脂肪酸提供能量。

二、人体三大供能系统的特点

人体有三个基本的供能系统，即磷酸原（ATP-CP）系统、糖酵解系统和有氧氧化系统。三个能量系统通过各自的代谢途径生成 ATP，为肌肉活动提供能量，但是各个能量系统具有不同的特点。

（一）磷酸原（ATP-CP）系统

磷酸原（ATP-CP）系统是人体内最简单的供能系统。正常情况下，人体细胞内储存的直接供能物质——ATP 的量很少，但是体内还储存有另一种高能磷酸分子——磷酸肌酸或 CP。磷酸肌酸可分解释放出能量，用来重新合成 ATP，以维持机体相对持久的能量供应。磷酸肌酸合成 ATP 的过程非常迅速，且不需要细胞内的特定结构即可完成，该过程的进行不需要氧参与，但在有氧的条件下也能进行。

短距离、高强度的运动项目（如短跑），在其最初的几秒内，ATP 的含量维持在一个相对不变的水平，但磷酸肌酸的含量却不断下降，原因是磷酸肌酸不断分解再合成 ATP，维持肌肉当中的 ATP 含量，力竭时，ATP 和磷酸肌酸含量均显著降低（图 11-1）。分解磷酸肌酸来维持 ATP 含量的作用是有限的，

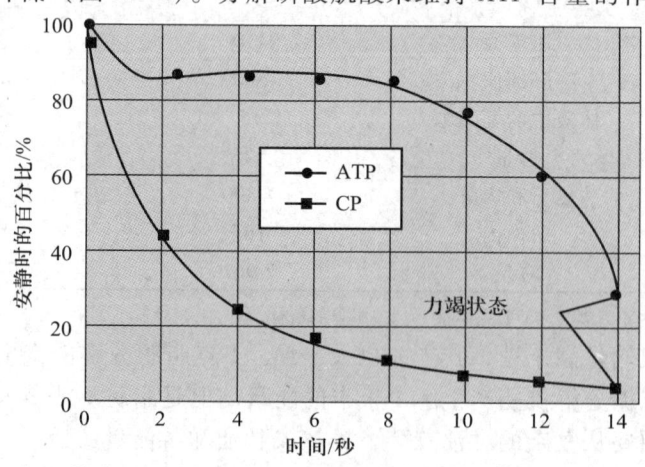

图 11-1　快肌纤维进行 14 秒最大强度运动时 ATP 和 CP 的变化曲线

体内储存的 ATP 和磷酸肌酸，仅能提供全速跑 3~15 秒的能量供应，超过这个时间以后，肌肉将通过其他形式来补充 ATP。

（二）糖酵解系统

糖酵解是另一个产生 ATP 的途径，是由一系列糖酵解酶引起的葡萄糖分解过程。

人体内的糖主要为葡萄糖和糖原，其中葡萄糖是能直接参与供能的物质。人体血液循环中的糖，99% 为葡萄糖，主要来自食物中糖的消化和肝糖原的分解。糖原储存在肝和肌肉内，当机体需要时，肝和肌肉当中的糖原分解成葡萄糖-1-磷酸被机体利用。

糖酵解系统远比磷酸原（ATP-CP）系统复杂，在糖原分解成乳酸的过程中需要 10~12 个酶促反应，所有的酶促反应都是在细胞质内进行的。1 分子糖原在糖酵解过程中净产生 3 分子 ATP，而 1 分子葡萄糖在糖酵解过程中净产生 2 分子 ATP，因为葡萄糖转变成葡萄糖-6-磷酸的过程需要消耗 1 分子 ATP。

糖酵解系统不能产生大量的 ATP，但和磷酸原（ATP-CP）系统一起，两者仍可在氧供不足的情况下提供能量，主要为大强度运动的前几分钟提供能量保障。

糖酵解供能的另一个局限性是其副产品为乳酸，可以导致肌肉和体液内的乳酸堆积。糖酵解途径可产生丙酮酸，此过程不需要氧气，但丙酮酸此后的命运却是由氧气决定。在无氧条件下，丙酮酸转变成乳酸，而在有氧条件下则进入另一个供能系统。

在全速奔跑的 1~2 分钟内，主要是糖酵解供能，肌乳酸浓度可从安静时的 1 毫摩·升$^{-1}$升高至 25 毫摩·升$^{-1}$之多。肌纤维的酸化可损害糖酵解酶的功能，进而抑制更多糖酵解过程。此外，乳酸也会降低肌纤维的钙结合能力，进而影响肌肉的收缩。可见，在全力运动过程中，磷酸原（ATP-CP）系统和糖酵解系统的供能仅能最多维持 2 分钟，更长时间的运动需要第三个供能系统——有氧供能系统。

（三）有氧供能系统

有氧供能系统是人体三大供能系统中最复杂的一个。机体在有氧条件下分解底物产生能量的过程，称为细胞内呼吸，此过程需要氧气的参与，因此称为有氧过程，该过程主要发生在细胞内的线粒体内。

在长时间运动中，骨骼肌需要一个稳定的供能系统来维持肌肉的收缩，相对于无氧产生 ATP，有氧代谢系统的动员比较慢，但具有强大的产能能力。因此，耐力运动中，有氧代谢是主要的供能方式，同时需要心肺系统和循环系统运输大量的氧气到达肌肉。

有氧供能系统的能源物质有三种，分别为糖、脂肪和蛋白质。三种物质的有氧氧化过程和产能数量不同。

以糖为能源物质进行有氧供能包含三个过程，分别为有氧糖酵解、三羧酸循环和电子传递链。有氧糖酵解过程和前述的无氧糖酵解过程相同，不同点在于其产物丙酮酸的去向是由氧的存在与否决定的，无氧的条件下丙酮酸产生乳酸，有氧的条件下丙酮酸变成乙酰辅酶A（乙酰CoA）进入三羧酸循环，经过三羧酸循环，糖会被彻底的分解为二氧化碳和水。葡萄糖在进行糖酵解和三羧酸循环的过程中，会产生氢离子，如果氢离子一直在体内存在，体内就会变得酸性太强，因此这些氢离子会通过电子传递链，分解成质子和电子，并与氧气结合形成水，防止细胞酸化。在这一过程中会释放出大量的能量，且该过程需要氧作为氢离子的受体。通过上述的三个过程，1分子肌糖原完全氧化可生成37~39分子ATP。若该过程始于葡萄糖，则可生成38分子的ATP（表11-2）。

表 11-2　肌糖原有氧供能途径产生 ATP 的数量

产生 ATP 的过程	直接产生	电子传递产生 *
糖酵解（葡萄糖生成丙酮酸）	3	4~6 **
丙酮酸生成乙酰辅酶 A	0	6
三羧酸循环	2	22
小计	5	32~34
总计		37~39

注：* 指转运氢离子（H^+）至电子传递链合成 ATP。

** 此过程产生 ATP 数量根据运载氢离子的分子 NADH 或 FADH 而定，所运载氢离子的为 NADH，可产生 39 个 ATP，若为 FADH 则可产生 37 个 ATP。

由于体内葡萄糖和糖原有限，只能提供约 2 500 千卡的能量，因此脂肪也是机体活动时的重要能量来源。脂类物质当中只有甘油三酯是主要供能物质，其供能过程主要分为脂肪分解、贝塔（β）氧化、三羧酸循环和电子传递4个过程。

甘油三酯作为能源物质，首先需要分解成1分子的甘油和3分子的游离脂肪酸，该过程为脂肪分解，需要脂解酶的催化。游离脂肪酸进入肌纤维后，在酶的作用下消耗1分子的ATP形成乙酰辅酶A，这个过程被称为贝塔（β）氧化，且需要在线粒体内进行。形成乙酰辅酶A之后，进入三羧酸循环和电子传递链的过程和糖进行有氧氧化的过程相同。

和糖相比，脂肪有氧氧化能产生更多的ATP，以16碳脂肪酸——棕榈酸为例，经过氧化反应，1 分子的棕榈酸生成 129 个 ATP，远大于葡萄糖有氧氧化所产生的 38 个 ATP（表 11-3）。

表 11-3　棕榈酸有氧供能途径产生 ATP 的数量

产生 ATP 的过程	直接产生	电子传递产生
脂肪酸活化	0	-2
贝塔（β）氧化	0	35
三羧酸循环	8	88
小计	8	121
总计	129	

　　糖和脂肪是人体最优先选择的能源物质，也是人体的主要供能物质，但有时人体也会动用蛋白质或氨基酸作为能源物质。一些氨基酸能通过糖异生作用转化成葡萄糖进行有氧氧化过程，也有一些氨基酸能转化为氧化反应中的中间产物如丙酮酸或乙酰辅酶 A 进入氧化反应过程。但是蛋白质产生的能量不像糖和脂肪那样容易确定，因为蛋白质中含有氮，当氨基酸进行分解代谢时，一部分分解的氮会被用来合成新的氨基酸，剩余的氮则无法被氧化，形成尿酸从尿液排出，这个转化过程需要消耗 ATP，因此蛋白质代谢产生的能量会有一部分被消耗掉。

　　一般来讲，健康的人体很少动用蛋白质作为能量来源，通常不超过总能量需求的 10%，因此在估算总能量消耗时，常忽略蛋白质代谢产生的能量。

（四）三大供能系统的相互作用和特点

　　三大供能系统并非相互独立的，当人体从事高强度运动，从短跑（几秒）到耐力运动（超过 30 分钟），所有供能系统都共同参与人体的能量供应。通常以某一个供能系统为主，除非出现主要供能系统向另一个供能系统转变，如 10 秒内即可完成百米跑，以磷酸原（ATP-CP）供能系统为主，但糖酵解和有氧供能系统也会同时产生少量的能量。再如，尽管运动时间超过 30 分钟，人体以有氧供能系统为主，但磷酸原（ATP-CP）供能系统和糖酵解供能系统也会参与能量供应。

　　综上所述，一般情况下，无氧供能的速度快，单位时间供能多，但维持时间短；有氧供能具有速度慢，单位时间供能少，但维持时间长的特点，相关特点详见表 11-4 和图 11-2 中所示。

表 11-4　不同能源系统可供运动持续时间及底物

持续时间/秒	主要动员的供能系统	主要能源物质
1~4	磷酸原（ATP-CP）系统	肌肉中的 ATP
4~20	磷酸原（ATP-CP）系统	ATP、CP
20~45	磷酸原（ATP-CP）系统	ATP、CP、肌糖原
45~120	无氧糖酵解系统	肌糖原
120~240	有氧供能系统	肌糖原
>240	有氧供能系统	肌糖原、脂肪酸

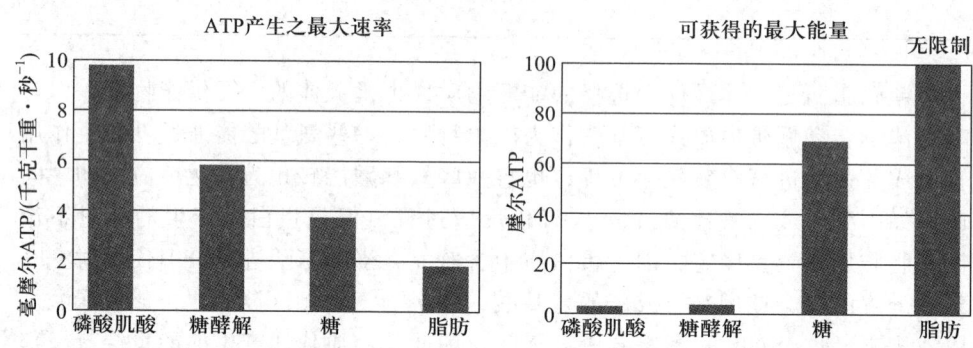

图 11-2　不同供能系统产生能量的速率（左图）及可获得的最大能量的关系（右图）
（引自 Jack H. W. & David L. C.）

三、不同项目的能量代谢特点

运动强度越大，磷酸原和糖酵解供能系统所占比例越多；运动强度越小，有氧供能系统所占比例越多。没有任何一个项目只局限于一种供能系统，但会有某种供能系统占主导，因此训练中要顾及所有供能系统的发展，同时又要根据该项目的能量代谢特点，有目的地发展主导供能系统。表 11-5、表 11-6 列出了不同项目各供能系统所占的比例，教练员可以依据此特征，优先发展某种供能系统，更科学地指导训练。

表 11-5　不同项目各供能系统所占百分比

运动项目	磷酸原系统/%	糖酵解系统/%	有氧供能系统/%
篮球	60	20	20
击剑	90	10	0
田赛	90	10	0

续表

运动项目	磷酸原系统/%	糖酵解系统/%	有氧供能系统/%
高尔夫（挥杆）	95	5	0
曲棍球	80	15	5
体操	50	20	30
划船	20	30	50
滑雪	33	33	34
足球	50	20	30
游泳（1 500 米）	10	20	70
网球	70	20	10
排球	80	5	15

表 11-6　田径径赛不同跑步距离身体供能系统所占百分比

运动项目	磷酸原系统/%	糖酵解系统/%	有氧供能系统/%
200 m	15	60	25
400 m	12	43	45
800 m	10	30	60
1 500 m	8	20	72
3 000 m	5	15	80
5 000 m	4	10	86
10 000 m	2~3	8~12	85~90
马拉松	0	2~5	95~98

四、其他

　　人体的各组织、器官和系统的结构与功能是人体各项机能的物质基础。能量代谢系统涉及人体心血管系统、呼吸系统和骨骼肌系统，因此这三个系统所涉及的组织、器官的结构和功能则是能量代谢系统的物质基础。其中，心血管系统和呼吸系统的主要作用在于运输氧气，具体表现在肺的通气功能，心输出量的大小和血液当中血红蛋白的含量；骨骼肌系统的作用在于利用氧气，具体表现在肌纤维的类型，肌肉当中毛细血管网的大小，肌纤维当中线粒体的数量和体积，以及肌细胞当中有氧氧化酶的数量和活性。

然而，人体所有的组织、器官和系统的结构与功能一方面受到先天遗传因素的影响，另一方面受后天环境的影响。因此，能量代谢系统的后天发展与先天遗传息息相关。

遗传度是人体性状或者疾病由基因决定的程度，一般用百分比表示。一个性状的表现是受遗传和环境两方面因素决定的，遗传度说明了两者作用的相对大小，即从变异的角变，将遗传作用与环境作用的相对重要性给予定量化。如身高的遗传度为85%，这表示人体身高的85%是由基因决定的，其他15%是由环境决定的。

因此，我们必须了解能量代谢系统所涉及的各组织、器官和系统的遗传度。然而，开展遗传度的相关研究难度较大，有关人体各组织、器官和系统遗传度的研究并不多。目前，仅了解部分人体性状的遗传度，如身高、体重和最大摄氧量等。

第三节 能量代谢系统测试指标

为了更有针对性地发展能量代谢系统，需要通过相应的监测和评价指标来对个体的能量代谢系统及发展能量代谢系统的训练进行测试和评价，从而更准确地把握能量代谢系统的训练。为此，本节将介绍几种能量代谢系统的监测与评价指标。

一、能量消耗的测量

有关人体肌肉纤维收缩所利用的能量是无法直接测出的，但是有许多在实验室进行的间接测试法，可以测试机体在安静和运动中整个身体的能量消耗。下面就介绍两种能量消耗的测试方法。

(一) 直接测热法

在糖和脂肪代谢产生 ATP 的过程中，同时也伴随着热量的产生，其中大约 60% 的能量被转化成热量。因此，可以通过直接测量身体所产生的热量来估算出身体能量的消耗速率及产生量，该方法就是直接测热法。

该方法于 18 世纪由 Zunts 和 Hagemann 首次提出，并研发了热量测定仪——一个绝缘而密闭的房间（图 11-3）。房间的墙壁设有铜管，里面装有水，身体产生的热量会辐射到墙壁而使铜管的水加热。出入房间的空气温度发生改变会使水温也发生变化，这些温度的变化是由于身体产生的热量所致，因而从这些数据可以计算出一个人的能量代谢。

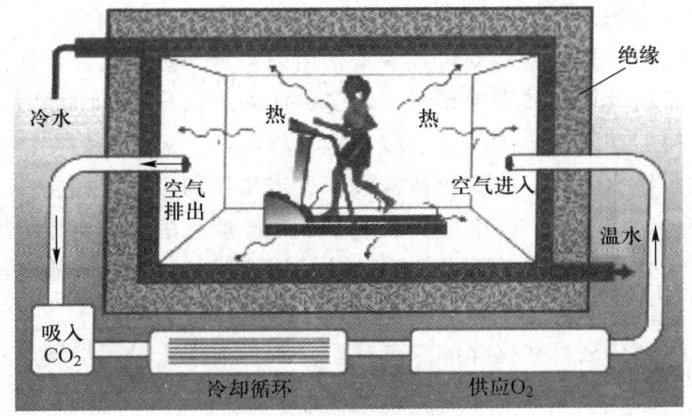

图 11-3　直接能量测定仪

上述热量测定仪的建造和测试都比较昂贵，而且获得结果也比较慢，其唯一的优点就是能够直接测量热量，但在运动生理学领域，有许多不利因素。该方法在大多数运动状态中的能量代谢测试不适用，有些运动装备（如电动跑步机）本身也会产生热量，并非所有热量都由身体释放出来，汗水也会影响热量的测试并影响在计算热量测试中的一些常数。因此，这种方法目前很少采用，取而代之的是利用氧与二氧化碳在氧化磷酸化时的交换率来计算能量消耗，即间接测热法。

（二）间接测热法

正常情况下，氧气和二氧化碳在肺部的交换速率就等于身体组织利用氧气、释放二氧化碳的速率。基于此，我们就可以通过测试呼吸气体来测量身体的能量消耗。

为了使氧气的消耗能够准确地反映能量消耗，产生的能量必须几乎全部来源于氧化，如果大部分的能量由无氧代谢产生，呼吸气体的测试无法反映所有的代谢过程。因此，此项技术仅限于持续 60 秒及以上的稳定状态活动的能量测试。

呼吸气体的交换率可以通过一段时间内进出肺部的氧气和二氧化碳来计算，氧气吸入肺泡再进入血液，二氧化碳又从血液中进入肺泡气体，呼出的氧气浓度要低于吸入的氧气浓度，而其中的二氧化碳浓度要高于吸入的二氧化碳浓度。因此，从吸入和呼出的气体中氧气和二氧化碳浓度的差异就可以计算出身体有多少氧气被摄取，多少二氧化碳被代谢出来。基于此，利用现代的电子计算系统测试呼吸气体交换率可以节省大量时间，并且可以测试许多项目。受试者呼出气体首先由管道送进气体混合室中，然后再吸取气体样本进入氧气和二氧化碳分析器进行比例分析，计算机会利用呼出气体量以及气体样本中的氧气和二氧化碳比例，自动换算摄氧量与二氧化碳的产生量。

当前，间接测热法是运动生理学家常用的工具，然而在具体使用时也存在诸多局限性。当计算气体交换率时，假定身体的氧气量是恒定的，而且二氧化碳在肺部交换和在细胞释放的量也成比例。然而，二氧化碳的交换没有那么固定，身体内二氧化碳浓度的变化非常大，且容易受到深呼吸或从事高强度运动的影响，在这种情况下，肺部所释放的二氧化碳就无法代表身体组织所产生的量，因此用气体测量法来计算糖和脂肪的使用量时，只有在安静时或稳定状态运动时才有效。

尽管间接测热法存在这样的缺点，但是到目前为止，间接测热法仍然是计算安静和有氧运动时能量消耗的最有效方法。

二、发展能量代谢系统的监测与评价指标

在运动训练过程中，人们往往更加关心如何发展机体的能量代谢系统。不同的运动强度可对身体产生不同的适应，该适应具有特异性，即运动强度从低到高，主要的能量代谢系统也会逐渐从有氧代谢系统过渡到糖酵解系统，直到磷酸原系统。因此精确地把握运动强度，能更加有效地发展专项的能量代谢系统。

根据能量代谢与运动强度的相互关系，下面介绍在能量代谢系统发展中可操作性强的指标，以及其对运动强度的监控方法。

（一）最大摄氧量

最大摄氧量是指当人体进行最大强度的运动，机体无力继续支撑接下来的运动时，所能摄入的氧气含量。最大摄氧量作为耐力运动员的重要选材依据之一，是反映人体有氧能力的重要指标，最大摄氧量的测试方法包括直接测试法和间接测试法两种。

1. 直接测试法

直接测试法又称实验室测试法（laboratory measurement）。让受试者带上专门的仪器在跑台上跑步，通过调节跑台的跑速级别使得受试者运动至力竭，然后用专门仪器收集受试者呼出的气体，纳入气体分析仪进行分析，分析出的结果便能确定其最大摄氧量。

2. 间接测试法

间接测试法的依据是人体的耗氧量与本身运动时的功率和运动时的心率密切相关，因此通过运动时的心率和运动完成的功率来推测受试者的最大摄氧量。

（1）Bruce 方法：通过跑台和心率监测仪，当心率出现 180 次/分时，便

可断定机体已经力竭。

推测公式为：$\dot{V}_{O_2max} = 6.70 - 2.28 \times 性别 + 0.056 \times 时间（s）$（适用于健康成人，男 = 1，女 = 2）

（2）12分钟跑：受试者竭尽全力的跑12分钟，记录完成的距离。

推测公式为：$\dot{V}_{O_2max} = 35.97 \times 距离（公里）- 11.29$

3. 最大摄氧量测试过程中的安全措施

尽管接受测试的受试者在测试中出现危险的可能性相当低，但是在测试时仍然要注意所有相对的和绝对的禁忌证，并且在公认的危险症状出现时终止测试。表11-7、表11-8和表11-9给出了最大运动负荷测试中的相对禁忌证、绝对禁忌证和须终止测试的症状。

表 11-7　最大运动负荷测试中的相对禁忌证

相对禁忌证
相对舒张压超过 120 毫米汞柱或安静收缩压超过 200 毫米汞柱
中度以上瓣膜性心脏病
强心剂或药物反应
电解质代谢异常，如低血镁或低血钾
戴有固定频率的人工起搏器
经常性或复合型心室搏动异常
心室壁瘤
心肌炎，包括肥大性心肌炎
未得到控制的代谢性疾病，如糖尿病，甲状腺功能亢进
任何严重的系统性紊乱或慢性病，如肝炎，艾滋病
神经-肌肉性、肌肉、骨骼或风湿类等不适合参加运动的疾病
怀孕后期或有特殊情况的怀孕

引自：R. J. Shephard & P. O. Astrand

表 11-8　最大运动负荷测试中的绝对禁忌证

绝对禁忌证
近期心肌梗死发作
不稳定的心绞痛
心室节律失常未得到控制

续表

绝对禁忌证
房室节律失常未得到控制
急性充血性心衰
严重的动脉梗阻
确诊的动脉瘤或者有患动脉瘤的可能
确诊的心肌炎、心包炎或者存在患病的可能性
血栓性静脉炎或心脏内血栓
近期全身性或肺部栓塞
急性感染
第三级房室阻塞
明显心理（精神）抑郁
安静心电图发生明显改变，提示可能存在心肌梗死或其他急性心脏活动异常

引自：R. J. Shephard & P. O. Astrand

表 11-9　须终止最大运动负荷测试的症状

终止测试的症状
受试者主动要求停止
监测系统失灵
心绞痛逐步加剧
心电图 ST 段心电在水平或垂直方向上升或下降达到 4 毫米
持续窦性心动过速
室性心动过速
运动性左束支传导阻滞
收缩压明显下降（达到 20 毫米汞柱），或者在运动负荷强度增加的过程中，收缩压无法升高
持续较长的头晕恶心、意识不清、运动性共济失调、面色苍白或者严重的外周供血不足
血压过高，收缩压>250 毫米汞柱，舒张压>120 毫米汞柱
心室发育不全综合征
心动徐缓，未用 β 阻断剂，脉搏低于同年龄组的正常值 25 次/分
早期二级或三级心梗
心室异常增加

引自：R. J. Shephard & P. O. Astrand

（二）无氧阈

无氧阈（anaerobic threshold）是指，在低强度运动时，血乳酸浓度水平和安静时水平一致，当运动强度增加并达到某一特定的强度时，血乳酸浓度开始升高，且该特定强度存在个体差异性；随着运动强度的进一步提高，血乳酸浓度迅速增加，且在整个运动过程中都处于升高状态。因此，许多研究者认为，无氧阈是反映运动员有氧能力的重要指标。

无氧阈的表示方式大致可分为三种，即采用无氧阈时的耗氧量、输出功率和心率来表示。然而，心率由于受许多因素影响，因此采用心率表示无氧阈虽然简单但是不准确。由于不同项目和研究当中所采用的设备不同，为了更好地评价和对比无氧阈，常用出现无氧阈时的耗氧量占最大摄氧量的百分比，或出现无氧阈时的输出功率占最大输出功率的百分比来表示无氧阈。一般来说，无氧阈高，不仅其无氧阈耗氧量或输出功率的绝对值高，且所占最大摄氧量或最大输出功率的百分比也高。无氧阈反映了机体在达到无氧阈强度时，或机体出现乳酸堆积之前，人体最大利用氧气的能力。一般而言，无训练的健康成人无氧阈在55%~65%最大摄氧量之间，优秀耐力运动员的无氧阈值可高达80%最大摄氧量。因此，无氧阈相比最大摄氧量能更好、更实际地评价运动员的有氧能力。

由此可见，无氧阈描述的是一种运动强度，本身是一个模糊的概念，且由于个体的差异性，该运动强度具有一定的范围。在实践过程中，要想准确地测定无氧阈几乎不可能，只能通过检测与无氧阈相关的某些指标来估算无氧阈。用来检测无氧阈的常用方法主要有血乳酸和气体交换。

1. 通过血乳酸测定

一般采用递增负荷测试来进行，记录每级负荷时的运动负荷（如输出功率或跑速）和心率，每级负荷运动末，取其血样（一般用耳垂或指尖末梢血）分析血乳酸浓度。然后以运动负荷为横坐标，血乳酸浓度为纵坐标绘制乳酸-功率曲线。运用该曲线确定无氧阈时，有血乳酸拐点法——即在乳酸-功率曲线上寻找血乳酸浓度开始非线性增加的拐点；和4 mmoL标准法——即以4 mmoL为标准，在曲线上寻找血乳酸浓度达到4 mmoL时所对应的强度。

血乳酸测定法的优点在于易于操作，且测试程序可根据专项特点灵活掌握，准确性较高；缺点在于该方法是一种有损伤的检测方法。该测试需要注意根据专项特点选择运动方式，并根据运动员自身特点设计递增负荷运动程序，如起始负荷的大小、每级持续时间、每级递增幅度，以及最后一级负荷的确定等。

2. 通过通气阈测定

通气阈检测无氧阈的方式是一种无损伤的气体代谢测定方法。让受试者在自行车测功仪或跑台上进行递增负荷运动，采用气体分析仪收集受试者呼出的气体，并记录每级负荷时的通气量、耗氧量、二氧化碳呼出量、心率和跑速等参数。以运动负荷（如输出功率或跑速）为横坐标，以通气量、耗氧量、二氧化碳呼出量等为纵坐标，绘制坐标图。从该坐标图上找出通气量呈非线性增长的起始点，找出其所对应的运动负荷。

该方法的优点在于无创性，缺点在于测试程序不够灵活，一般采用功率自行车或跑台进行，测试操作过程繁琐（如带呼吸面罩）。进行该测试时仍然需要注意根据运动员的自身特点设计递增负荷运动程序。

（三）运动后过量氧耗

最大摄氧量和无氧阈是评价有氧代谢的重要指标，而评价无氧代谢最常用的方法就是测量运动后的过量氧耗。

任何运动过程中，由于氧气运输系统并不能马上满足机体对氧气的需求，在运动的开始阶段，尽管机体的需氧量急剧增加，但是其耗氧量却需要几分钟才能达到稳定状态以满足需氧量，此时有氧过程才能完全发挥其功能，在此之前，无氧供能会参与其中。

如图 11-4 所示，从安静到运动状态的过程中，需氧量和摄氧量并不相等，机体会出现氧亏，该现象甚至在小强度运动中也出现。在一定强度运动中（稳定状态），机体实际摄氧量不能满足需氧量时，其差值即为氧亏值。此时，尽管机体氧运输不足，但运动的肌肉仍可以通过无氧代谢途径提供 ATP。

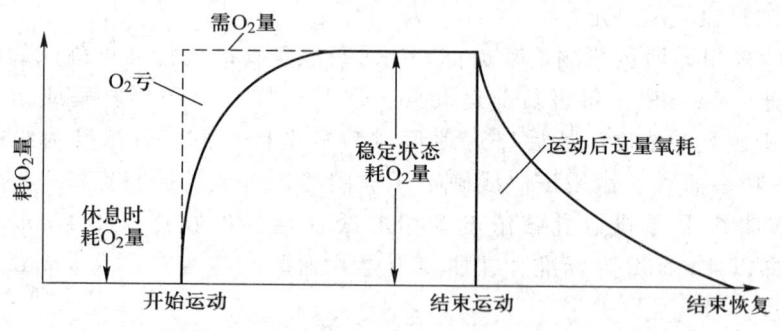

图 11-4　氧亏和运动后过量氧耗（EPOC）

在运动后恢复的最初几分钟里，即使肌肉活动停止，其耗氧量也不会骤然减少，而是暂时维持在高点，其耗氧量超过了安静时的需氧量，该部分氧气的消耗被称为运动后过量氧耗（excess postexercise oxygen consumption，EPOC）。在我们的日常生活中，每个人都会经历该现象。在快速爬过几层楼梯后，或快速奔跑一段距离后，会出现心跳加快、呼吸困难的现象，经数分钟的休息后，心跳和呼吸才会恢复到安静时的水平。

长期以来，运动后过量氧耗曲线都被划分成两个不同部分来叙述：初期快速恢复部分和后续慢速恢复部分。理论上认为，此曲线快速部分代表了重新合成运动中消耗的ATP和磷酸肌酸（CP）所需要的氧，尤其是运动开始阶段所消耗的ATP和CP。曲线的慢速部分被认为是用来清除身体堆积的乳酸。基于此，曲线的快速部分和慢速部分反映了运动中的无氧能量代谢活动。因此，通过测试运动后氧耗，可以估算出运动中的无氧代谢活动能力。

最新研究认为，上述对于运动后过量氧耗的解释过于简单。在运动开始阶段，所利用的氧气来源于身体氧气的储存（血红蛋白和肌红蛋白），因此在恢复期应该将这些氧气补充回去。运动后呼吸仍会有短暂的加强，部分原因是为了更多地清除组织代谢所产生的二氧化碳；体温的升高也是为了保持较高的代谢水平和呼吸频率，因此需要较多氧气。可见，运动后过量氧耗由许多因素导致，并不仅仅是重新恢复ATP、CP和清除乳酸等。

（四）心率

心率（heart rate，HR）即心脏每分钟跳动的次数，是发展能量代谢系统训练时，控制运动强度最常用的参数，其原因在于心率和 $\dot{V}_{O_2max}$ 之间密切相关，尤其是运动强度在50%~90% $\dot{V}_{O_2max}$ 时，这种关系更加密切。相比上述的三种指标，测试心率所需要的条件简单且易于操作，便于在运动和锻炼过程中使用。

1. 安静心率（rest heart rate，RHR）

安静心率即指正常人安静状态下每分钟心跳的次数，一般为60~100次/分，可因年龄、性别或其他生理因素产生个体差异。

2. 最大心率（maximal heart rate，HRmax）

当运动开始时，心率会随着运动强度的增加而增加（图11-5）。当接近最大强度运动时，心率会出现平台期，不会随着运动强度的增大而增加，这意味着心率已经接近最大值。当全力运动至力竭时，这时的心率称为最大心率。通常最大心率值相对可靠，不易发生变化，但会随着年龄的增加而逐渐下降。

最大心率通常可以用年龄进行估算。到目前为止，最大心率的推算公式有20多种，很多测算方法比较繁琐。对于普通人群，当前应用最广且最简单的最大心率估算公式为：HRmax=220-年龄，但该公式存在一定的误差。相对较为准确的最大心率估算公式为：HRmax=208-（0.7×年龄）。尽管如此，上述的最大心率估算公式仍然只是推算，始终存在误差，根据年龄，一般人上下浮动5%，专业运动员可上下浮动20%。

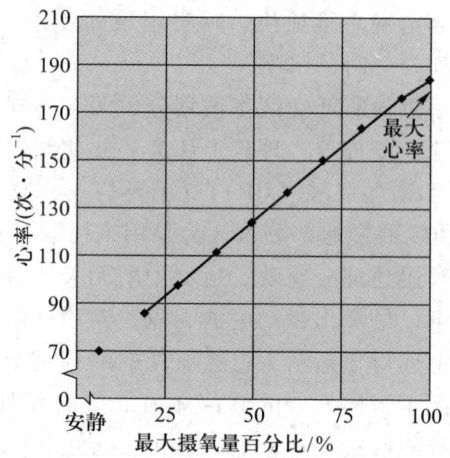

图 11-5　心率与运动强度变化的关系

3. 心率储备（heart rate reserve，HRR）

心率储备是指最大心率和安静心率之间的差值，心率储备＝最大心率−安静心率。心率储备是衡量心脏输出能力大小的重要标志，是在计算靶心率过程中所采用的一种方法，称为卡沃宁法，该方法引入了心率储备的概念，这样计算得出的靶心率更加接近最大摄氧量百分比。

4. 靶心率（target heart rate，THR）

靶心率也称目标心率、预期心率，是指运动或锻炼时要达到的，并保持一定强度的心率范围，换言之，就是既能达到较好的运动效果又能确保安全的心率范围，它是健身运动中一项重要的基础数据。

靶心率的计算有多种方法，常用的有：

- 最大心率×（60%~80%）。
- 170−年龄。
- 储备心率×（60%~80%）+安静心率。

靶心率的概念是十分有价值的，心率与工作时心脏承受的强度相关。使用靶心率的方法监控运动强度很有效，因为心脏以同样的速度工作，其工作的代谢消耗也可能会有很大不同。在高海拔或高温条件下的运动中，如果试着保持工作效率，心率将会显著提高。运用靶心率的方法，在这些极端环境下进行较低工作效率的简单训练，可以保持心率不变。

5. 根据年龄预测最大心率

如果没有测定 $\dot{V}_{O_2max}$ 的实验条件，教练员可以利用"根据年龄预测最大心率"作为确定运动强度的依据。具体有两种方法：卡沃宁方法（Karvonen method）和最大心率百分比方法（Percentage of Maximal Heart Rate，MHR），它们的计算方法如下：

（1）卡沃宁方法：靶心率计算公式为＝（220−年龄−安静时心率）×运动强度＋安静时心率。

某运动员 30 岁，安静时心率为 60 次／分（beats per minute，bpm），设定的运动强度为 60%～70% 最大摄氧量。靶心率$_低$＝（220−30−60）×60%＋60＝138 次／分；靶心率$_高$＝（220−30−60）×70%＋60＝151 次／分。

在监控运动时的心率时，将靶心率除以 6，得到每 10 秒的心率，即：138/6＝23，151/6＝25，因此，运动员的靶心率为每 10 秒钟 23～25 次。

（2）最大心率百分比方法：靶心率计算公式为＝（220−年龄）×运动强度。

某运动员 20 岁，设定的运动强度为 70%～85% 最大摄氧量。靶心率$_低$＝（220−20）×70%＝140 次／分；靶心率$_高$＝（220−20）×85%＝170 次／分。

在监控运动时的心率时，将靶心率除以 6，得到每 10 秒的心率，即：140/6＝23，170/6＝28，因此，运动员的靶心率为每 10 秒钟 23～28 次。

6. 运动现场心率测定方法

在训练课中，可采用专门的心率测试仪器（如心率表）来进行心率的测定。如果没有心率表，那么可以将手置于腕部（桡动脉）、颈部（颈动脉）或左胸前区（心尖搏动处），采用 10 秒计数乘以 6（10 秒计数法）或 15 秒计数乘以 4（15 秒计数法）测定运动强度。运动后恢复期心率急速下降，应注意这两种方法存在较大的误差。

第四节　能量代谢系统练习方法

本节将从运动训练的角度来介绍发展能量代谢系统常用的两种练习方法——间歇训练法和持续训练法，除此之外，本节还将介绍当前健身领域常见的几种发展能量代谢系统的训练器械：跑步机、动感单车、椭圆机、登山机和划船机。

一、发展能量代谢系统的练习方法

发展能量代谢系统包括了发展无氧能量代谢系统和有氧能量代谢系统，其练习方法主要有间歇训练法和持续训练法。

（一）间歇训练法

间歇训练法是指对动作结构、负荷强度和间歇时间提出严格的要求，使机体处于不完全恢复状态下，反复进行练习的训练方法。该训练法的优点在于练习期间及间歇期间均能使心率持在最佳范围之内，从而改善心脏泵血功能。

在制定间歇训练计划时需要注意以下变量：

- 间歇运动的强度。
- 间歇运动的距离或持续时间。
- 每一次间歇训练的重复次数与组数。
- 间歇的时间。
- 间歇期间的活动类型。
- 每周的训练频率。

1. 间歇运动的强度

可以通过设定某一固定距离的完成时间，也可以采用运动员最大心率百分比来确定运动的强度。一般情况下，发展 ATP-CP 供能系统时，需要在较大心率百分比（90%~100%）的情况下进行训练；发展无氧糖酵解供能系统时，需要在较大心率百分比（85%~100%）的情况下进行训练；发展有氧供能系统，训练的强度必须降至中、高强度，如最大心率的 70%~90%。

2. 间歇运动的距离或持续时间

间歇运动的距离或持续时间一般以专项特点和锻炼者自身需求来确定。如 200 米短跑的选手会通过 300~400 米跑的距离进行训练，1 500 米中跑的运动员也会选择 200 米距离的训练来提高 ATP-CP 供能系统的能力。

3. 间歇训练的重复次数与组数

重复次数与组数主要也取决于运动项目或锻炼者的需求。通常距离短、强度大的项目，训练应搭配较多的重复次数与组数；随着运动距离的增长，重复次数和组数逐渐降低。

4. 间歇时间

间歇时间取决于运动员在训练后的恢复速率，恢复的程度是依据运动员在恢复期心率下降至预先设定的水平而定。一般情况下，恢复期心率要下降至 120 次/分以内。

5. 间歇期间的活动类型

一般情况下，建议间歇期间采用积极性恢复，而不是完全停止下来休息，其活动类型根据具体情况而定，在陆上训练可采用慢走、慢跑等不同方式；在游泳池中，可采用不同泳姿的慢游。

6. 每周训练频率

训练频率主要取决于间歇训练的目的。世界级短跑或中跑运动员每周进行 5~7 天的间歇训练，而球类等团体项目运动员每周则进行 2~4 天的间歇训练。对于普通人，每周完成的间歇训练以保持身体健康、精力充沛为宜。

（二）持续训练法

持续训练法是指没有休息间歇的持续运动，其范围包括了从长距离慢速训练到中、短距离的高强度训练。持续训练法的主要目的是以此提高机体的有氧供能能力和糖酵解供能能力。

低强度、长距离慢速训练的强度介于 $60\% \sim 80\%$ 最大心率，或 $50\% \sim 75\%$ 最大摄氧量，这种训练对心血管系统和呼吸系统的刺激较小，但是长期的训练会导致肌肉与关节的耗损。对于仅想维持健康和体形的人们而言，长距离慢速训练是最佳且最安全的训练方式。

高强度的持续训练通常是指强度在 $85\% \sim 95\%$ 最大心率之间的持续训练，对于游泳、中跑运动员而言，该强度接近比赛强度。

此外，还有一种持续训练，带有一定的间歇训练特色，即法特莱克（Fartlek）训练，也称速度游戏。这种训练发展于 20 世纪 30 年代的瑞典，主要应用于长距离跑运动员。运动员可自行决定速度，速度范围从高速到慢跑，是一种很自由的训练，通常会在野外实施。

（三）循环训练法

循环训练法是指在每次训练时，把多个训练身体不同部位的运动及训练器械按一定的秩序编排好，训练者按事先编排的内容程序，依次练习每个动作，直至完成所有动作，这样就完成了一个循环的训练。循环通常应包括 $6 \sim 14$ 个身体不同部位或不同训练器械的练习，每个动作练习间歇为 $20 \sim 60$ 秒，每个循环间歇 $2 \sim 3$ 分钟。一次训练课可安排一个或几个循环训练。

1. 循环训练法的特点

（1）能均衡发展、全面影响身体各器官、系统，全身各部分的肌肉耐力和心肺能力得到提高。

（2）可消除枯燥感，能调动训练者的积极性，激发训练的兴趣。

（3）肌肉的局部负担不重，不易疲劳。

（4）该练习法运动负荷大、练习密度大，可节约运动时间。

（5）更具针对性，可以把不满意的几个部位放在一起进行练习。

在进行循环训练时可根据个人的体质和训练水平逐渐增加运动量。开始时先练一个循环，过 $2 \sim 3$ 周再增加一个循环，逐渐增加到 $3 \sim 4$ 个循环，但建议最多不要超过 5 个循环。

2. 循环训练的具体安排

循环训练法可根据锻炼的目标（确定练习哪些肌肉）设置若干练习内容，将其按照合理的顺序连接起来进行练习。

（1）力量耐力循环训练：a. 坐姿推胸——b. 原地跳绳——c. 仰卧卷

腹——d. 原地高抬腿——e. 坐姿下拉——f. 原地纵跳。该循环训练以发展身体各部分局部肌肉耐力为主，坐姿推胸是锻炼胸大肌的动作，接下来是练习下肢力量和全身协调性的原地跳绳，然后是腹部练习，后面依次是练习下肢爆发力的高抬腿和背部背阔肌的练习，最后是锻炼全身协调性和大腿力量的原地纵跳练习。

（2）心肺耐力循环训练：a. 跑步机 30 分钟——b. 划船机 30 分钟——c. 椭圆机 30 分钟。该循环训练以发展身体的心肺耐力为主，先在跑步机上进行 30 分钟跑步训练，然后 30 分钟划船训练，最后 30 分钟椭圆机训练。其中的内容可以调换，如划船机训练改成游泳、骑自行车或有氧舞蹈等耐力练习。

训练的强度要根据训练目标确定，一般健身人群采取中等训练强度就可以达到很好的训练效果，专业运动员可以采用中、高训练强度。如果是力量耐力的循环训练，每个动作根据具体的训练目标重复若干次，如 10~12 次；或每个动作持续若干时间，如 20~60 秒。不同动作之间可间歇 20~60 秒左右，也可不间歇，一组练习结束之后一般都需要有间歇，如喝水补充流失水分或深呼吸调整气息等，休息 2-5 分钟，使心率下降到 100 次/分钟之后再进行下组练习。

二、发展能量代谢系统的练习器械

（一）跑步机

跑步是各种体育运动中最普及的运动方式。由于受到气候、环境、场地等一些客观因素的制约，许多人选择使用跑步机进行健身，目前市场上比较受欢迎的是电动跑步机（图 11-6），它的特点是通过电机带动跑步带，使人以不同的速度被动地跑动或走动，是发展能量代谢系统的常用器械。不同的跑步机，功能会稍有差别，如有的跑步机配有心率、能量消耗和体脂测试等功能，以满足不同年龄人群的需求。

一般的跑步机都会有显示面板，面板上显示内容如下：

* 速度：范围 0.8~18 千米/小时。
* 时间：单位为分和秒，最高可显示 99 分钟，对于一般人来讲，1 小时左右的有氧运动已足够。

图 11-6　跑步机

- 距离：单位为公里，最高可显 26.4 千米。
- 心率：显示使用者每分钟的心跳次数，单位为次/分。
- 卡路里：使用者运动时所消耗的热量，1 克脂肪燃烧可以释放 9 千卡的热量。
- 圈数：长度为 400 米，模拟标准的 400 米跑道，形象生动。
- 坡度：坡度为 0°~15°。
- 体脂测试：测试使用者的体内脂肪含量。按"体脂测量"键，根据提示，依次输入年龄、身高、体重和性别，按"程序"键双手握在心律感应器上，即可测量，结果有偏瘦、正常、偏胖和肥胖 4 种。

对于使用跑步机进行运动的人，最需要了解的参数主要为跑速、心率和坡度等实时数据。

1. 跑速

对于使用者来说，0.8 千米/小时的启动速度非常安全，不会因为启动速度过快出现危险，16 千米/小时的速度也达到了一般使用者有氧运动时的速度上限。

不同的跑速适合不同的群体，如果只是想慢走，建议用 4~6 千米/小时的速度进行运动，慢走一般比较适合于运动结束后的放松练习或是孕妇运动。6~8 千米/小时的速度适合快走的人，这一速度既能达到健身的效果，又能保持身体的正常体型，同时也比较适合运动能力较差的人进行慢跑，对于肺活量的提高有着较好的效果。8 千米/小时以上的速度比较适合经常运动的群体，对于有着减脂需求的同学，最好都能在进行有氧跑步练习时达到这个速度。如果身体状况不适合高强度运动，千万不要选择快速度的跑步，请在医生或教练的建议下进行跑步机锻炼，以免出现运动风险。

2. 心率

心率为使用者每分钟的心跳次数，单位为次/分。心率可以反映运动强度，跑得越快或跑步机坡度越高，所需要的能量就越多，为了供应更多的能量，人体的血液循环必然加快，心率也随之升高。因此，心率是跑步时必须时刻关注的数据，该数据可以直接体现出运动状态和所能达到的锻炼效果。

为了保护使用者的健康，达到最佳的锻炼效果，这就涉及最大心率和目标心率区的问题。通常采用"220-年龄"来确定最大心率，而目标心率则是你在运动时所要达到的最佳心率范围，通常有氧运动最佳心率范围为：最大心率×60%~80%。假如你 20 岁，那么心脏每分钟跳动 120~160 下就是你的最佳运动心率。维持在最佳运动心率范围内进行跑步，最有利于脂肪燃烧和加强心血管系统机能。跑步时，千万不要让自己的心率达到或超过自己的最大心率，以免意外情况发生。

3. 坡度

一般的跑步机都有坡度调节，通过坡度键调节的最小幅度为 0.5°，共 15 档，范围为 0°~15°。坡度可以影响跑步的强度，让使用者有更多选择，尤其是对于女性来说，还有提臀的效果，因此在健身房里极为流行。

在使用跑步机时需要注意的事项有：

（1）跑步前要进行热身准备，可作一些伸展、弹跳、压腿等身体活动，适当喝些温水。

（2）速度不宜过快，不要在饭后立即进行。

（3）上机后，要循序渐进进行运动，坚持并保持轻松心情，双臂用力摆动，根据自己要达到的健身目的来掌握速度和运动时间。

（4）停止运动后，适当作一些舒展活动。

（二）动感单车

动感单车（图 11-7）是当前很多室内健身房中必备的器械，也是发展能量代谢系统的器械。动感单车与普通自行车相似，包括车把、车座、踏板和轮子几个部分，他们与车身稳固地结合成一个整体。与普通自行车不同的是，它的结构可以轻松地进行调整，使骑行的人感觉更舒适。

图 11-7　动感单车

1. **动感单车的特点**

动感单车不仅能发展能量代谢系统，也能锻炼心肺功能，是提高大腿和臀部肌肉群力量及全身协调性的有氧运动项目。动感单车的运动量较大，应循序渐进地使用，时间由短到长，阻力由小到大，逐步加大运动量。

2. **动感单车调节**

要想正确地骑行动感单车，首先需要进行适当的调整，这样可以减轻身体的疼痛和肌肉紧绷的发生。由于每个人的身高和腿长不同，因此在调整单车时需要根据自身的身高、腿长和上臂长来调整动感单车的车座、车把和踏板的高度，让自己有个舒适的骑行姿态和良好的正确发力姿势。

3. **动感单车的练习方法**

根据运动的目的不同，动感单车的练习方法也不同，这里仅介绍有氧骑行、强度骑行和力度骑行。

（1）有氧骑行法：骑行是一种很好的有氧运动项目，具有较强的辅助医疗的作用。健身者不仅可以用来防止肥胖或减肥，又可锻炼肌肉。具体练法是：① 自由骑行——每天骑行时间不低于 30 分钟，速度可控制在不让呼吸节奏有明显变化为宜。② 间歇骑行——先热身骑行 5 分钟，休息 2 分钟；以 60% 的强度再骑行 5 分钟，休息 3 分钟；以 80% 的强度骑行 3~5 分钟，休息 5 分钟；以 50% 的强度再骑行 5~10 分钟，加深呼吸，缓解疲劳。

（2）强度骑行法：这是男性比较喜欢的一种健身方法，可在提高心肺功能的同时，提高腿部肌肉的力量与耐力，塑造完美的腿型。具体练法是：先热身骑行 5 分钟，再以 80% 的强度骑行 5 分钟，休息 3 分钟，再以 100% 的强度骑行 2~3 分钟，休息 3 分钟，以 60% 的强度骑行 5~10 分钟。

训练时需要注意：该方法对心血管系统刺激较大，所以需经过一定的训练方可进行，心脏病患者、中老年人应慎重。

（3）力度骑行法：主要是模拟山路的环绕骑行，如丘陵、缓坡、斜坡等。骑行时对腿部的力量要求较强，需有一定基础。训练时需要注意：开始时最好在专业人员的指导下锻炼，并需要持之以恒。

4. 注意事项

在进行动感单车骑行时，需要注意如下事项：

（1）骑行前要做好必要的热身活动，以免发生损伤。

（2）上车后必须扣紧脚蹬上的鞋扣，使脚与脚蹬牢固相连。

（3）注意训练的强度。在进行训练的时候要量力而行。身体有不适感时要立刻停止训练，进行调整。

（4）加强水分补充。动感单车会使人大量出汗，运动过程中要随时注意水分的补充。

除了注意上述事项之外，还需要避免出现下列情况：

● 在动感单车上使用负重器材：在车上进行负重练习无效而且不安全。

● 单手或放开双手骑车：在站姿的情况下可能导致严重受伤，在坐姿爬坡时，会造成腰部受力不均。

● 骑行时脚趾朝下：此姿势会造成骨结节发炎和脚部麻木。踩踏时双脚应与地面平行，脚掌在脚踏板的正中。

● 完全不加阻力：无阻力的踩动会导致飞轮高速旋转，这样会由于飞轮的惯性造成运动伤害。

● 反向骑行：向后踩这个动作会使脚踏松动，进而可能导致损伤。

（三）椭圆机

椭圆机（图 11-8）是将行走、登台阶、骑自行车和滑雪等多种运动方式

结合在一起的健身器械，能够锻炼上下肢的
协调性，改善心肺功能，是一项全身性运动。
采用椭圆机锻炼，不仅能预防和缓解颈椎病、
肩周炎及上背部的疼痛，而且避免了跑步时
所产生的冲击力。椭圆机对关节造成的压力
比较小，更好地保护了关节，从而具备更高
的安全系数，是一项老少皆宜的健身器械。

图 11-8　椭圆机

1. 椭圆机的优点

（1）椭圆机可以成功地把手臂和腿部的
运动有机结合起来，达到协调四肢，健美体
型的目的，其脚踏板的运动有利于心肺功能
的锻炼，更适合不同年龄阶段的人群。

（2）椭圆机是保护关节的一种最佳运动器材。使用椭圆机健身训练时，
训练者的膝关节承受的冲击力会比使用跑步机要小。

（3）椭圆机对于减脂和塑身的人群来说，是最实际有效的运动器材。可
在阻力调节至中档的情况下，在椭圆机上连续运动 60~70 分钟，直至汗流浃
背，从而有效地完成有氧运动，达到减脂的效果。

（4）椭圆机的运动形态类似越野滑雪的动作，因此它对双臂与腰部的锻
炼效果十分明显。椭圆机是一种全身性运动，并且最大限度地募集了参与运动
的肌肉数量。

2. 椭圆机的主要功能

（1）增加了对外展肌群、内收肌群、旋内肌群、旋外肌群的锻炼功能，
可实现主动运动型康复训练。

（2）用于骨折、神经损伤后，关节活动范围的康复性训练和肌肉损伤后
恢复肌力的训练，可改善肢体和肌肉的协调性，发展肌肉耐力。

3. 使用椭圆机的注意事项

（1）不要耸肩，保持挺直，避免因含背或过分后倾，使背部受压而损伤。

（2）无论任何动作，头部尽量与背部保持平直，不要过高或前仰。

（3）运动的时候脚跟尽量不要抬起。

（4）双臂保持微曲，手腕不要过分弯曲。

（四）登山机

登山机（图 11-9）是一种集慢走、快走、快跑于一身的多功能有氧训练
健身器，因其运动方式酷似登山运动而得名，该器械是另一种能够有效发展机
体能量代谢系统的训练器械，可有效燃烧身体热量，针对大腿及臀部有较好的

塑形效果。使用登山机的训练者需要掌握好踏步的节奏，调节好阻力，否则会增加下背部压力，造成肌肉损伤。

（五）划船机

划船机（图 11-10）是一种模拟划船运动的器材，对腿部、腰部、上肢、胸部和背部的肌肉增强有较好的作用，也是一种能够有效发展机体能量代谢系统的训练器械，且能够让全身的肌肉都得到很好的练习。使用划船机的人要熟悉和掌握正确的技巧是需要一段时间的，若阻力调节不好，容易造成肌肉的拉伤。

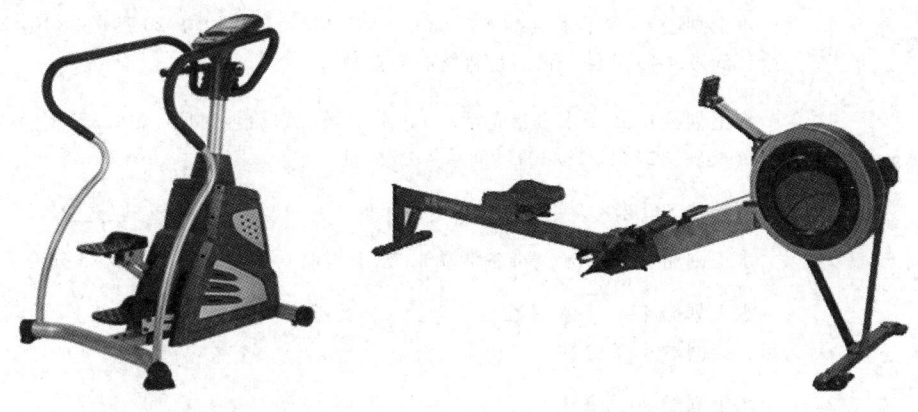

图 11-9　登山机　　　　　　　　　　　　图 11-10　划船机

三、训练计划举例

（一）越野跑运动员提高肌肉耐力的训练计划

男性越野跑运动员提高肌肉耐力的训练计划如表 11-10 所示。

表 11-10　越野跑运动员提高肌肉耐力的周训练计划

周日	周一	周二	周三	周四	周五	周六
休息	跑 60 分钟	法特莱克 跑 45 分钟	发展肌肉 耐力[*]	跑 25 分钟	跑 25 分钟	发展肌肉 耐力[*]

发展肌肉耐力的具体内容：

*	箭步	30 秒	*	足背屈	20 秒
*	胸上推举	30 秒	*	箭步侧举	20 秒
*	小腿弯举	20 秒	*	背部伸展	20 秒
*	单臂哑铃划船	20 秒	*	举腿屈腹	20 秒

注：每一动作做一组，然后循环练习

（二）赛艇运动员提高耐力的训练计划

青少年赛艇运动员专门提高心肺耐力的训练计划如下表 11–11 所示。

表 11–11　青少年赛艇运动员提高心肺耐力的训练计划

时间	课次	内容
周一	1	水上划船 60 分钟，然后进行抗阻力量训练
周二	1	水上划船 4~5 千米（准备活动），水上划船 4×10 分钟，间歇 4~5 分钟，最后进行核心力量训练
周三	1	水上划船 4~5 千米（准备活动），水上划船（30 秒快/20 秒慢）×10×2 组，间歇 4~5 分钟，最后进行核心力量训练
周四	1	水上划船 4~5 千米（准备活动），水上强度划船（时间：3'/2'/2'/1'）×3 组（桨频：24/26/28/30），间歇 4~5 分钟
	2	测功仪 500 米×10 组，间歇 1 分钟
周五	1	水上划船 4~5 千米（准备活动），水上划船 6×5 分钟，间歇 4~5 分钟
周六	1	水上划船 4~5 千米（准备活动），水上划船（30 秒快/15 秒慢）×10×2 组，组间歇 4~5 分钟
	2	水上划船 90 分钟
周日	1	水上划船 2×12 千米，间歇 25~30 分钟

（三）普通人群减肥训练计划

对于普通人群而言，减轻体重、提高生活质量往往是进行耐力训练的目的，以减肥为目的的耐力训练计划如表 11–12 所示。

表 11–12　以减肥为目的的训练计划

周一	周二	周三	周四	周五	周六	周日
跑步 60 分钟	有氧操 60 分钟	力量训练 60 分钟 骑自行车 30 分钟	游泳/椭圆机 60 分钟	核心力量 60 分钟	力量训练 60 分钟 骑自行车 30 分钟	快走 60 分钟

力量训练内容：

＊	深蹲	15 次×3 组	＊ 背肌	1 分钟×3 组
＊	卧推	12 次×3 组	＊ 肩上推举	15 次×3 组
＊	卧拉	15 次×3 组	＊ 俯卧屈小腿	15 次×3 组
＊	仰卧起坐	1 分钟×3 组		

 **复习思考题**

1. 人体主要能源物质有哪些？
2. 人体三大供能系统有什么特点？
3. 什么是最大摄氧量？该指标有何意义？
4. 什么是无氧阈和运动后过量氧耗？有何意义？
5. 简述如何用心率控制训练强度。
6. 简述发展能量代谢系统常见的训练方法。

 **推荐阅读文献**

1. 邱俊强. 最大摄氧量及其派生指标的研究进展［J］. 北京体育大学学报，2011，34（1）：73～76.

2. 冯连世，李开刚. 运动员机能评定常用生理生化指标测试方法及应用［M］. 北京：人民体育出版社，2002.

3. 冯连世，张漓. 优秀运动员训练中的生理生化监控实用指南［M］. 北京：人民体育出版社，2007.

4. Scott K. Powers，Edward T. Howley. Exercise physiology：7th Edition［M］. McGrew-Hill，2009.

5. Thomas R. Baechle，Roger W. Earle. Essentials of Strength & Conditioning-3rd Edition. National Strength and Conditioning Association，2008.

6. R. J. Shephard & P. O. Astrand（edited）. Endurance in Sport（2nd Edition）［M］. Wiley-Blackwell，2000.

7. Peter Janssen. Lactate Threshold Training［M］. Human Kinetics，2001.

8. J. A. Davis. Anaerobic threshold：review of the concept and directions for future research［J］. Medicine and Science in Sports and Exercise，1985，17（1）：6～18.

9. G. A. Brooks. Anaerobic threshold：review of the concept and directions for future research［J］. Medicine and Science in Sports and Exercise，1985，17（1）：22～31.

10. Svedahl，K.，MacIntosh，B. R. Anaerobic threshold：The concept and methods of measurement ［J］. Can. J. Appl. Physiol. 28（2）：299~323.

（彭金洲　河南大学）

（资　薇　河南大学）

（谭　军　湖南师范大学）

（魏宏文　北京体育大学）

第十二章
恢复与再生

◢ 本章导语

　　恢复是通过适当的身体活动和适宜的补给，帮助运动员在生理和心理上解决大量训练和比赛所导致的身体和心理疲劳，帮助机体恢复。再生是通过有目的、有计划的训练，帮助运动员从疲劳中恢复过来。恢复与再生也是一种训练，不仅包括肌肉的拉伸放松，同时也可以进行一些轻微的力量性训练。以及按摩手法、营养补充和水疗等。

第一节　肌肉的放松与再生

在运动训练与竞技比赛的末期，随着身体内代谢物质的堆积，肌肉中能量物质不断地消耗与流失，肌肉组织、韧带、关节等部位处于酸胀、僵硬、疼痛等不良状态。这种状态严重影响了运动员在比赛或训练后的生活质量，甚至影响到了第二天的训练。本节介绍了静态拉伸、器械筋膜淋巴回流和按摩等针对深层、浅层肌肉所使用的放松手段，按照从下往上的顺序进行，可以帮助机体在训练或比赛之后快速恢复，提高机体的代谢与再生能力。

一、静态拉伸

运动后静态拉伸能减少肌肉的紧张反应，从肌电图中可以看出，拉伸能有效减少肌肉紧张的肌电讯号，减轻肌肉的疼痛感。另一方面，拉伸能加快微循环，从而减轻肌肉纤维间的肿胀，有效缓解肌肉的延迟性酸痛。最后，拉伸能减少局部疼痛神经讯号的产生和传递，是减少肌肉疼痛感的原因之一。

（一）主动静态拉伸

主动静态拉伸是用自身的力量和体重把肌肉拉开并保持一定的牵拉力。由于自己控制拉力的大小和位置，因此这种方法相对来说是安全的。主动静态拉伸时，肢体的运动幅度小、速度慢、甚至不动，不易激发肌肉的牵张反射，从而引起肌肉收缩对抗拉伸。当拉伸时间和力得到一定积累时，就会激活高尔基腱器使肌肉放松。主动静态拉伸不受场地限制，不需要人协助，也不需要设备，而且相对简单、易操作。

采用主动静态拉伸时，肌肉拉伸到一定的紧张度，应维持 15~30 秒，重复 2~3 次，让肌肉因长度增加而增加关节的运动的幅度。拉伸重点在于，动作从起始至结束均要缓慢，不要令肌肉感到疼痛，并配合正常呼吸。为了增加拉伸效果，可以在呼气时进一步把肌肉拉长。

（二）被动静态拉伸

被动静态拉伸是被拉伸者的肢体放松不参与发力，通常由体能教练或康复治疗师移动拉伸对象的肢体，直至达到可忍受的关节活动幅度极限为止，并保持这一姿势不动。拉伸时间为 15~30 秒，重复 2~3 次。被动静态拉伸的好处是，被拉肌肉有更佳的放松效果，可以获到更大的关节活动幅度。有经验的体能教练或康复治疗师可以非常准确和细致地拉伸到不同的肌纤维。

二、按摩

按摩是用手法或器械作用于人体体表的特定部位以调节机体生理、病理状况，达到理疗目的的方法。运动后按摩所采用的手法、用力的大小、时间的长短等，均应根据对象的体质、性别、运动项目的特点，以及运动后反映的情况决定。

（一）泡沫轴

泡沫轴自我按摩利用练习者自身重量及与泡沫轴相互作用产生的压力，施加用于练习者的肌肉及筋膜等软组织上，使练习者过于紧张的肌肉及筋膜产生放松的训练方式。泡沫轴按摩不仅能延伸肌肉和肌腱，松解软组织粘连和疤痕组织，同时增加血液的流动和软组织循环。

（二）按摩棒

按摩棒是用于肌筋膜放松、深层组织按摩的一种器械。脊状线的设计，有助于表层和深层组织的活动；按摩棒的把手有助于扳机点的放松。采用主动或被动按摩的方式有助于改善特定区域的血液流量与循环功能，同时也有助于通过抑制疼痛传导通路，提升肌肉温度，增强肌肉延展性。

（三）按摩球

按摩球一般采用 PVC 材料制作而成，也可用网球或高尔夫球代替。按摩球练习能减少肌肉紧张，提高骨盆、大腿、小腿及特定关节的柔韧性。正确使用按摩球可以有效进行自我按摩练习或肌肉放松，提高运动按摩的效果。

三、常用放松手段

（一）下肢肌肉放松

1. 足底自我按摩

器材：无器材或网球。

动作要求：屈膝，双手握住需放松的脚，用大拇指反复用力挤压按摩足底方肌。按压时注意用力和松弛相结合。也可以成站姿或坐姿，将网球置足底方肌扳机点处，滚动踩压网球（图 12-1）。

2. 小腿后群肌肉的自我按摩

动作要求：呈自然坐姿、屈膝，用双手大拇

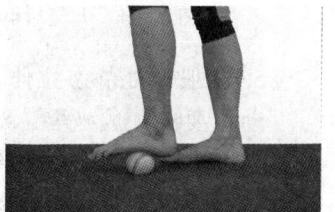

图 12-1　足底自我按摩

指反复按揉相应肌肉的扳机处。按揉时注意拇指用力和放松相结合，按揉力度以出现适度酸疼感为宜（图 12-2）。

当踮脚尖时，可以在腓肠肌下缘的下方触到比目鱼肌，可坐在地板上，两手向后支撑，把一条腿放于另一条腿的膝盖上，往复进行按摩（图 12-3）。

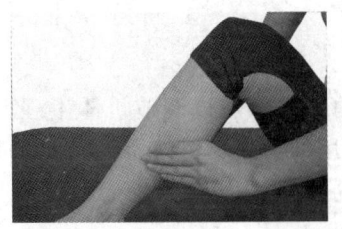 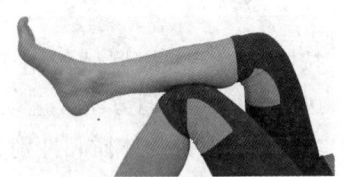

图 12-2　小腿后群肌肉放松（按摩比目鱼肌）　　图 12-3　使用对侧膝盖按摩比目鱼肌

3. 大腿后群肌肉的静态拉伸

动作要求：身体平躺在地面上，左腿伸直，右腿抬起，双手抱紧膝关节腘窝处，牵拉右腿，靠近胸腹处，并保持数秒钟。保持呼吸方式为深吸、深呼。此练习可拉伸股二头肌、半腱肌和半膜肌（图 12-4）。

4. 大腿股四头肌静态拉伸

动作要求：右脚站立，右手扶支撑物，保持平稳；屈左膝，左手牵拉脚踝，略弯曲支撑腿（右腿），并向后牵拉左脚脚踝，贴近臀髋处，同时向前顶髋，重复几次后换腿练习（图 12-5）。

图 12-4　大腿后群肌肉的静态拉伸　　　　图 12-5　股四头肌静态拉伸

5. 腹股沟处静态拉伸

动作要求：成坐姿，双脚相对，双手分别扶在脚上，双肘同时压在膝关节处，手部牵拉双脚靠近腹部，而双肘同时按压膝关节，使膝盖触及地面，同时保证上体前倾。每次按压保持数秒钟，反复几次，此练习可拉伸耻骨肌与长收肌（图 12-6）。

6. 股直肌自我按摩

（1）当抬大腿的时候，通过感觉股直肌的收缩，可以基本确定它的位置。伸腿的时候，股直肌的收缩会更加明显。站立位和坐位的时候都可以把两个拇指并起，按摩扳机点处肌肉（图 12-7）。

图 12-6　腹股沟处静态拉伸

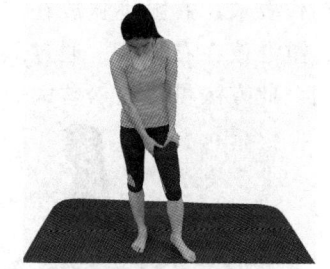

图 12-7　定位股直肌扳机点部位

（2）成坐姿、屈膝，弯曲前臂，用自身肘关节对同侧股直肌扳机点进行旋转按揉（图 12-8）。

（3）俯卧位，借助网球按摩挤压股直肌扳机点处（图 12-9）。

图 12-8　肘关节按摩股直肌扳机点

图 12-9　网球按摩股直肌扳机点

7. 缝匠肌、股四头肌、腹直肌、臀大肌的综合性拉伸

动作要求：右腿屈腿站立，左膝支撑于地面，同时左手牵拉左脚踝，右手置于右膝处，身体成为斜对角线状，身体右转，面对右腿方向。此方法可拉伸左侧屈髋肌群肌肉（图 12-10）。

图 12-10　缝匠肌、股四头肌、腹直肌、臀大肌的综合性拉伸

8. 臀大肌静态拉伸

动作要求：右腿屈腿在前，平放在地面上，左腿向后伸直，保持膝盖和脚面完全朝向地面，身体与腿成一条直线，重心略向右腿外侧倾斜，保持数秒钟之后换腿。此练习有效拉伸臀大肌肌肉（图 12-11）。

9. 臀大肌放松

器材：泡沫轴或网球

动作要求：右腿小腿放在左膝盖上，右侧臀部坐在泡沫轴或网球上，身体右倾，重心放在右臀处，通过双手和左腿的上下拉动，臀大肌在泡沫轴或网球上运动。此方法可以放松臀大肌筋膜，并促进血液回流（图12-12）。

图 12-11 臀大肌静态拉伸　　　　　图 12-12 臀大肌放松

（二）躯干肌肉放松

1. 下背屈肌群静态拉伸

动作要求：仰卧在平地上，背部完全贴住地面，屈腿屈髋，双手抱膝，大腿靠近胸前，保持静止姿势并维持数秒钟（图12-13）。

2. 下背伸肌群静态拉伸

动作要求：双腿并拢，俯身朝向地面，双手撑起上身，抬头挺胸。拉伸时注意深吸、深呼，深吸气时可以牵拉背部的伸肌群，拉伸时不要憋气（图12-14）。

图 12-13 下背屈肌群静态拉伸　　　图 12-14 下背伸肌群静态拉伸

3. 腹斜肌静态拉伸

动作要求：平躺在地面上，双手贴于地面，双腿屈膝，膝关节夹球，大腿垂直于地面。大腿向右侧倾斜，并保持右侧大腿贴于地面，之后向左侧移动，大腿左侧贴于地面，反复练习数次（图12-15）。

图 12-15 腹斜肌静态拉伸

4. 上背屈肌群的静态拉伸

动作要求：成站姿，双手相对，交叉抱紧，发力时，双臂向内夹臂，双手向前伸，同时背部肩胛骨向后用力顶出（图12-16）。

5. 髂腰肌的放松

器材：按摩球。

动作要求：将球置于肚脐侧面2厘米处。俯卧，逐渐抬高上体。上体抬得越高，髂腰肌伸展越充分，所受压力也越大。重复几次后，将球稍微移开一点，将髂腰肌的每个区域都按摩到，并找到肌肉最紧张的区域（图12-17）。

图12-16　上背屈肌群静态拉伸　　　图12-17　髂腰肌的放松

6. 髂腰肌的静态拉伸

动作要求：弓步，腰背挺直，前腿屈膝，后腿，小腿贴于地面。重心前移，使双腿打开幅度增加，保持骨盆的中立位，不要前倾（图12-18）

7. 颈部肌肉的静态拉伸

器材：弹力带。

动作要求：右手背向身后，拉住置于身体左侧的稳定物，左手自然下垂。通过左腿蹬地发力，右肩向右侧顶肩，同时头向左侧倾。此动作可拉伸右侧的胸锁乳突肌和颈夹肌（图12-19）。

图12-18　髂腰肌的静态拉伸　　　图12-19　颈部肌肉的静态拉伸

（三）上肢肌肉的放松

1. 三角肌静态拉伸

动作要求：双臂肘关节交叉，右肘在左肘关节上方，同时两手内旋，保持两手掌相对重合，拉伸三角肌（图12-20）。

2. 肱二头肌及前臂肌群的拉伸

动作要求：右臂与肩抬平，掌心向上，同时用左侧手向下拉伸手指，并保持数秒后换手，此动作拉伸肱二头肌及前臂肌群（图 12-21）。

图 12-20　三角肌静态拉伸　　　　　　图 12-21　肱二头肌及前臂肌群的拉伸

第二节　水疗

　　水疗自诞生到发展至今，不仅在医疗康复、美容等领域广泛应用，而且也被广泛地应用到放松训练、恢复训练，以及部分运动项目的专项训练中。了解水疗的作用机理并掌握水疗的使用方法，有助于为人体运动系统的恢复与训练开拓新思路和新途径。

一、水疗概述

　　沐浴是人类最古老的治疗方式之一。早在公元前 3 000 年，古埃及人就已经开始使用植物香油和香膏来进行沐浴，把洗浴作为一种消除病菌、强健身体的手段。古代中国也有"沐浴而朝，斋戒沐浴以祀上"的说法。公元前 500 年，西方医学之父——希波克拉底就已经使用冷水浴和摩擦法治疗肌肉痉挛、风湿病等急慢性病，在此期间也有人们利用水的镇静作用来治疗某些精神类疾病的记载。

　　十九世纪中叶，水疗在美国得到了迅速发展。水疗的概念最早是由美国人乔尔·舒（Joel Shew）在他的《水疗杂志》中提出来的，而后与水疗相关的方式与方法层出不穷，如热敷、冷敷、健康浴、蒸气浴、坐浴、灌肠法和感冒包等，可治疗的疾病也多种多样，如发烧、关节炎、风湿病、哮喘、结石、霍乱和精神病等疾病。到了 20 世纪，随着社会经济和当代医学的发展，人们对健康生活的追求日益迫切，水疗也被赋予了新的使命和内容，很多具有功能性、娱乐性和空间性的专业水疗中心逐渐发展起来。21 世纪的今天，水疗已不仅仅被应用到医疗康复、美容、旅游等领域，而且也被广泛地应用到体育的相关领域，如运动后的放松训练、身体运动功能的恢复训练，以及部分运动项目的专项训练等。

　　所谓水疗，是指利用水的不同温度、压力和溶于其内部的化学物质及专业设备，以不同方式作用于人体的防病、治病方法。水疗主要包括温泉浴、漩涡浴、淋浴、喷射浴、盐水浴、松脂浴和矿泉浴等。水疗不仅利用水的物理特性，如热传导效应、机械效应（浮力、压力、水流冲击等），还可以利用水中可溶解的多种物质的化学特性对人体内部或外部加以作用，达到预防、治疗及康复等目的。

二、水疗的作用机理

水疗对人体的作用主要分为机械作用、温度刺激作用和化学作用。

（1）机械作用：主要包括水的黏滞作用、浮力作用、冲击作用和压力作用。水的黏滞作用，主要是指利用水分子间的吸引力，为水中肌力康复训练提供阻力来源；浮力作用，主要利用水的浮力分担部分体重，为运动提供助力，如陈旧骨折和关节强直患者可进行水中健身操和按摩等；冲击作用，如利用淋浴、喷射浴、漩涡浴等机械刺激对人体穴位进行按摩，可引起人体血管扩张、兴奋神经系统；压力作用，通过水的压力对人体胸腹部的压迫，调节人体呼吸系统，同时通过对体表的血管和淋巴管的压迫，促使体液回流增加，从而促进人体体液的再分配。

（2）温度刺激作用：水的温热和寒冷性质会对人体产生不同的刺激效果，如人体对温热刺激表现为舒缓、平和，而对寒冷刺激则表现为迅速、强烈，也就是说水具有热效应和冷效应。热效应是指利用高于人体体温的水刺激人体所产生的效果，它可以促进人体的血液循环和新陈代谢、加强骨胶原的延展和结缔组织基质的流动性，同时可以缓解疼痛和肌肉痉挛等；冷效应主要是指利用水的寒冷性质对人体加以刺激，它可以促使血管收缩，造成血液循环减慢，主要用于患处的消肿止痛、消炎及退热等。

（3）化学作用：是指利用加入矿物质、盐类、药物或气体的水，通过口服或灌洗的方式对人体产生的作用。

三、运动恢复中常用的水疗方法

（一）淋浴法

淋浴法，是指以各种形式的水流，在一定压力下对人体进行喷射的方法。淋浴法主要包括直喷浴、冷热交替浴和针状浴等。

1. 直喷浴

患者脱去衣物，背向或面向操作台，距操作台 2～3 米；操作人员以密集水流喷射患者的背部及四肢，以稀疏水流喷洒患者的胸腹部；操作顺序由肢体近端到远端，重复 2～3 次。背部水温和水压分别为 35 ℃和 1 个标准大气压，四肢为 25 ℃和 2.5 个标准大气压，胸腹部为 28 ℃和 2 个标准大气压。直喷浴主要适用于功能不全性麻痹、低张力表现及神经官能症等。

2. 冷热交替浴

先热后冷，热水温度为 40 ℃ ~ 45 ℃，进行 15 ~ 20 分钟；冷水温度为 20 ℃左右，进行 10~15 分钟，重复 2~3 次。冷热交替浴适用于肌肉痉挛及麻痹、慢性神经根炎等症，但禁用于高血压、动脉硬化和心功能不全者。

3. 针状浴

用 2~3 个标准大气压的针状水流进行治疗，刺激性大，但应局部喷射。针状浴适用于运动后的肌肉酸痛、神经衰弱和疲劳综合征等。

（二）气泡涡流浴法

气泡涡流浴法是综合运用温热、高压水流冲击和气泡摩擦作用的一种疗法，具体操作过程为：

（1）根据患者治疗部位，选择合适的气泡涡流浴装置，并进行检查。

（2）注入 2/3 容量的水，水温为 37 ℃ ~ 40 ℃，打开充气和涡流开关。

（3）患者采取舒适的体位，将患肢浸入水中治疗。

（4）治疗过程中应保持水温恒定，水流强度适中，持续时间一般为 10 ~ 20 分钟。

气泡涡流浴法主要适用于创伤后手足肿痛、关节韧带拉伤、软组织挫伤和神经痛等症，但应注意有各种出血倾向、身体极度衰弱和心肾功能异常的患者不应使用此疗法。

（三）超声波水疗法

超声波水疗法是以水为媒介，将超声波通过水作用于人体的治疗方法，具体操作过程为：

（1）检查仪器，如电源、按键和仪表。

（2）患者根据需要采取适宜体位，充分暴露治疗部位。

（3）接通电源，开始治疗，治疗时间一般根据病情而定。

（4）治疗完成后患者出浴休息。

（5）操作人员观察和问询治疗反应，并记录。

超声波水疗法适用于腱鞘炎、疲劳性骨膜炎、肌痛、软组织创伤和炎症，以及神经系统疾病，但禁忌高热、有急性炎症和出血倾向，以及有严重支气管扩张等疾病的人群不可使用该方法治疗。

（四）水中运动疗法

水中运动疗法是指利用水的温度、浮力及压力的作用来进行、平衡和协调能力训练、关节灵活度训练，以及力量和耐力的训练，以达到治疗目的的方法。水中运动疗法一般每天进行一次，每次治疗时间为 20 ~ 30 分钟，一个月为一疗程，但也应视患者情况而定，如患者体质较弱或病情较重可以采取间断性训练。

1. 水中运动疗法的适应证及禁忌

（1）适应证：① 上运动神经元损伤综合征，如中风、脑外伤、脊髓损伤等无法在陆地上进行康复锻炼的患者。② 骨关节损伤或病变导致的肢体运动功能障碍，如强直性脊柱炎、骨性关节炎、风湿等的患者。③ 腰椎间盘损伤或病变及其他慢性疼痛患者，不能进行陆地训练，但又需要提高耐力者。

（2）禁忌：① 患皮肤病、眼耳感染或有出血倾向者。② 患认知障碍、恐水症或有严重癫痫者。③ 患高血压、心功能障碍、动脉硬化者；④ 骨折未固定或未愈合者；⑤ 女性月经期。

2. 水中运动疗法的设备

（1）深度为 60~150 厘米的坡型泳池或水柜，长度不小于 10 米，池边或柜边应有扶手，池底或柜底应防滑，且具备加热、过滤和消毒装置；水温一般保持在 27 ℃~29 ℃。

（2）水上辅助器材，如充气项圈、泳圈、气垫、软木和水球等，用于支撑患者颈部、头部和肢体或辅助患者进行抗阻训练。

（3）水中治疗平行杠、椅子或床，为患者提供固定的治疗位置，要求一般为不锈钢材质且可固定在池或柜底。

3. 水中运动疗法的方式

（1）水中步行练习：利用水的浮力作用，缓解下肢的承受重量，从而提高下肢疾患者的行走能力。具体方法是，让患者进入水中，水深达到患者胸高位置，双手扶于平行杠上，然后开始移动下肢，活动量以患者未感到乏累为宜，若可以扶杠顺利行走，可慢慢过渡到水中独立行走或在水浅处行走。

（2）水中平衡和协调能力练习：让患者手扶平行杠或池边，水深以患者站稳为宜，操作人员利用水的波动，干扰患者平衡，让患者对抗水流冲击以保持平衡，待患者适应后逐渐加大干扰力度并增加水深。练习期间应注意保护患者，避免意外发生。

（3）关节活动度训练：关节功能障碍者可通过水的浮力作用，进行陆地上难以完成的关节活动，进而提高患病关节的灵活性。

（4）水中力量训练：根据患者肌肉损伤程度，水中力量练习可分为：① 助力运动，肢体可借助水的浮力和黏滞性，进行肢体或全身运动。② 抗阻运动，肢体借助或不借助辅助器材，通过做对抗浮力的运动来进行肌力练习，其中动作的幅度与速度应根据患者的实际情况而定，注意循序渐进。

（5）水中耐力训练：水中耐力训练包括肌肉耐力训练、呼吸和循环系统耐力训练和全身耐力训练。水中耐力训练不仅适用于有肢体功能障碍或慢性疼痛的患者，也适用普通人群。水中有氧健身操、游泳等，可以有效增强人体的耐力素质，但对于患者来讲，应注意练习的时间与频次，以不产生疲劳积累为佳。

4. 水中运动疗法的注意事项

（1）对池水应定期更换、过滤、消毒，治疗前应先检查室温和水温。

（2）避免交叉感染，应特别注意预防耳、鼻、眼等器官的感染，如发现异常，应立刻使患者离开水池，并进行相应处理。

（3）避免患者空腹入水，且入水前后和出水后应进行相应的适应性练习，必要时进行血压和心率的测定。

第三节 营养

运动员训练及比赛中的营养补充对运动员竞技能力的表现具有重要作用。剧烈运动后，合理补充各类营养素能帮助运动员迅速恢复体液和能量储备。本节简单介绍几类营养素的功能、作用及营养补充的基本原则。

一、营养素的功能与作用

营养素是指食物中可给人体提供能量、构成机体成分、修复组织，以及调节生理功能的化学成分。人体所需要的主要营养素，包括碳水化合物、脂肪、蛋白质、维生素、无机盐、水和纤维素 7 大类。各个营养素在人体内所起的作用不同，需要的含量也不同。人体生长发育过程中和体内进行新陈代谢过程中需要上述的各种营养素，所以碳水化合物、脂肪、蛋白质、维生素、无机盐、水和膳食纤维是体内不可缺少的物质。

（一）水

水是一切生命必需的物质。尽管它常常不被认为是营养素，但鉴于它在生命活动中的重要功能，且作为饮食中的基本成分，必须从饮食中获得，故也常被当做一种营养素看待。

水的生理功能主要有：① 人体构造的主要成分。水是保持每个细胞外形及构成每一种液体所必需的物质。② 营养物质的载体。摄入体内的各种营养物质，都必须通过水运送到机体各部分进行代谢并发挥作用。③ 代谢产物溶剂。体内代谢产生的各种物质，通过水运送到相关部位进一步代谢转化，或通过大小便、汗液及呼吸等途径排出体外。④ 直接参与物质代谢，促进各种生理活动和生化反应。⑤ 调节体温。水的比热容大，因此可通过蒸发或出汗调节体温。⑥润滑组织。水可滋润皮肤和润滑关节等。

体内水的来源包括饮水、食物中的水和内生水三大部分。通常每人每日饮水约 1 200 毫升，食物中含水约 1 000 毫升，内生水约 300 毫升。内生水主要来源于蛋白质、脂肪和碳水化合物代谢产生的水，每克蛋白质产生的代谢水为 0.41 毫升，脂肪为 1.7 毫升，碳水化合物为 0.6 毫升。

（二）蛋白质

蛋白质是一类含氮的高分子化合物，基本组成单位是氨基酸。参加蛋白质合成的氨基酸共有 20 多种，其中有 9 种（赖氨酸、色氨酸、苯丙氨酸、亮氨酸、异亮氨酸、苏氨酸、组氨酸、蛋氨酸和缬氨酸）人体自身不能合成，必须由食物供给，否则人体就不能维持正常代谢的过程，这类称为必需氨基酸。蛋白质是生命的基础，生命现象是通过蛋白质来体现的。蛋白质是人体组织细胞的重要组成部分，人体重量的 18% 由蛋白质构成。蛋白质经常处于自我更新的状态，人体没有储存蛋白质的特殊场所，肌肉是蛋白质的临时调节仓库。

蛋白质食物中的来源包括：鱼、蛋类、豆制品、坚果（如花生、向日葵籽、杏仁）、肉类（如牛肉、猪肉、鸡肉、羊肉）、小麦和乳制品等。

成人每天摄取蛋白质的量不能低于 1 克/千克体重，青少年应达到 1.5~2 克/千克体重的标准。一个体重 60 公斤的成年人，按从事劳动的不同，每天需补充 70~105 克蛋白质。以 60 克为需要的最低量，大约 2 升牛奶便可提供全部蛋白质。

（三）矿物质

体中的碳、氧、氮元素主要以有机化合物形式存在，其他元素构成的化合物主要为无机盐，又称为矿物质。矿物质主要存在于骨骼中，是人体主要组成物质，人体已发现有 20 余种必需的矿物质，人体所需的矿物元素主要分为常量元素和微量元素，约占人体体重的 4%~5%。人体所需要的钙、钠、钾、镁、硫等是构成骨、牙齿、血液、淋巴的主要成分，体内的许多生理作用也靠无机盐来维持，例如酸碱平衡的调节和渗透压的维持等就需要 Na^+、K^+ 离子参与。

矿物质的生理功能包括：①构成骨骼的主要成分。②维持神经、肌肉正常生理功能。③组成酶的成分。④维持渗透压，保持酸碱平衡。正常人每天补充多种矿物质，至少要包括：150 毫克钙、75 毫克镁、10 毫克铁、10 毫克锌、25 毫克锰、50 微克铬及 25 微克硒。

（四）维生素

维生素是维持正常生命过程中所必要的，人体不可缺少的一种营养素（又称为维他命）。如果缺少维生素，人就会患相应疾病，例如维生素 C 缺乏将导致坏血病，维生素 B_1 缺乏导致脚气病，维生素 B_5 缺乏导致癫皮病，因此维生素是"维持生命的营养素"。

根据维生素的溶解性，可分为溶解在油中的脂溶性维生素和溶解在水中的水溶性维生素两大类。其中维生素 A、D、E、K 因其具有可溶解在脂肪及油脂中的特性，所以属于脂溶性维生素；水溶性维生素则包括维生素 B_1、B_2、泛酸、B_6、叶酸、生物素、B_{12}（以上皆属于维生素 B 群）及维生素 C。脂溶性维生素比水溶性维生素更能长久地储存在体内，且多存于人体的肝和脂肪组织中；水溶性维生素，可能因排泄或在烹调或水洗时溶解于水中而流失。

（五）脂肪

脂肪是储存和供给能量的主要营养素，每克脂肪所提供的热能为同等重量碳水化合物或蛋白质的 2 倍。机体细胞膜、神经组织、激素的构成均离不开脂肪，其主要功能是供给人类所必需的能量并促进脂溶性维生素的吸收。脂肪还有保暖隔热，支持保护内脏、关节和各种组织免受剧烈震动摩擦的作用。

（六）碳水化合物（糖类）

碳水化合物是自然界中存量最大的一类化合物，是生物维持生命活动的主要能量来源。人类摄取食物的总能量中大约 80% 由碳水化合物提供，是人类及动物的生命源泉。糖类在体内起的作用涉及多方面，其主要功能是：① 是组成细胞膜、生物体和抗体的主要成分。② 保护肝、解毒。③ 促进脂肪的分解，脂肪在糖存在的情况下被氧化分解为 CO_2 和 H_2O，没有糖的条件下分解为酮，酮是有毒的。④ 节约蛋白质，人体所需要的能量主要由葡萄糖分解释，如果缺乏糖类物质会导致蛋白质的分解，如果蛋白质的消耗量过多，会直接影响人体的健康。

（七）纤维素

食物中的纤维素类似透明的固体碳水化合物，它是植物细胞壁的主要成分。纤维素有两种形态：可溶解和不可溶解。可溶解纤维素可以帮助降低血液中的胆固醇，并且减少发生心脏疾病的风险。不可溶解纤维素向肠胃提供大量可提高消化功能的必需物质，通过加速消化、排出废物来消除肠壁上的大量有害物质。

二、营养补充的原则

人体营养的补充，主要是基于合理营养的原则。所谓合理营养是指膳食营养在满足机体需要方面能合乎要求，也就是说由膳食提供人体的营养素，能保证机体各种生理活动的需要。

符合合理营养要求的膳食一般称为平衡膳食，其基本要求是：

（1）膳食中的热量和各种营养素必须满足生理和活动的需要，即膳食中必须含有蛋白质、脂肪、糖类、维生素、无机盐及微量元素、水和膳食纤维等人体必需的营养素，且保持各营养素之间的数量平衡，避免有的缺乏、有的过剩。食物应多样化，任何一种天然食物都不能提供人体所必需的一切营养素。

（2）合理的饮食习惯，摄食多少应安排得当，可采取早晨吃好、中午吃饱、晚上吃少的原则。

（3）适当的烹调方法，要以利于食物的消化吸收、有良好的食品感官性状，以及能刺激食欲为原则。老年人的膳食宜嫩、软，容易消化，一般应限制油腻食物。

《中国居民膳食指南》提出合理膳食的原则如下：

- 食物多样，谷类为主。
- 多吃蔬菜、水果和薯类。
- 每天吃奶类、豆类或其制品。
- 经常吃适量鱼、禽、蛋、瘦肉、海洋生物制品，少吃肥肉和荤油。
- 食量与体力活动要均衡，保持适宜体重。
- 吃清淡少盐的膳食。
- 如饮酒应限量。
- 吃清洁卫生不变质的食物。

三、如何计算热量需求

计算日常热量需求，我们需要知道以下几个方面的数据，然后根据个体情况，略加计算，即可得出结果：

（1）标准体重（公斤）＝身高（厘米）－105（身高大于165厘米者－110）。

（2）每天的热量支出标准：① 退休55岁以上＝标准体重×25千卡。② 中青年＝标准体重×30千卡。③ 重体力劳动者、运动员＝标准体重×35千卡

（3）日常营养素产热效价：糖的热价为17.1千焦（4.1千卡）；脂肪的热价为38.94千焦（9.3千卡）；蛋白质的生物热价（体内分解）为17.17千焦（4.1千卡）。

（4）三大食物的热量分配：蛋白质占12%~15%，脂肪占20%~30%，碳水化合物占55%~65%，以此求得三类生热营养素在各餐中的能量供给量。为计算方便，一般以蛋白质占总热量需求的15%、脂肪占25%、碳水化合物占60%来计算，以方便对日常生活的指导。

四、运动中及运动后如何补水

运动前 2~3 小时补充 400~600 毫升饮料，以增加体内水储备。

运动中每 15~20 分钟补充 150~350 毫升饮料，（1 小时之内：含 4%~8% 的糖，1 小时以上加氯化钠 0.5~0.7 克/升）。

在平时的运动中不要感到渴了才喝水，因为这时肌体已经轻微脱水了，补水应摄入功能饮料，可以让机体尽快恢复体能，减少不必要的损伤。

长时间运动，特别是在夏天或在湿热的环境中运动时，更要注意饮水。补水的最好方法是少量多次，运动中每 15~20 分钟饮水 150~200 毫升，每小时的总饮水量不超过 600 毫升，这样既可以保持体内水的平衡，又不致因为大量饮水而增加心脏和胃肠的负担。还可以采用运动前饮水的方法，在运动前 1 小时补水 300 毫升。

运动后补水也要采取少量多次的方法，因为水分流失的同时，体液也在流失，体液包含钾、钙、钠、镁等电解质，也随之流失，应选择补充些运动饮料（稍加盐的凉开水或低糖饮料也可以）。饮料的含糖量不能过高，因为糖的浓度过高，会使饮料在胃中停留的时间过长，反而使水分不能及时进入体内。一般而言，饮料的浓度不宜超过 5%，最好在 2.5% 左右；冬天则可在 5%~15%，饮料通过胃较慢，可以较稳定地保持体内的糖和水分的平衡。水的温度也不是越凉越好，以 8 ℃~14 ℃ 为宜。另外，如果在早晨锻炼，由于人体经过一夜的睡眠，全身组织器官及细胞处于相对缺水状态，因此在运动前要补水，但也不宜过多，150~200 毫升即可。如果运动时间较短，出汗量小，也可以在运动后慢慢补水。

五、运动膳食补充的误区

随着国家体育总局奥运争光计划和全民健身纲要的推广和实施，我国的运动人口在逐年增加。但是，在运动员及运动爱好者之中，经常存在不良的饮食习惯，所谓不良饮食惯，通常指偏食（只吃少数几种食物）、挑食（单纯按个人的口味喜好择食）、暴饮暴食等有悖于合理营养要求的、经常性的膳食行为倾向。

运动员对营养问题的认识也存在误区，认为鸡、鸭、鱼、肉等蛋白质含量高的食品才算有营养，价格贵的食品才有营养，而对粮食的摄入量和品种则重视不够。如果这类碳水化合物食品摄入不足，人体将分解自身体内的蛋白质和脂肪来补充日常训练、比赛和生活中所需要的热量。机体在分解蛋白质和脂肪的过程中，消耗的氧气比分解碳水化合物时要多，同时还要产生乳酸，这样，教练员想通过大力量训练来增加肌肉横断面和肌肉力量的目的就不能实现。从运动营养学的观点看，问题主要反映在以下几个方面：

（1）主食吃得少，有的运动员甚至根本不吃谷类主食，单纯吃菜肴类食品。

（2）菜肴类食品中偏食肉类等高蛋白食品，各种蔬菜的摄食量不足。

（3）多数运动员不能结合自己的运动项目和训练情况有目的地选择食物，而是凭食物的感官性状和自己的喜好随意挑选几种食品，达不到食物多样化的要求，难以实现合理营养。

（4）一些运动员饮食无节，吃得过多。

（5）早餐重视程度不够或不能按时就餐。

根据目前我国一般人的膳食情况，平衡膳食包括的食物种类及分配比例为：粮谷类为30%~40%，蔬菜水果为30%~40%，动物性食品及豆类为25%，油脂为3%。除了各类食物的比例要协调外，不同类的食物搭配也很重要，如主副食的搭配、粗细粮的搭配、荤素的搭配等。总之，全面、均衡的食物才能为人体提供必需的营养素。

 **复习思考题**

1. 运动员如何进行自身各主要运动肌肉的自我按摩？

2. 是否还有其他更好的自我按摩运动肌肉扳机点的实用方法？

3. 不同水温对人体的恢复效果有哪些差异？

4. 水阻训练对人体哪些肌群的放松恢复效果最佳？

5. 在水中进行下肢关节恢复时，屈膝和直膝哪个方法更合适？

6. 简述营养素的构成。

7. 运动中如何补充水分？

 **推荐阅读文献**

1. 陈方灿，运动拉伸实用手册 [M]. 北京：北京体育大学出版社，2008.8.

2. 王光慈. 食品营养学 [M]. 北京：中国农业出版社. 2001.

3. 何志谦. 人类营养学 [M]. 2版. 北京：人民卫生出版社. 2000.

4. 于志深，顾景范. 特殊营养学 [M]. 北京：科技出版社. 1991.

5. 陈炳卿. 营养与食品卫生学 [M]. 北京：人民卫生出版社. 2000.

6. 郑建仙. 功能性食品 [M]. 北京：中国轻工业出版社. 1999.

7. 中国膳食指南专家委员会. 中国居民膳食指南文集 [M]. 北京：中国检查出版社. 1999.

（王　隽　首都体育学院）

（胡　飞　安徽师范大学）

第十三章
健身计划的制定

▲ 本章导语

　　大众健身的直接目的是为了提高体质健康水平，有规律的健身训练对预防疾病起着重要作用。但有相当一部分人群不能积极参加到健身训练中，并且在参与健身的人群中，也大多存在健身训练不科学、不系统、不规律等问题，从而导致了运动损伤、达不到健身效果、中途放弃等现象的发生。因此，健身计划的制定对于健身训练有着重要的指导意义。本章将对健身计划类型与核心要素进行详细阐述，并且针对不同类型的健身计划制定出范例，为健身计划的实施提供参考。

第一节　健身计划类型与核心要素

　　根据健身计划的实施周期，可将健身计划划分为：年度健身计划、月健身计划、周健身计划，以及日健身计划。一个完整的健身计划应包括健身目标、健身形式、运动量和注意事项四个核心要素。值得注意的是，任何一份健身计划，一定是根据身体功能评定结果，在掌握锻炼者健康状况、体力水平及运动能力限度的基础上，按具体情况制定。并且，健身计划不是固定不变的，初订的健身计划可先试行锻炼并对不适应的地方进行微调，待适合后要坚持锻炼3~6个月，然后需要再次进行相关身体功能评定，重新制订新一轮的健身计划，并且仍要不断进行微调，从而提高健身效果，进而实现锻炼者的健身目标。

一、年度健身计划

（一）健身目标

　　年度健身计划的健身目标属于远期目标。对于一份年度健身计划来说，最重要的就是健身目标的确定，不同的锻炼者，其健身目标不同。健身目标具有主观和客观的双重性，主观性健身目标表现为对健身的意向和兴趣，是锻炼者主观意愿需要的体现；客观性健身目标则是由于健康状况、疾病程度及身体功能障碍等身体客观状况产生的需求，是锻炼者客观身体健康需要的体现。

　　在通常情况下，一份年度健身计划可以设定2~4个健身目标，但应注意不同健身目标间的相互关系和先后顺序。例如，一个有运动功能障碍的肥胖者，其年度健身计划中可以设定为消除运动功能障碍和塑造优美身体形态两个健身目标，只有在消除运动功能障碍后才能更好地塑造优美身体形态，因此，消除运动功能障碍应为前期目标，塑造优美身体形态应为后期目标。

（二）健身形式

　　对健身形式的选择通常只需根据锻炼者的健身目标明确大致选择的手段类别即可，但一定是以锻炼者的身体功能评定结果为依据。例如，有肢体运动功能障碍的锻炼者，可选择抗阻性练习、功能性练习或柔韧性练习等；旨在提高心肺功能和耐力素质的锻炼者，可选择有氧运动为主的练习等。

（三）运动量

　　在年度健身计划中，运动量的设定不需要过于精确，只需要初步确定运动频率即可，即每周锻炼的次数。正确地设定运动频率，要根据锻炼者的健身目标和身体健康状况而区别对待。研究表明，1次/周，健身效果不蓄积，并且

每次运动后都会产生肌肉酸痛和疲劳，也容易发生运动损伤；2次/周，健身效果仍不显著蓄积，每次运动后的肌肉酸痛和疲劳有所减轻；3次/周，健身效果蓄积明显，每次运动后基本无肌肉酸痛和疲劳；4~5次/周，健身效果更为理想。因此，每周健身3~4次是比较适宜的运动频率。并且，从健身效果和超量恢复的作用两方面考虑，两次运动之间的间隔也不宜超过3天。

（四）注意事项

年度健身计划中的注意事项，主要应强调健身训练的原则，如循序渐进原则、全面性原则、经常性原则、区别对待原则，以及准备活动和整理活动原则等。

二、月健身计划

（一）健身目标

月健身计划中的健身目标应该属于近期目标。近期目标主要应考虑短期内的可行性和对远期目标的影响，月健身计划中的健身目标应该明确规定出阶段性的目标，如提高某些关节的活动幅度，增强某组肌肉群的力量和降低多少体脂含量等。

（二）健身形式

月健身计划中健身形式的确定，要考虑到以下几个方面：第一，锻炼者当月的主要健身目标；第二，锻炼者的兴趣、爱好、特长及运动经历；第三，锻炼者的运动条件和环境。经过试行锻炼一段时间后，如果发现不适合锻炼者的自身情况，应及时调整，变换健身形式，以保证健身目标的完成。

（三）运动量

在月健身计划中，除了应体现运动频率外，还应体现运动强度，如每周3次中等强度的运动。运动强度是决定健身计划定量化和科学化的重要指标，也是在设计健身计划的过程中最困难的环节，但是运动强度却直接影响到健身效果和锻炼者的安全问题，在执行过程中需要通过监测来确定运动强度是否适宜。

（四）注意事项

月健身计划中的注意事项应指出锻炼者禁忌参加的运动项目和容易发生危险的动作。

三、周健身计划

（一）健身目标

由于健身效果的显现具有一定的生物节律性，因此，周健身计划的健身目标应注意与当月的月健身计划中的健身目标保持一致，不应因为一时未见训练成效而随意更改健身目标。可以针对一周内几次健身训练分设不同的具体目标，例如，月健身计划和周健身计划的健身目标均为增加肌肉力量，一周内第一次训练的目标肌肉群可以设定为胸大肌，第二次可以设定为腹直肌，第三次可以设定为股四头肌等。

（二）健身形式

周健身计划中健身形式的选择应避免过于单一，通过变换具体的健身手段，不仅可以达到更好的健身效果，并且也容易提高锻炼者的健身兴趣。例如，一个以提高心肺功能为健身目标的锻炼者，其年度健身计划中选取的健身形式类别为有氧运动，那么，在周健身计划中，可设计一周内第一次训练为慢跑，第二次为游泳，第三次为健身操等。

（三）运动量

运动量的设定，除了应包括运动频率、运动强度外，还应包括运动持续时间。对于时间的规定，可以是一周内总的运动时间，也可以是一周内每次的运动时间。美国医学界的研究认为，一般成年人，每周 150 分钟或每天 30 分钟的中等强度的运动对健康有益，更长的运动持续时间可以获得更多的益处，同时可以降低体重，但当运动持续时间达到每周 600 分钟或每天 120 分钟时，发生过度训练甚至是造成损伤的可能性大大增加。

（四）注意事项

应让锻炼者掌握和了解自我观察指征及一些必要的体育卫生知识，如运动后不要立即坐下或躺下，以免引起"重力性休克"或其他不适感觉，不能立即吃生冷食物，不能马上洗澡等。

四、日健身计划

（一）健身目标

无论采用何种健身形式，日健身计划中的健身目标都需要明确一点，即认真执行当日健身计划。此外，根据周健身计划中的规划，可以设定具体目标，例如，当日训练的主要目标肌肉为胸大肌。

（二）健身形式

日健身计划中需详细说明当日整个训练过程中所涉及的全部锻炼手段，并注意与运动量之间的对应关系。

（三）运动量

日健身计划中的运动量要求有更确切的表述，可包括运动频率、运动强度、运动持续时间和重复组次数及间隔时间等。特别是在以力量训练为主或柔韧训练为主的健身计划中，必须注明重复组次数及间隔时间，因为不同的重复组次数与间隔时间的组合将会产生不同的锻炼效果。

（四）注意事项

在日健身计划中，需要提示训练量区间范围的界定标准，以及靶心率和需停止运动的指征等。

第二节　健身计划范例

任何一份健身计划都不具有普适性，锻炼者的性别、年龄、遗传特点及身体功能评定结果等都会影响健身计划的制定。因此，本小节所展示的范例仅为理解健身计划的类别及核心要素提供直观资料。

一、年度健身计划（表 13-1，表 13-2）

表 13-1　健康人群的年度健身计划

	1~6 月	7~12 月
健身目标	提高有氧代谢能力	提高身体运动功能
健身形式	以有氧运动为主	柔韧性和抗阻性练习
运动量	每周 3 次	每周 4 次
注意事项	循序渐进地增加运动量，尽量固定每周的练习时间，每次训练前做好准备活动，重视训练后的整理活动	左右肢或上下肢对称发展、均衡练习，正视自身身体条件，切勿盲目与他人攀比训练水平

表 13-2　有运动功能障碍的肥胖人群的年度健身计划

	1~6 月	7~12 月
健身目标	消除运动功能障碍	塑造优美身体形态
健身形式	功能性练习	有氧运动和抗阻性练习
运动量	每周 3 次	每周 4 次
注意事项	有无运动功能障碍的肢体均要练习，可强化有障碍一侧的练习，但避免只练习有障碍一侧	循序渐进地增加运动量，每次训练前做好准备活动，重视训练后的整理活动

二、月健身计划（表13-3，表13-4）

表13-3 老年人的月健身计划

健身目标	降低跌倒及骨折风险，增加躯干稳定性
健身形式	平衡运动
运动量	每周5次，中低强度
注意事项	有慢性疾病的老年人应在医生健康评估许可的情况下参与健身运动，活动幅度注意控制在身体无不适感的范围以内，初期可利用辅助器材保持身体姿态，如身体不稳，应请其他人在旁边保护

表13-4 亚健康"白领"的月健身计划

健身目标	改善柔韧度及身体姿态
健身形式	柔韧性训练
运动量	每周5次，中低强度
注意事项	增加关节活动范围时，以不产生疼痛为宜，伸展时，动作要慢而稳，切勿猛烈牵拉，不要过度伸展

三、周健身计划（表13-5，表13-6）

表13-5 超重或肥胖人群的周健身计划

	周一	周二	周四	周五	周六
健身目标	降低体重，减少身体内脂肪含量				
健身形式	游泳及水中健身项目	功率自行车+抗阻训练	慢跑	健身操+抗阻训练	椭圆机
运动量	中低强度，40~60分钟	中等强度，40~60分钟	中低强度，40~60分钟	中等强度，40~60分钟	中低强度，40~60分钟
注意事项	超重或肥胖人群易发生肌肉和骨骼损伤，非负重运动较为适宜，抗阻训练应以克服自身体重为主				

表13-6 增肌人群的周健身计划

	周一	周三	周五
健身目标	增加肌肉体积，增强肌肉力量		
	上肢为主	躯干为主	下肢为主

续表

	周一	周三	周五
健身形式	上肢推拉训练	躯干支柱训练	下肢屈伸训练
运动量	中等强度，20~30分钟	中等强度，20~30分钟	中高强度，20~30分钟
注意事项	注意保持正确的姿势和呼吸节奏，一般情况下应发力时呼气，放松时吸气，同时应该强调，在每个动作的举起和放下阶段中，都应该谨慎控制主动肌和拮抗肌的收缩与放松		

四、日健身计划（表13-7，表13-8）

表13-7 提高腿部力量的日健身计划

健身目标	增加腿部肌肉力量						
健身形式	准备活动：伸展、高抬腿、后踢腿跑 杠铃深蹲、负重跳跃、腿屈伸、罗马尼亚硬拉、俯卧腿弯举、立姿提踵、仰卧屈膝拉瑞士球 整理活动：臀部、大腿、小腿的拉伸放松 中高强度，20~30分钟						
运动量	8~10次 /3组 间歇 2分钟	10次 /3组 间歇 2分钟	10~12次 /3组 间歇 2分钟	8~10次 /3组 间歇 2分钟	10~12次 /3组 间歇 2分钟	15次 /3组 间歇 1分钟	20次 /3组 间歇 1分钟
注意事项	以10次为1组的练习为例，如果在没有帮助的情况下能够做超过10次的重复动作，说明重量过轻，如果不能完成10次，说明重量过重，努力将肌肉在规定的重复范围内推向力竭，将产生巨大的训练效果						

表13-8 提高躯干稳定性的日健身计划

健身目标	提高躯干稳定性
健身形式	准备活动：伸展、"大"字开合跳、后踢腿跑 平板支撑、转体箭步蹲、背桥、瑞士球俯桥、对侧支撑、扭转卷腹、俯撑提膝 整理活动：手臂、腹背、臀部、大腿、小腿的拉伸放松

续表

健身目标	提高躯干稳定性						
	中高强度，20~30 分钟						
运动量	力竭 /3 组	10~12 次 /3 组	10~30 秒 /3 组	30~60 秒 /3 组	10~12 次 /3 组	20 次 /3 组	20 次 /3 组
	间歇 1 分钟	间歇 2 分钟	间歇 1 分钟	间歇 1 分钟	间歇 2 分钟	间歇 2 分钟	间歇 2 分钟
注意事项	心率范围控制在最大心率的 70%~85%，如果运动时发现胸、背紧缩、胀痛、无力、气短和骨关节不适等应停止运动						

另外，常见的健身计划中，有一种较简便的方法，即将周健身计划与日健身计划相结合，形成如表 13-9 中所示的综合健身计划。

表 13-9 增肌健美的综合健身计划

健身目标		增肌健美
健身形式和运动量	周一、周三、周五	**胸部** 杠铃卧推：4 组，每组数量分别为 10、8、6、4 上斜杠铃卧推：4 组，每组数量分别为 10、8、6、4 哑铃仰卧飞鸟：3 组，每组数量分别为 10、8、6 双杠推起：3 组，每组数量分别为 15、10、8 直臂过顶举：3 组，每组 15 个 **背部** 引体向上：4 组，每组 10 个 窄握引体向上：4 组，每组 10 个 T-杠划船：4 组，每组数量分别为 15、12、8、6 俯身杠铃划船：4 组，每组 8~12 个 **大腿** 深蹲：5 组，前 4 组数量分别为 10、8、6、4，加一次热身组（20 个） 肩前深蹲：4 组，每组数量分别为 10、8、8、6 斜板深蹲：3 组，每组 10 个 腿弯举：4 组，每组数量分别为 20、10、8、6 站姿腿屈伸：4 组，每组 10 个 直腿硬拉：3 组，每组 10 个

续表

健身目标	增肌健美	
健身形式和运动量	周一、周三、周五	**小腿** 骑驴提踵：4 组，每组 10 个 站立提踵：4 组，每组数量分别为 15、10、8、8 **腹肌** 仰卧起坐：3 组，每组 25 个 俯身转体：每侧 100 个 器械仰卧起坐：3 组，每组 25 个 仰卧起坐：50 个
	周二、周四、周六	**肩部** 杠铃颈后推：5 组，前 4 组数量分别为 10、8、8、6，加次热身组（15 个） 哑铃侧举：4 组，每组 8 个 俯身哑铃侧平举：4 组，每组 8 个 哑铃耸肩：3 组，每组 10 个 **上臂** 交替哑铃弯举：5 组，每组数量分别为 15、10、8、6、4 上斜哑铃弯举：4 组，每组 8 个 单臂哑铃弯举：3 组，每组 8 个 颈后单臂屈伸：3 组，每组 10 个 **前臂** 手腕卷曲：4 组，每组 10 个 反握卷曲：3 组，每组 10 个 **小腿** 坐姿提踵：4 组，每组 10 个 **腹肌** 反向卷曲：4 组，每组 25 个 坐姿转体：每侧 100 个 仰卧起坐：4 组，每组 25 个
注意事项	此计划仅适用于高水平训练者，且每次锻炼前应做好充分的热身活动，训练结束，应马上进行拉伸放松。组间间歇时间为 1 分钟左右，不宜超过 3 分钟	

复习思考题

1. 制定健身计划的核心要素是什么?
2. 健身形式的确定依据有哪些?
3. 运动量包含哪些要素?

 推荐阅读文献

1. 张全成, 陆雯. 高级体适能与运动处方 [M]. 北京: 国防工业出版社,
2013.

2. Certification and Education Committee. ACSM's Guidelines for Exercise Testing And Prescription (8th education), 2010.

(刘英杰　集美大学)
(王　晓　首都体育学院)
(王乔治　首都体育学院)